2022 浙江省社科规划办后期资助项目

品牌符号学原理

张丰年◎著

ZHEJIANG UNIVERSITY PRESS
浙江大学出版社
·杭州·

图书在版编目(CIP)数据

品牌符号学原理 / 张丰年著. —杭州:浙江大学
出版社,2023.8(2023.12重印)
ISBN 978-7-308-23800-7

Ⅰ.①品… Ⅱ.①张… Ⅲ.①品牌—企业管理—符号
学 Ⅳ.①F273.2

中国国家版本馆 CIP 数据核字(2023)第 089144 号

品牌符号学原理

张丰年 著

责任编辑	傅百荣	
责任校对	徐素君	
封面设计	周 灵	
出版发行	浙江大学出版社	
	(杭州市天目山路 148 号 邮政编码 310007)	
	(网址:http://www.zjupress.com)	
排 版	杭州隆盛图文制作有限公司	
印 刷	广东虎彩云印刷有限公司绍兴分公司	
开 本	710mm×1000mm 1/16	
印 张	20.75	
字 数	362 千	
版 印 次	2023 年 8 月第 1 版 2023 年 12 月第 2 次印刷	
书 号	ISBN 978-7-308-23800-7	
定 价	78.00 元	

品牌符号表征结构与表意机制研究

——《品牌符号学原理》序

　　品牌既是现代国家综合实力的象征,又是现代国家形象的重要组成部分。现代国家的品牌价值直接决定着其在国际舞台上的政治影响力和国际话语权,"二十大"报告提出:"坚守中华文化立场,提炼展示中华文明的精神标识和文化精髓,加快构建中国话语和中国叙事体系,讲好中国故事、传播好中国声音,展现可信、可爱、可敬的中国形象。"积极提高中国自主品牌的国际认知度和全球影响力,大力推动"讲好中国品牌故事",标志着中国品牌建设已由自主品牌建设阶段提升到国家战略发展层面。事实上,中国品牌建设经过改革开放四十余年的发展,也已走到了全球品牌舞台的中央,成为国际品牌中一大新兴力量。

　　近年来,关于品牌建设的理论研究在中国品牌强势出击的大背景下发展迅猛,但是常见的品牌学研究主要是从品牌战略与管理、品牌营销与传播、品牌命名与形象等维度展开,侧重市场与推广,鲜少原理性理论研究。该书作者将符号学理论导入品牌传播研究领域,创新性地确立了关于品牌传播的符号学原理性研究路径。

　　"符号,人类传播的要素,载送信息的代码。""人是符号的动物,符号是人类的表征。在远古时代,符号曾经'拯救'过人类;今天,它仍然是人类传播的最好工具。"[1]艾柯(Eco)曾指出:"任何关于符号学限度和法则的研究,一开始就必须决定:是不是人们用'符号学'这一术语去指具备自身方法和确切对象的某种专门学科,或者,是不是符号学等于一种研究领域。"[2]符号学既作为主流的理论传统,又作为一种重要的文本分析方法,在传播学领域一直得到广泛使用。

---

　　① 邵培仁.传播学[M].3版.北京:高等教育出版社,2015:180.

　　② [意]乌蒙勃托・艾柯.符号学理论[M].卢德平,译.北京:中国人民大学出版社,1990:5.

现代符号学思想和方法有两大源头：一是瑞典语言学家费尔迪南·德·索绪尔；二是美国哲学家查尔斯·皮尔斯。他们几乎在同一时期提出了"符号的科学"概念，被视为现代符号学的奠基人。这两种符号学思想和方法在学术界一直有着广泛的影响和发展。将符号学思想和方法运用于社会文化批判研究，始于罗兰·巴特《神话学》（1957），从此文化批判研究成为符号学重要领地，但是符号学作为人文社会科学研究的积极建构意义却长期被边缘化了。直到十余年后罗兰·巴特出版《流行体系：符号学与服饰符码》（1967），被视为符号学研究由批判研究到建构研究的过渡。紧接着克里斯蒂安·麦茨《电影语言：电影符号学导论》（1968）出版，但是随后此类建构性研究又归于沉寂。直到20世纪80年代约翰·菲斯克《传播研究导论：过程与符号》（1982）将符号学理论运用于传播学的建构或应用研究中，然后苏特·杰哈利《广告符码：消费社会中的政治经济学和拜物现象》（1986）和乔纳森·比格内尔《传媒符号学》（1997）陆续问世，此类研究开启了传播符号学研究的先河，但是这些研究仍带有相当的文化研究的色彩，尚不能称为纯粹的建构性应用研究。

近年来有越来越多的学者在各自的领域将符号学思想运用于学科建设和应用研究之中。赵毅衡指出"符号学为'文科的数学'"[①]，旨在强调符号学的可操作性，认为它适用于全部人文与社会科学的研究。传播学与符号学关系极其密切而复杂。菲斯克将传播学研究分为"过程学派"和"符号学派"，前者将传播视为"信息的传递"，后者将传播视为"意义的生产与交换"，研究传播即是研究文本符号和文化，研究的主要方法则是符号学，即通过符号学的方法阐释文本的文化意义。"符号学派"的传统在中国学者关于传播学的研究中贡献颇多，符号是传播的载体形式，同时也是传播意义内容生成的基因，符号既是信息本身也是传播过程。

品牌无论是从其起源的识别价值，抑或是从其在当下经济社会中的消费价值和意义价值去审视，始终是所有符号形态中最具阐释力的符号之一，或者说品牌的本质即符号。那么，品牌传播研究本质上就是品牌符号传播机制和意义生产的研究。消费社会语境中，品牌在完成符号生产和符号消费时，明白无误地告诉人们它不是反映和传播了意义，而是建构了意义。正如波德里亚所言，当下人们所身处的物的世界，实际上已成为一个符号的世界，人们在消

---

① 赵毅衡.符号学：原理与推演[M].南京：南京大学出版社，2016：9.

费商品时,实质上是在消费品牌符号及其所表达的意义;同时,也正是通过对特定符号意义的认同或不认同形成了"自我",界定着"自我"。"告诉我你扔的是什么,我就会告诉你你是谁。"①品牌形象本质上就是商品符号化的典型,人们通过消费商品的方式来表达自己想要表达的符号和意义。

因此,品牌作为最醒目的消费符号呈现于社会文化层面,早已不仅体现为识别价值、溢价能力及信用意义,而且超越了商品品牌或企业品牌的狭隘认知和空间,从商品品牌、企业品牌的传统视域,走进组织机构品牌、地区城市品牌、国家品牌和国际品牌等更广阔的场域。品牌符号意义的表征已经成为一种文化表征、精神价值观表征甚至意识形态表征。

一个卓越品牌的形成,离不开卓越文化的积淀。卓越品牌文化是人类文化精神的高度提炼和升华,凝结着时代文明发展的精髓,渗透着人类共同价值理念追求。卓越品牌文化可以引领时代消费潮流,并且生生不息、经久不衰,甚至会影响数代人的日常消费观念。卓越品牌文化可以以其独特的个性价值,超越民族、超越国界、超越意识形态,使民族品牌国际化、全球化,成为全世界人民的共同消费符号。卓越品牌文化可以赋予品牌非凡的品牌延伸力、传播力和影响力,充分利用卓越品牌的美誉度和知名度可以实现品牌无限延伸。卓越品牌文化可以使消费者将产品消费变成一种文化自觉,成为生活中不可或缺的内容,直至成为一种生活方式。

该书作者张丰年,长期从事品牌传播和符号学教学与研究工作。他的《品牌符号学原理》一书将符号学思想和方法运用到品牌传播研究中,不仅是对部门符号学的一种拓展,也是对传播符号学的一种充实和丰富。全书重点围绕索绪尔的"语言与系统"、皮尔斯的"释义与指称"和巴特的"意指与神话"等符号学关键词,系统性地将符号学理论与方法运用于品牌符号表征结构与表意机制的原理性研究之中,描述品牌符号结构关系并归纳、总结品牌符号结构模型,揭示品牌符号传播机制,梳理品牌符号传播修辞内涵及方法,运用符号意指关系阐释品牌符号意义生产的开放性及其意识形态神话形成过程,进而建构出了一套较为完整的品牌符号学原理性研究范畴。此外,该书每章结尾附录一篇短文"品牌与符号的故事",从日常生活中的常见符号(如五角星符号、心形符号、骷髅头符号和闪电符号等)解读品牌与符号的历史文化渊源,读来

---

① [法]让·波德里亚.消费社会[M].刘成富,全志刚,译.南京:南京大学出版社,2006:17.

饶有趣味,给"灰色的"理论讨论涂抹了一道绚丽的色彩,告诉人们符号原本就"生长"在我们的生活中。

该书不仅结构严谨、论证深入、逻辑清晰、富有特色,而且理论联系实践,富有学术价值和现实意义,具体表现在以下几方面。

1.确立品牌符号系统性观念

以符号系统观思维揭示品牌符号内在话语系统或者说品牌符号"语言"。这套"语言"组成品牌符号系统,并结合品牌符号构成诸元素,设计完整的品牌符号模型及其系统结构,而完整的品牌符号结构又由两层级、诸元素符号构成系统性观念。所谓两层级是指品牌符号由两个层级组成,第一层级是普通意义上的符号总体表征,一般表现为品牌名称或品牌标志;第二层级由品牌符号诸元素包括品牌名称符号、品牌标志符号、品牌代言者符号、品牌域名符号、品牌口号符号、品牌声音符号、品牌包装符号和品牌故事符号等构成,其潜在地存在于品牌总体表征背后,每一种品牌元素又都是一个独立的符号,品牌二级符号结构系统性地构成着品牌一级符号,最终形成完整的品牌符号结构系统。

2.揭示品牌符号理据性和规约性机制

品牌符号理据性指称机制详细揭示了肖似性机制和因果邻近性机制发生的内在原理,指出品牌符号内在肖似性机制是经由心理共通性机制和文化共同性机制实现的,而品牌符号因果邻近性机制是经由完型心理机制和社会心理影响机制实现的。品牌符号规约性指称机制中提出无因规约和有因规约机制,特别是有因规约性很好地回答了品牌符号系统结构特性,即大量的规约符号中内涵理据性前提的现象。

3.中文品牌命名的理据性和规约法

名称符号是品牌符号诸元素中首位符号,而中文品牌命名是中国品牌面向世界的最显著识别性,基于"汉字造字六法"挖掘中国品牌"音义双解"的特征,彰显了中国品牌文化自信和核心竞争力,具有特别重要的现实意义。依据品牌名称符号规约法归纳出"臆造法"、"随意法"、"暗示法"和"描述法"四种命名方法以及品牌"显著性"概念,并且分别讨论了"固有显著性"和"获得显著性"与四种命名方法间的关联度,明确品牌符号呈现的意义最终都只能是"获得显著性"的意义,即"显著性"识别意义,从这个意义上得出结论,所有"显著性"都是"获得显著性"。这一结论,对于品牌注册商标具有非常重要的现实指导意义。

4.建立品牌符号意指模型和品牌符号衍义模型

品牌符号直接意指组合为内涵指符,并成为一个含蓄意指的能指过程,是一个共时性的存在,品牌符号在此发生了重要的质变,品牌符号的内涵意义得以生成。此时,品牌符号变成了一个新的复合意指文本,且被赋予了巨大的阐释力,品牌符号的意义联想、社会影响力、品牌自身的信誉价值和顾客关于品牌的价值判断,均在此间实现。品牌符号本身的意义永远在与符号解释者的相互作用中产生,或生成新的意义,品牌符号意义生产始终是一个无止境的动态和开放过程,这种历时性的发展交错叠加,不断丰富着品牌对象的所指,品牌符号衍义据此形成。

5.描述和阐释品牌符号修辞审美过程

品牌符号隐喻和品牌符号转喻是构成品牌符号修辞的两种基本修辞格,而品牌修辞审美则源于符号隐喻和符号转喻,品牌符号隐喻又是在符号化过程中的含蓄意指层面完成的,其本质是喻体符号和本体符号的含蓄意指的所指之间存在着相似性;而品牌符号转喻则是在符号化过程中的直接意指层面完成的,其本质是喻体符号和本体符号的直接意指的能指之间存在着邻近性、部分与整体的关联性。

6.提出品牌符号"景观"修辞和"拟像"修辞概念

品牌符号景观和拟像修辞生产源于没有原本的模拟和复制,当下品牌符号景观和拟像修辞呈现出越来越多地依据"地图在先原则"(即先有摹本后有大量复制)的特点,表现为一种比真实还要真实的"超真实"(hyper reality)景象,超真实的品牌符号景观和拟像修辞转而制约着人们对真实世界的理解。

7.透视神话品牌的顶层设计

"神话"是巴特提出的一个符号学术语,不是一般意义上的神话概念。巴特所谓的神话是指在某种文化中被广泛接受的观念,此种观念隐秘地支配着人们对周遭现实的理解。巴特关于神话的阐释是直接与"意识形态"的概念结合在一起的,意识形态是一种认识现实和社会的方法,其假定某些思想不言而喻是真实的,而其他思想明显是有偏见或不真实的。神话是在"悄悄地"建构着整个社会的意识形态。神话符号生产就是将个别性、偶然性、即刻性的历史内容完全"遮蔽",使得神话符号所指成为普遍性、必然性和恒久性的观念。

神话品牌顶层设计的基础逻辑是围绕着符号分级展开的,即将符号分为普通符号、偶像符号和神话符号,符号分级最重要的意义是揭示出不同级别符号的符号价值是不一样的,由低到高是一个符号价值被不断赋值的过程。与此相应,神话品牌发展也经历普通品牌、偶像品牌和神话品牌三个阶段。其中普通品牌符号功能单一,仅具品牌识别价值,属初级符号,但是它也是整个设计和传播的基础和出发点。偶像品牌则是具有了丰富品牌含蓄意指内涵的高级符号,生成消费者品牌崇拜,是神话品牌的发展阶段。神话品牌是品牌意识形态神话得以实现的最终形态,品牌价值为整个社会文化心理共同接受,品牌成为全社会共同的消费图腾。

但是无论其是普通品牌、偶像品牌还是神话品牌,作为卓越品牌价值观其深层核心是人性共通的精神文化追求,诸如对于生命、和平、忠诚、勇敢、担当、公义、牺牲、真理、善良、青春、激情、竞争、运动、健康、新奇、美丽和爱的追求,卓越品牌价值观即是人性共通的价值观。而神话符号往往是这类价值观的符号化呈现,因此,神话品牌顶层设计的核心正是人性共通的卓越价值观。

该书基于符号学视阈确立的品牌符号结构模型、品牌符号传播理据性指称和规约性指称机制、品牌修辞格运用模式和品牌符号神话顶层设计等,均具有极强实操性。此外,该书还配有大量经典的、新鲜的品牌符号标志图片和广告招贴画等,形象生动、图文并茂。因此,该书除可以用作相关专业教学、科研和学习之外,对品牌设计和文化传播工作实践亦有理论和现实指导意义。

该书作为品牌符号传播原理性研究,是基于符号学理论的关于品牌传播研究的重要探索,具有积极的学术研究和实践指导价值。也许在阐释的视角和表述的系统性等方面仍有不尽完备之处,但是瑕不掩瑜。我认为,丰年这本书在建立品牌符号学原理研究的同时,也是在为"讲好中国品牌故事"做出自己专业的贡献。

是为序。

邵培仁 *

2022 年 11 月 16 日

于杭州青山湖畔寓所

---

* 邵培仁,浙江大学传播研究所教授,博士生导师,第六届范静宜新闻教育奖-新闻良师奖获得者,曾先后任浙江大学传播研究所所长,浙江大学人文学院副院长,浙江大学人文学部副主任等,致力于传播学、交叉传播学、媒介管理学、新世界主义媒介理论研究。

目　录

第一章　符号学基础

第一节　符号

一、什么是符号

（一）关于"符号"的一般讨论

《易经·系辞》云："上古结绳而治。"《春秋左传集解》云："古者无文字，其有约誓之事，事大大其绳，事小小其绳，结之多少，随物众寡，各执以相考，亦足以相治也。""结绳记事"应该是上古时期最早有记载的"符号"事件，如同尼安德特人在 4 万年前做的手印岩画，可以想象，人类的"符号"历史应该比这些可考的历史还要长。而现代符号学的历史则要晚近得多，一般会将其源头追溯到20 世纪初瑞士语言学家、结构主义创始人费尔迪南·德·索绪尔(Ferdinand de Saussure)和美国哲学家、实用主义创始人查尔斯·桑德斯·皮尔斯(Charles Sanders Peirce)。两位大师巨擘在各自的研究领域里几乎同时打开了现代符号学的大门，为人文社会科学研究提供了新的思想和方法。

"符号"(sign)一词古已有之，一般人们把它理解为"记号"①，或表征某种意义的图形、图案等。但是，作为一种研究对象的符号学中的"符号"显然已经不再是人们简单理解的意思，而是一个严谨的学术概念。那么，什么是符号呢？

红绿灯、禁止吸烟的提醒标志、斑马线、中国银行的标志、切诺基前脸的散

---

① 英语"sign"也译为记号。

热格栅造型、一声咳嗽、情人的信物、一幅画、一首诗、映入眼帘的一片落叶、泰山、明月、一部三星手机、人类交流的语言、哑语和日常写作所用的文字,都是符号!符号存在于人类世界并且构成着人类的意义世界。赵毅衡说:"整个人类世界,浸泡在一种很少有人感觉到其存在却没有一刻能摆脱的东西里,这种东西叫符号。"①

基督教思想家奥古斯丁(Augustine)给符号的一般解释是:"符号是这样一种东西,它使我们想到在这个东西加诸感觉印象之外的某种东西。"②就是说,符号是代表某一事物的另一事物,它一方面有具体可感知的物质对象,另一方面表现为一种纯粹的心理效果。奥古斯丁关于符号的观点,直接影响了现代符号学的两位奠基人——索绪尔和皮尔斯的符号观点和符号学思想。

符号本质上说是人类交流使用的一种工具,人类社会就是一个符号社会。简单地说,符号有人工符号和自然符号之分,人工符号可以理解为是人类社会为表情达意创造的含有某种社会约定意义的符号,比如,路口的指示牌、球场上裁判员的哨声,作揖行礼,握手拥抱,以及数学公式、化学分子式、乐谱等,它们都是因应人类社会发展需要而形成的。自然符号是指自然物形成的能够代表某种意义或传递某种信息的符号,比如,电闪雷鸣都是自然现象,当它们预示大雨将至或天神发怒等意思时,就成了自然符号,再比如"月晕"和"础润"都是自然现象,当人们总结了"月晕而风,础润而雨"时,人们把它们作为风雨来临的预兆,即赋予了它们一种约定的社会意义,它们也就成了自然符号。必须强调的是,所谓自然符号也是一种社会人为的结果,因为符号最终是传递意义的,纯粹自然的无意义的物体是不会成为符号的。

在众多被称为符号的对象中,语言符号是最重要的符号,索绪尔的符号学即是从对语言符号的思考中发展而来的。但是"语言"与"符号"相比,后者的外延要比前者大得多,有研究姿势交际的学者认为,人们在交际时,除利用"语言"沟通交流之外,实际上有 65% 的"社会含义"是通过非语言符号来传递的。人类的非语言交际可以分为:(1)身体动作或运动行为,包括诸如手势、姿势、面部表情和眼睛活动等;(2)辅助语言,即音质、语调等;(3)环境空间,即个人和社会对空间的利用以及人对这种利用的感知;(4)嗅觉,经由嗅觉通道传递的信号;(5)触觉;(6)衣服和化妆品等人工制品的利用。③ 这 6 种形式,依符

---

① 赵毅衡.符号学:原理与推演[M].南京:南京大学出版社,2016:1.
② 俞建章,叶舒宪.符号:语言与艺术[M].上海:上海人民出版社,1988:12.
③ 俞建章,叶舒宪.符号:语言与艺术[M].上海:上海人民出版社,1988:10.

号学的观点来看,都可以视作"符号"。如果离开这些非语言符号人们是很难准确表情达意的。

(二)"符号"一词的词义考证

古代汉字"符",《说文解字》称:"符,信也。"即凭证的意思,古代传达命令,征调兵将等用的凭证,以竹木或金玉制成,从中间剖分两半,有关双方各执一半,使用时对合验证。《信陵君窃符救赵》记载:"晋鄙合符,疑之。"古代汉语中"符瑞",则是祥瑞的征兆,意味天神给人间的某种启示,"符节"、"虎符"和"符契"也是作为古代官方的一种信物,而"符箓"则是道教的一种神秘符号,可用于通灵,用于驱鬼镇邪,祛病免灾等。

古代汉字"号",《说文解字》称:"号,痛声也。"有大声痛哭号叫之意,后衍申意有"发号""号令""号召"等,仍为动词使用,进而衍申意为"信号""暗号""记号""号牌""字号""名号""年号""国号""庙号""谥号"等,作名词用。

所以"符号"一词,是"符"和"号"组合而成,二者词义兼而有之,在现代汉语中常有"记号""标识""象征"和"表征"解释,视为应当之意。

中国具有悠久的符号研究传统,远在先秦时期,诸子百家的论述中就有多处关于符号的讨论,其中"名实论"是对后世影响最为深远的讨论。所谓"名实相怨,处士横议",儒、名、墨、道、法诸家均积极参与了这场大论战,讨论的核心内容"名"即是现代符号学所说的"能指"或符号再现体,"实"即是现代符号学所说的符号对象,名实关系体现了符号再现体与指示对象之间的关系。而与之相应的另一种说法"言意之辩",即文字语言与文字语言所要表达的意义(此意义非文字语言的表面意义,而是其内含思想本质或道理等)的关系,则涉及现代符号学的符号释义或"所指"的讨论。

诸子百家中,最具代表性的符号学研究当属名家的公孙龙,《公孙龙子·指物论》中说:"物莫非指,而指非指。"其中的"指"即是现代符号学中所说的"符号","物莫非指"是说任何事物都可以在一定条件下充当指谓其他事物的符号,这里的"指"即是符号的本义,具有索绪尔符号学中符号能指和所指的二元性,也具有皮尔斯符号学中符号再现体、符号对象和符号释义的三元关系内涵。下一句"而指非指"在历史上广受争论,令人困惑。如果用现代符号学概念,把第一个"指"当作符号"能指",第二个"指"当作"符号对象",即事物,那么就可以理解为"而指非指"说的是符号能指不同于符号对象,或者说符号并不是符号对象,也就是说甲指称乙但不是乙。这些虽然只是用现代符号学思想对公孙龙《指物论》的分析,但是也可以看出公孙龙当时对符号问题的思考已经相当深入了。

在关于符号的讨论中,中国现代著名语言学家赵元任 1926 年于《科学》杂志发表的《符号学大纲》一文,一直被视作国内关于现代符号学研究的最早文献。必须强调的是,赵元任并没有读到过索绪尔和皮尔斯等现代符号学家的著作,赵元任是独立提出建立符号学科学体系理论的。在该文中,作者提出了什么是符号、符号的性质、符号基本要素和符号分类等关于符号学研究的基本概念,提出了建立"普遍的符号学"原则和具体的工作任务,区分了理论符号学和应用符号学的界限等。遗憾的是赵元任只是开了一个头,却并没有将这一研究继续开展下去。关于语言符号赵元任曾经讲过一个非常有趣而且意义深远的例子:

> 听说从前有个老太婆,初次跟外国话有点儿接触,她就稀奇得简直不相信。她说:"他们的说话真怪,嘎?明明儿是五个,法国人不管五个叫'五个',偏偏要管它叫'三个(cinq)';日本人又管十叫'九'(ジュへ);明明儿脚上穿的鞋,日本人不管鞋叫'鞋',偏偏儿要管鞋叫'裤子'(クツ);这明明儿是水,英国人偏偏儿要叫它'窝头'(water),法国人偏偏儿要叫它'滴漏'(de l'eau),只有咱中国人好好儿管它叫'水'! 咱们不但是管它叫'水'诶,这东西明明儿是'水'嘿!"[①]

赵元任的这个例子,生动地揭示了语言符号同它所指涉的对象事物之间没有必然的联系,它们之间的联系完全是任意的。这个认识跟索绪尔语言符号学关于语言符号的任意性认识是完全一致的。

(三)符号的一般定义

在英语中,"符号"和"征兆"具有一个共同的词根:seme-,这个词根在希腊语中是表示"符号"的意思。古希腊医学家希波克拉底所写的《论预后诊断》,该书以现代医学术语来说就是"症状学",研究如何从病人的症候来判断病人的病情。在古代希腊,符号与征兆是一个意思,符号就是征兆,因此,"symptom"也可以翻译为"症状""征候""征兆"。

---

① 赵元任.语言问题[M].北京:商务印书馆,1980:3.

17 世纪英国哲学家洛克在《人类理解论》中指出:"可以叫做 Semiotic,就是所谓符号之学。各种符号因为大部分都是文字,所以这种学问,亦叫做逻辑学。"①洛克指出了语言、文字作为符号在思维活动中的替代作用,并且把这种替代作用看作传递知识的途径。18 世纪英国哲学家贝克莱提出"普遍自然符号论",认为观念就是上帝赐予人们通晓事物的"记号"或"符号",观念的联系不是表示因果关系而只是表示记号或符号与其所指称的对象关系。

现代符号学研究者普遍认为:符号是用来表达或传递意义的,或者说意义必须通过符号来表达或传递,人类的交流、思想都是依靠符号来完成的。正是在这个意义上符号学家卡希尔提:"人是使用符号的动物。"在他的重要哲学专著《人论》中,他运用大量篇幅来讨论和论证的核心思想即人类的全部文化都是人自身创造和使用符号的活动的产物。

在此,不妨列举几种现代人文学者关于"符号"的经典诠释。

苏珊·朗格在《艺术问题》中,引用艾恩斯特·纳盖尔的话:

按照我的理解,一个符号,可以是任意一种偶然生成的事物(一般都是以语言形态出现的事物),即一种可以通过某种不言而喻的或约定俗成的传统,或通过某种语言的法则去标示某种与它不同的另外的事物的事物。②

沙夫指出:

每一个物质的对象、这样一个对象的性质或一个物质的事件,当它在交际过程中和在交际的人们所采用的语言体系之内,达到了传达关于实在——即关于客观世界或关于交际过程的任何一方的感情的、美感的、意志的等等内在经验——的某些思想这个目的的时候,它就成为一个符号。③

莫里斯对符号定义的表述为:

① [英]洛克.人类理解论[M].关文运,译.北京:商务印书馆,1959:721.
② [美]苏珊·朗格.艺术问题[M].滕守尧,朱疆源,译.北京:中国社会科学出版社,1983:125.
③ [波兰]沙夫.语义学引论[M].罗兰,周易译.北京:商务印书馆,1979:176-177.原文中的"符号"译为"记号".

一个符号代表它以外的某个事物。①

所以可以认为任何意义活动都是一个符号表意的过程,意义不可离开符号而存在,符号必然携带意义,符号是意义的载体,意义通过符号得以存在和表达,更进一步也可以说:符号就是意义的载体。

二、索绪尔论"符号"

符号学作为一门学科兴起之初,就有两种不同的"符号"定义,分别源自现代符号学两大重要源头,即瑞士语言学家费尔迪南·德·索绪尔和美国哲学家查尔斯·桑德斯·皮尔斯。

(一)索绪尔论"语言符号"

瑞士语言学家费尔迪南·德·索绪尔,20世纪初期任教于日内瓦大学教授语言学,1915年,即索绪尔去世后的第三年,他的学生及同事根据听课笔记和索绪尔本人的简单笔记整理出版了法文版《普通语言学教程》。该书阐释了索绪尔具有开创性的语言学观点,但更为重要的是索绪尔在书中预言有一天会出现一门内容更广泛的学科,他称之为符号学(semiology),而语言学只是其中的一部分(当然是有特殊意义的一部分)。英语中的符号学单词有两个"semiology"和"semiotics",二者都源自希腊文中的"seeming"(符号)一词。索绪尔在他的语言学研究中指出语言是由能传达意义的符号(sign)组成的,比如单词就是传达意义的符号,索绪尔更大的贡献在于他及时地发现并声称人们可以像研究语言符号一样,运用同样的分析方法对其他所有能传达意义的事物进行研究,显然,他所谓的分析方法就是现代的符号学方法。

必须强调的是索绪尔是在研究语言学的时候,运用了所谓符号学的方法,换句话说他是在研究语言符号,因此他的研究中所提到的符号一般即是指语言符号,只是今天研究者一般都把他关于语言符号的讨论也一并划入到符号的讨论中了。索绪尔说:"能指〈(听觉)〉和所指〈(概念)〉是构成符号的两个要素……在整体语言里,能指和所指的结合关系是一种彻底任意的关系。"②索

---

① [美]查尔斯·莫里斯.指号、语言和行为[M].周易,译.上海:上海人民出版社,2011:8.

② [瑞士]费尔迪南·德·索绪尔.索绪尔第三次普通语言学教程[M].屠友祥,译.上海:上海人民出版社,2007:109.

绪尔用下面的图示(如图1-1)来说明他的语言符号观点：

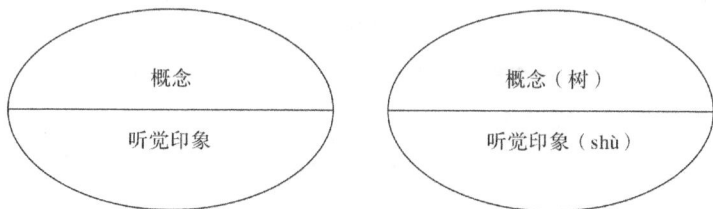

图 1-1　索绪尔语言符号图示 1

(二)语言符号二元关系:能指与所指

在索绪尔的研究中,一般将概念和听觉印象的结合这个整体称作符号,有时候将听觉印象这一更为物质性的一半称作符号(索绪尔也把概念称作精神性的),因为它是某个概念的载体。接着,索绪尔正式启用了能指和所指这一对影响深远的符号学术语,将能指(听觉印象)和所指(概念)称作构成语言符号的两个要素。最终,索绪尔用这个图示(如图1-2)来表达语言符号的组成：

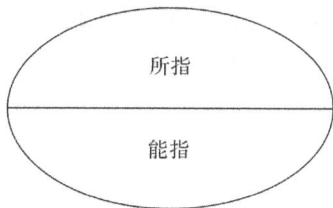

图 1-2　索绪尔语言符号图示 2

能指和所指构成完整的语言符号,就如同水的构成是一样的,只有把氢和氧结合,才成水,否则,只能是氢或氧,不能是水。能指和所指缺一则不能成为语言符号,语言符号一定是能指和所指二者的结合。为了清晰地表述这层意思,此处不厌其烦地再做一个图示(如图1-3)。

索绪尔关于语言符号的能指和所指的明晰区分,非常重要的意义是指出了一个语言符号是由其听觉印象部分和概念部分共同组成的,比如"狗"这一符号发音部分的听觉印象是"gǒu","狗"这一语言符号之所以能够指代那种四足有毛的忠实动物,还因为这一语言符号背后还有"狗"的概念。

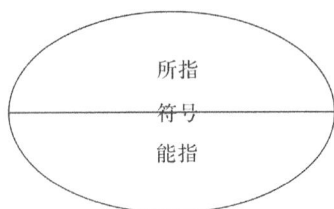

图 1-3　索绪尔语言符号图示 3

　　这里所说的"听觉印象"在符号学论著和翻译中有些也表示为"音响形象"。注意,在此种表述中笔者尽量避开了使用"声音"一词,这是因为语言符号的能指在很多时候并不需要我们说出"声"来,很多时候语言只是默不作声的心理活动,比如人们默读一个词语、默念一首诗,人们不必发出声音来,同样能感知到语言符号的能指和所指。同样的原因索绪尔语言学中把所指称为"概念"而不是"事物"或"物",索绪尔语言学中的语言符号的所指不是现实存在的事物,而是一种符号化的心理形象。比如人们说"牛"时,并不是指某头牛,而是那些关于"牛"的心理形象即概念。索绪尔特别指出:

　　　　语言符号所包含的两项要素都是心理的,而且由联想的纽带连接在我们的脑子里。我们要强调这一点……因此语言符号是一种两面的心理实体,我们可以用图表示如下:

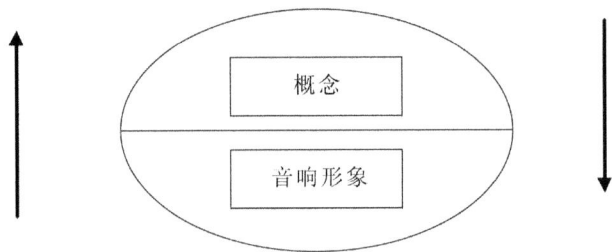

　　　　这两个要素是紧密联系而且彼此呼应的。①

　　在索绪尔看来,语言符号是一个能指与所指的对立统一体,而且能指与所指都是心理的。关于这一点随着符号学的发展,人们在使用能指与所指这一

---

　　①　[瑞士]费尔迪南·德·索绪尔.普通语言学教程[M].高明凯,译.北京:商务印书馆,1980:100-101.

概念来阐释更多的符号类型时，已经有越来越多新的理解和用法。如在雅各布森、巴特等人那里都赋予了它新的内涵，本书在后面也会继续讨论。

　　接下来要讨论的问题就是，既然能指和所指共同构成了语言符号，而且缺一不可，那么，能指和所指之间的关系是什么样的呢？换句话说为什么某一能指会和某一所指结合在一起构成一个语言符号呢？索绪尔在论述这个问题时说：

> 　　能指和所指的联系是任意的，或者，因为我们所说的符号是能指和所指联结所产生的整体，我可以更简单地说：语言符号是任意的。
>
> 　　例如"姊妹"的概念在法语里同用来做它的能指的 s-o-r 这串声音没有任何内在的联系；它也可以用任何别的声音来表示。语言间的差别和不同语言的存在就是证明："牛"这个所指的能指在国界的一边是 b-o-f，另一边却是 o-k-s。①

　　比如在汉语中，"狗"的发音为"gǒu"，同样的概念英语"dog"的发音为"dɒg"，汉语中"头"的发音"tóu"，与"人体最顶端部位"的概念之间没有任何必然的联系。这一点是索绪尔语言符号学中最关键的一个结论，即能指和所指的结合是任意的。

　　索绪尔关于语言符号的二元关系论述，也揭示了符号的二元关系，符号就是能指和所指所构成的二元关系。能指就是符号形式，亦即符号的可感知的物质呈现；所指即是符号内容，亦即符号能指所传达的心理概念，或曰意义。

　　在此不妨运用索绪尔的二元关系的符号理论展开一个讨论，交通路口的"信号灯"是符号，其能指是"红灯"、"黄灯"或"绿灯"，亦即人们可以感知的红、黄或绿的颜色，灯的亮度，形状，有时是箭头或叉，这些都是上述所说的可感知的物质呈现，其所指就是人们在交通规则中习得的或者约定的"禁止通行"或"允许通行"的概念或意义。"秋天里的一片落叶"是符号，其能指就是人们看到的发黄的枯萎凋落的树叶，即可感知的物质呈现，其所指就是"深秋了"、"萧瑟"或"伤秋"的概念或意义。"一声咳嗽"是符号，其能指就是人们听到的喉咙里发出的浑浊的声音，即可感知的物质呈现，其所指就是"生病了"、"嗓子发炎了"或"请注意，这里有人"等概念或意义。

　　还可以做进一步讨论，比如深夜办公室里书桌上的台灯，它对于人们仅仅

---

① ［瑞士］费尔迪南·德·索绪尔.普通语言学教程［M］.高明凯，译.北京：商务印书馆，1980：67-68.

提供照明的作用,就不是符号,它没有意义,它只有人们可感知的物质呈现:亮光。但是,对于一个走过这间办公室窗前的某人来说,它就变成了一个符号,其能指就是它发出的亮光,亦即被经过的某人看到的物质呈现,其所指就是"这么晚了,他还没走"或"他忘记关灯了"等概念或意义。

当然,索绪尔关于符号学的贡献除了能指和所指这对概念之外,还有三对重要的创造性的贡献:语言和言语,共时性和历时性,组合关系和聚合关系。这些留在本书后续讨论。

三、皮尔斯论"符号"

几乎与索绪尔进行语言符号研究的同时,美国哲学家查尔斯·桑德斯·皮尔斯在与索绪尔互不知情的情况下也在做着关于符号学的研究。皮尔斯的研究和索绪尔的研究一样也是以笔记的形式留存下来,但是,不同的是索绪尔是在研究语言学时,把语言符号当做一种研究方法而提出了符号学的观点,皮尔斯一开始就是直截了当进入符号学的研究。

(一)皮尔斯"符号三元关系"

如果说索绪尔的研究提出了一系列的关于符号的二元结构理论,那么皮尔斯的研究则是提出了一系列的关于符号研究的三元关系学说。皮尔斯说:

> 我将符号定义为任何一个事物,它一方面由一个对象所决定,另一方面又在人们的心灵(mind)中决定一个观念(idea);而对象又间接地决定着后者那种决定方式,我把这种决定方式命名为解释项(interpretant)。由此,符号与其对象、解释项之间存在着一种三元关系。①

皮尔斯的"三元关系"是对符号学理论的卓越贡献,这种"三元关系"的观点,为符号学的研究奠定了三个维度的思考,这种思考也成为和索绪尔二元结构理论之间重要的补充,二者之间有分歧,亦有默契。

皮尔斯在这里所说的"我将符号定义为任何一个事物",这"任何一个事物"指的就是符号再现体。在皮尔斯的符号三元关系中(如图1-4),A(符号再现体)指称C(符号对象)意指B(符号解释项):

---

① [美]查尔斯·桑德斯·皮尔斯.皮尔斯:论符号[M].赵星植,译.成都:四川大学出版社,2014:31.

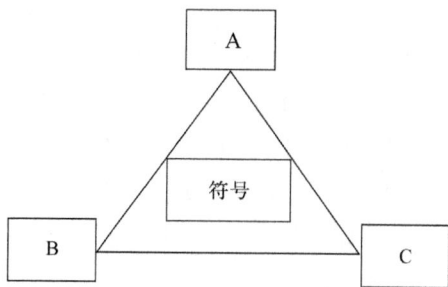

图 1-4　皮尔斯符号三元关系图示

皮尔斯说：

> 我将符号定义为某物 A，它把某物 B（也即其解释项）带入到与它同样相对应的某物 C（也即其对象）。这样一来，A 自身（符号自身）就代替了 C。[①]

（二）符号三元关系解读

符号再现体是符号三元关系中的主体。符号再现体是符号三元关系中代表符号对象的"事"或"物"，representamen 即为符号再现体，本书简称为"符形"。作为符号再现体可以是社会性符号，比如文字、商标、指示牌、红绿灯和风向标，也可以是自然物符号，比如玫瑰花，一般作为爱情的符号再现体，比如蜡梅，在中国人眼里一般作为凌寒傲雪的一种精神的符号再现体，也可以是纯粹心智的思考结果，比如概念或者命题。这里特别强调的是，"事"所指的就是心理事件，即概念或者命题，也就是说符号再现体并不一定是"物"。

符号对象处于符号三元关系的第二位。object 即符号对象，本书简称为"符象"，即上述三元关系"A 指称 C 意指 B"中的 C。皮尔斯说"'符号'可以用来指称一个可感知的对象，或在某种意义上只能想象，甚至不能想象的对象"[②]。"可感知的对象"，比如看到的、听到的物质实体，人们说"泰山"，即知道其符号对象是地处山东泰安的那座山；"只能想象的对象"，就是现实中不存

[①]　［美］查尔斯·桑德斯·皮尔斯.皮尔斯：论符号［M］.赵星植，译.成都：四川大学出版社，2014：31.

[②]　［美］查尔斯·桑德斯·皮尔斯.皮尔斯：论符号［M］.赵星植，译.成都：四川大学出版社，2014：41.

在的,没有具体可感知的物质实体的对象,比如人们说"阎王爷",其所指称的对象是不存在的,不可感知的,比如"玉树琼浆""金山银海"等;"不能想象的对象",皮尔斯举例说:"'fast'这个词,它是一个符号,但它却是不可想象的,因为这个词语本身不可能被写在纸上或被读出来,写出来或读出来的只是它的一个实例(instance)。并且,这个词无论是写下来,还是读出来都是一样的。但是,当它表示'迅速的'意思时,它是一个词,当它表示'固定的'意思时,它又完全是另外一个词,当它表示'绝食'时,它又是第三个词。"①"fast"作为一个符号,它所表示的对象是不可想象的,是不确定的。

符号解释项处于符号三元关系中的第三位。在上述三元关系"A 指称 C 意指 B"中的 B,即是符号的解释项,本书简称为"符释"或"符义"。它虽然是作为三元关系中的第三位,但是重要的是它不是一种二元关系,即符号再现体、符号对象和符号解释项始终是作为符号三元关系捆绑在一起的,并不区分主次轻重。皮尔斯说:"符号在解释者的心灵中创造了某种东西,而这种东西是由符号创造出来的,并且符号的对象也通过某种间接的或相关的(relative)方式创造了这种东西……符号的这一产物叫'解释项'。"②简言之,符号解释项即是对符号再现体的释义,也即符号再现体传达的符号对象的信息,或者说是符号传达的意义,符号引起的观念。比如交通信号灯亮起了"红灯",这一符号意义即是"禁止通行";行驶在前面的汽车尾灯突然亮起了"红灯",这一符号意义则是在提示跟随的后车"刹车"的意思。以上的对于"红灯"的意义解读就是"红灯"符号的解释项,这一解释可以通过"红灯"这一符号再现体来完成。比如人们学习交通法规中的关于信号标志的"红灯"的含义或者关于汽车尾灯亮起红色指示的意指来获知这一意义,也可以通过交通信号灯的具体的"红灯"(符号对象)亮起来或者行驶中前车突然亮起的红色尾灯(符号对象)来获知这一意义。

皮尔斯"三元关系"符号理论,从三个维度来揭示符号的构成,可以将任何一种符号都做三元关系的划分。比如"同仁堂"的招牌是一个符号,招牌上的书写文字、图案设计甚至色彩等,是符号再现体,总部在北京前门的那个名叫"同仁堂"的老字号店铺(如今的药业集团公司),就是符号对象,招牌上的文字

---

① [美]查尔斯·桑德斯·皮尔斯.皮尔斯:论符号[M].赵星植,译.成都:四川大学出版社,2014:41.

② [美]查尔斯·桑德斯·皮尔斯.皮尔斯:论符号[M].赵星植,译.成都:四川大学出版社,2014:43.

和图案以及老店铺和公司传达给公众的信息,就是符号解释项。

"西湖"是一个符号,如果人们用汉字来书写"西湖"一词,那么这两个汉字构成的词就是符号再现体,其符号对象就是指称杭州城西的那片水域,而围绕着"西湖"而产生的各种联想阐释意义,比如美景、江南和各种历史人文内涵就是其符号解释项。

第二节 符号表意

一、基本形态

符号是意义的载体,人类传播活动就是符号表意的过程,凡传播必有符号,凡符号必有意义。符号表意源自符号本身,符号本身有两种基本的来源,即源自自然的符号或源自社会文化的符号。简言之,依据符号来源可将符号表意分为两种基本形态:第一种是自然的,即自然符号;第二种是社会的或者说是文化的,即文化符号。

(一)自然符号

在大自然中自然演变出现的,任何可以视为自然或者本身具有自然特征的事物都属于自然符号。自然万物、春夏秋冬、日出月升、风霜雨雪,对于人类来说都展示着自然意义,也即大自然本身所具有的信息,这些自然信息和意义不是人类发明的,人类只是发现而已。比如出海的渔民看到月圆月缺就会知道有潮起潮落,看到月晕就会知道有大风;专业医生在老鼠身上发现某种鼠蚤就会知道有鼠疫发生的可能等等。这里,月圆月缺、月晕和鼠蚤作为符号呈现的话,就是自然符号,因为它的形成和因果指示完全是自然的,与人类无关,人类只是发现了它的因果指示关系而已。或者说人类只是在其中发现或总结了它本身寓意着的某种意义,人类并不能抛开这些自然现象或自然特征去实现或改变这种意义。

(二)文化符号

与自然符号相对的,即社会化的、文化生产的符号都属于文化符号,文化符号的符号意义不是依据其符号的自然属性而来,而是源自人,或者说源自人类社会或文化,是人类附加在符号上的意义,人类借此以完成复杂的传播沟通,文化符号是人类发明的。比如"蝙蝠"作为一个文化符号在中国是"福气"的象征;"猫头鹰"作为一个文化符号在中国某些地方有"不吉利"的涵义,而同样的"猫头鹰"作为一个文化符号在日本则有"吉祥"的意义。可见,文化符号的意义是人为蕴涵的,其间有文化和社会的约定,人类必须掌握这种约定,才能实现沟通传播。作为沟通传播元素的文化符号,被其所处的社会和文化决定,反映着其所处的社会文化价值,其意义是人类的发明(见图1-5)。

图1-5　源自猫头鹰的马自达车标

(三)自然符号和文化符号的意义互渗

虽然符号的来源可以分为自然符号和文化符号两类,但是这并不意味着某个符号的意义只源自自然,或只源自文化,符号意义经常性地会牵涉这两者。人们说"七彩虹"是指彩虹有七种颜色,这种现象一般只在雨后的阳光照射下才能看到,但是人们实际上看到的就是"多种颜色的虹",并不是"七种颜色的虹",因为这些颜色在肉眼中是不容易区分的。那么所谓的"七彩虹"其实是根据牛顿的说法,即红、橙、黄、绿、蓝、靛、紫,这七种颜色在光学上分别对应如下波长:

红色:650 纳米

橙色:590 纳米

黄色:570 纳米

绿色:510 纳米

蓝色:475 纳米

靛色:445 纳米

紫色:400 纳米

　　但是有意思的是,牛顿对于彩虹颜色的分类看似是单纯地依据光的自然属性而来,因为这些颜色的波长是可以通过科学仪器或方法验证的。然而,实际上色彩光谱是连续的,其分界线是模糊和重合的,也就是说每一种颜色都会和它邻近的颜色相混合,其分界并不是泾渭分明的。正如上面所指出的那样,人们在欣赏观察彩虹的时候已经证明了这一点,也就是人们看到的是"多种颜色的虹",而不是"七种颜色的虹"。据说,牛顿的手稿显示他最初研究彩虹时,只发现五种颜色,但是他在 1704 年的《光学》中增加了两种颜色,于是彩虹变成了七色。为什么牛顿改变了想法?因为牛顿深受数字"七"的神秘特质吸引,当时的行星也是七颗,西方人认为"七"象征上帝的至善至美,作为虔诚的基督徒,牛顿也坚持彩虹有七种颜色,以赋予彩虹某种神秘特质。于是"彩虹"就成了"七彩虹",这一自然符号在形成过程中被人为添加了社会文化的因素,"七彩虹"同时具有文化符号的特质。人类学家发现在某些文化中,比如在美国犹他州的苏族人中,苏族人会以"toto"这个字囊括光谱上的蓝与绿,也就是说苏族人的自然符号中"彩虹"只有六种颜色。[①] 那么苏族人的"彩虹"就是"六彩虹"了。从这个例子中,可以看到不同文化中作为符号的"彩虹"其内涵意义是不同的,原因就是符号意义的来源常常同时关涉自然符号和文化符号。

二、意指与指称

　　符号是携带意义的载体,那么意义是如何附着在符号中并被符号呈现出来的呢?或者说在一个符号中,意义是以一种什么方式存在着,其中一定有一种可以被分析的结构模式,索绪尔和皮尔斯分别用二分法和三元关系给出了分析结构,前者索绪尔的结构关系一般称之为意指关系,或简称意指,后者皮尔斯的结构关系一般称之为指称关系,或简称指称。

(一)意指关系

　　索绪尔符号二分法观点认为,符号是一种二元关系,包括能指和所指两个基本构成元素,能指即符号形式,亦即符号的可感知的物质呈现,所指即是符

---

① 参见[英]尚恩·霍尔.这就是符号学[M].吕奕欣,译.台北:积木文化,2016:10.

号内容,亦即符号能指所传达的心理概念,或曰意义,二者共同构成符号。能指和所指之间是怎么联结在一起的呢? 那么这里面就应该有第三个元素,起到联结能指和所指的作用,这个元素就是"意指关系"。

意指关系是符号能指和所指之间的结合关系,符号是通过能指和所指之间的意指关系结合而形成的,意指关系是符号意义内在结构的一种形式。

能指与所指之间的意指关系存在着两种基本形式:第一种,同一能指对应不同所指;第二种,不同能指对应同一所指。

同一能指对应不同所指,见表 1-1。

表 1-1　意指关系 1:同一能指对应不同所指

能指	意指关系	所指
苹果	⟶	水果
苹果	⟶	健康
苹果	⟶	诱惑
苹果	⟶	手机

苹果作为能指在不同的场景中,其所指有不同的意义,而作为沟通传播基本不会有歧义,比如日常生活中其所指是某一种水果,或者想到健康的概念,在有些场景下比如《圣经》故事中伊甸园亚当和夏娃吃的那个苹果,自然在基督教文化中就有诱惑的所指,当然,如果有人问:新款苹果好用吗? 毫无疑问其所指是指苹果手机。

不同能指对应同一所指,见表 1-2。

表 1-2　意指关系 2:不同能指对应同一所指

能指	意指关系	所指
Apple(英语)	⟶	苹果
Pomme(法语)	⟶	苹果
Apfel(德语)	⟶	苹果
La Mela(意大利语)	⟶	苹果

这些发音和拼写完全不同的能指,均指向同一个所指,用不同语言作为例子是为了说明的简便,实际上还可以用更多的例子来拓展这个思路。比如,人们说一个人跑得快,可以说他像刘翔一样,他像神行太保一样,他像闪电一样,

这里"刘翔"、"神行太保"和"闪电"三个完全不同的能指,其所指均指向一个意义——"跑得快"。

以上可以看到,在索绪尔语言符号学中,能指和所指的意指关系基本是任意的,这种任意性也可以理解为约定性,即英语中约定 Apple 意指苹果,法语中约定 Pomme 意指苹果,苹果在基督文化中意指诱惑,在通信器材卖场就意指某款手机。但是索绪尔同时也强调了能指和所指之间意指关系的某种理据性,比如不同语言中关于"妈妈"的能指即发音的高度相似性,即说明某些语言符号的能指和所指之间的意指关系不是任意的,而是有其内在理据的,关于这一点本书后续会做补充讨论。

(二)指称关系

在索绪尔符号二元关系中,符号能指和所指关系称为意指关系,这种意指关系也是符号意义结构的一种形式。那么,在皮尔斯的符号三元关系中,符号再现体和符号对象、解释项之间也存在着一种结构关系,这种结构关系称为指称关系。

首先,索绪尔符号学所谓的能指对应着皮尔斯符号学的三元关系中的符号再现体(符形),如同符号是意义的载体一样,一个符号的符形也总是指称某种事物和释义,这个被指称的事物就是符号对象(符象),而释义就是解释项,指称关系即符号再现体将符号解释项指向符号对象。符形与符象、符释之间存在着三种指称关系。

像似指称:符号再现体与符号对象、符号解释项形象像似,以符号再现体来形象地反映符号对象和解释项,即为像似指称。这种符号也称为像似符号。

比如,"镜像"就是像似符号,镜子中的人是符形,为镜子映照的真实地站在镜子面前的那个人就是符号对象或解释项。照片、画像和拟声词都是像似符号。

指示指称:符号再现体与符号对象或符号解释项有因果或邻近的关联,以符形来指代或表示符号对象和解释项。这种符号也称为指示符号。

比如,"风向标"就是指示符号,"标"是符形,风为对象。因为有对象"风",才引起符形"标"指向顺风的方向,其中是因果关系,也可以解读为"起风了"的释义;新闻照片中一处人声鼎沸的海滩,来指示某个热点旅游城市,其中符形"海滩"和符号对象"某个热点旅游城市"之间存在着地理上的邻近关系,在此这个"海滩"实际就是这个"热点旅游城市"的一处海滩。

规约指称:经由社会文化的约定,符号再现体可以表征符号对象和解释项,以符形来寓意或暗示符号对象和解释项。这种符号也称为规约符号或象征符号。

比如,"和平鸽"就是规约符号,以"鸽子"为符形,寓意"和平"这一符号对象和解释项。人民大会堂巨幅油画"长城"是一个规约符号,油画"长城"为符形,寓意"中华民族大团结"这一符号对象和解释项。"玫瑰花"是一个规约符号,"玫瑰花"的物质形态为符形,寓意"爱情"为符号对象和解释项。

像似符号和指示符号的符形和符象、符释之间,是一种非任意的关系,亦即符形和符象、符释之间有着某种内在理据性联系,比如像似符号的形象像似性,镜子的影像和镜前的人物,其形象是像似的;指示符号中的因果关系或邻近关系,更是非任意的,"烟"必定指示着"着火了",因为二者有因果邻近关系。

像似符号指称关系,见表1-3。

表1-3　指称关系1:像似符号指称关系

符形	指称关系	符象、符释
"郑成功"雕塑	⟶	抗倭英雄郑成功
"哈兰·山德士"上校头像	⟶	"肯德基"品牌标识
呜呜	⟶	风声或哭泣声
"前方有学校"交通标志	⟶	前方有学校、慢行

指示符号指称关系,见表1-4。

表1-4　指称关系2:指示符号指称关系

符形	指称关系	符象、符释
风向标	⟶	风向
烟	⟶	着火了
新闻照片"天安门"	⟶	北京
门口的"烟斗"图示	⟶	男卫生间

规约符号和上述像似符号及指示符号有不同,规约符号的符形和符象、符释之间,则表现为更为复杂的关系:符形和符象、符释之间有时是任意的,或者说是约定的;有时是非任意的,或者说是有理据性的。下面举例分析这个稍显复杂的关系(见表1-5)。

表 1-5　指称关系 3：规约符号指称关系

符形	指称关系	符象、符释
天平	——————→	正义
鸽子	——————→	和平
老虎	——————→	大王
博士帽	——————→	博士学位

　　上述规约符号的符形和符象、符释之间就是非任意的，符形和符象、符释有显著的意义关联或联想暗示的关系，二者指称关系成立是有理据性的。

　　天平代表公平，寓意正义；鸽子衔着橄榄枝飞回诺亚方舟，报告大洪水退去，陆地显现，和平到来；老虎是森林中最有力量的凶猛动物，处于森林食物链的最顶端，当然的森林之王；博士帽是博士毕业的标志性服饰，取得博士学位，另有硕士帽、学士帽，以区别不同的学位身份。

　　再来看看下面的例子（见表 1-6）。

表 1-6　指称关系 4：规约符号指称关系

符形	指称关系	符象、符释
兰草	——————→	君子气节
百合	——————→	纯洁
握手	——————→	见面礼、友好
黑领带	——————→	正式场合
白旗	——————→	投降

　　符形和符象、符释之间没有一目了然的关系，也就是说符形和符象、符释之间的象征指称没有明显的关系，而是任意的组合，这种任意的组合在符号学中也称为"约定的"或"规约的"。兰草在中国传统文化中象征君子气节，是一种文化约定。百合花是因其洁白而被用来象征纯洁吗？那么洁白的花有很多种，为什么独选了百合花呢？所以最终百合花象征纯洁仍然是一种文化约定。着正装的"黑领带"寓意出席正式场合，这里"黑领带"就是服饰礼仪约定的正装领带。"白旗"代表投降，一定是在战场上，而在田径场上"白旗"完全是另一种符象，代表运动员动作成功完成。现代人见面礼是握手，而古代中国人用"拱手"象征"打招呼"式的"友好"，新冠疫情时期人们又发明了"碰肘礼"，为了避免身体接触，两个人见面时不再"握手"，而是手臂抬起，把上臂回内 180 度，

手肘向外和对方相碰,以此替代传统的见面"握手"的礼仪。这里可以看到符形和符象、符释之间的关系是任意的,也可以理解为是约定的,二者的指称关系成立完全依靠人为的约定,其间并不存在必然的理据性关系。

三、符号关键词

能指、所指是索绪尔"符号二分法"中的关键概念,符号再现体(符形)、符号对象(符象)和符号解释项(符释)是皮尔斯"符号三元关系"中的关键概念。二者在外延上似有重复的地方,因此,有必要对索绪尔的"二分法"和皮尔斯的"三元关系"做一个梳理和类比,以厘清能指和所指,与符形、符象和符释之间的概念上的重合或相异之处。

(一)能指和符形

索绪尔二分法中的所谓"能指"和皮尔斯三元关系中所称的"符形"在概念上是重合的,索绪尔称能指和所指共同构成符号,能指是概念的载体,比如"狗"这一语言的发音,即是"狗"这一符号概念的载体。而皮尔斯符号学,符形总是用以指称某一事物的另一事物,符号通过符形的媒介承载作用,提供了符象的信息,如果离开了这个媒介,信息就无所依归,符象也就是符号对象就无法被传递,也就无从被认知,人类传播沟通就无法实现。这里可以清晰地分辨出能指和符形起着同样的作用,即概念承载作用。

所以,可以类比地说,索绪尔所称的"能指"即是皮尔斯所称的"符形"。

(二)所指和符释

索绪尔所称的"所指",可以类比为皮尔斯所称的"符号解释项"即"符释"。索绪尔称能指和所指共同构成符号,能指是概念的载体,那么"所指"就是符号的另一半——概念,因为索绪尔是针对语言符号进行的研究,因此一般意义上说,所指意谓的"概念",也可以理解为一般符号中的概念、信息或意义等。而皮尔斯早已指出符号解释项就是对符号再现体的释义,也即符号再现体传达的符号对象的信息,或者说是符号传达的意义,符号引起的观念等。可见,二者在这里讨论的是同一个问题——概念或意义,所以说,索绪尔所称的"所指"可以类比为皮尔斯所称的"符释"。

索绪尔所称的"所指"与皮尔斯所称的"符释"完全相同吗?毕竟两位研究者是各自独立地创造了自己的符号学系统的,不同应该也是有的。索绪尔所称的"所指",是针对语言符号而言的,因为其研究范畴就是语言学,从语言学而引出的符号学思想,所以,索绪尔所称的"所指"是语言符号的概念。而皮尔斯所称的"符释",是在一般符号学研究视域中的发现,皮尔斯的"符号解释项"可以是各种复杂符号的释义,这些符号的释义离不开具体的符号使用的情境,"皮尔斯的'解释项'大体是一种观念性的意义,是解释者心中可能的心理事件。大致地说,索绪尔的'所指'主要属于符号学的语义学,而皮尔斯的'解释项'应当看成符号学的语用学。"①

如果索绪尔所称的"所指"可以类比为皮尔斯所称的"符释",那么"所指"和"符象"是一种什么关系呢?

(三)符象和所指

"符象"即"符号对象",是皮尔斯符号三元关系中的一元,皮尔斯说"'符号'可以用来指称一个可感知的对象,或在某种意义上只能想象,甚至不能想象的对象"。② 这里皮尔斯所称的这个"可感知的对象"当然就是"符象"了,就是符号所指称的某"物",而"只能想象,甚至不能想象的对象"显然不是"物",而属于"事"的范畴,是一个心理概念,或想象、观念等。

皮尔斯的"符象"概念可以细分为两种情形:一是"符象"指称的是一个可感知的对象,即"物",比如词语符号"泰山",其指称的就是山东泰安号称"五岳之尊"的那座名山;二是"符象"指称的是一个只能想象,甚至不能想象的对象,比如"福如东海",这个对象是一个概念或观念,是不可感知的,是一个完全的想象的或者心理的概念,易言之是一个"事"而不是"物"。那么,这种"符象"就更接近于索绪尔所称的"所指"的概念了,可以说"符象"在指称"事"的范畴对象时,就可以类比为索绪尔的"所指"。

但是索绪尔的"所指"并不指称"物"的对象,仅仅指称"事"的对象。巴特在《符号学原理》"所指"一节中,专门指出:"索绪尔本人明确指出了所指的心理性质并称之为概念(concept):'牛'这个词的所指并非牛这个动物,而是它的心理形象。"③索绪尔认为所指是"概念",不是客观物质实体"物",是社会性

---

① 黄华新,陈宗明.符号学导论[M].上海:东方出版中心,2016:5.
② [美]查尔斯·桑德斯·皮尔斯.皮尔斯:论符号[M].赵星植,译.成都:四川大学出版社,2014:31.
③ [法]罗兰·巴尔特.符号学原理[M].王东亮,等译.北京:生活·读书·新知三联书店,1999:33.

的集体概念,比如说"树"指的不是一棵特定的树,而是"树"这个概念集合。赵毅衡就此有过详细的讨论,并明确表示很难同意所有符号所指都是概念这个说法:"我指着桌上的水杯,要的就是这杯水,而不是'水'这个概念……如果一定要给所指下一个定义,所指就是能指所指出的东西。"①也就是说以开放和发展的观点来看,"所指"也应该包括"物"的对象,即皮尔斯所称的"可感知的对象"。赵毅衡接着讨论道:"实际上索绪尔的术语本来就是这个意思:这两个法文词,是同一个动词'符指'的主动动名词(signifiant 符指者,能指)与被动动名词(signifie 被符指者,所指)。'被符指者'的定义当然就是'符指者'所指出的。"②这个判断看似简单,实际解决了符号学关于"所指"和"符象""符释"到底是什么类比关系的讨论,因为索绪尔本人在提出能指和所指这对概念之时,其前提是语言符号,而且其兴趣是在语言符号能指的研究中,所指基本被忽视了。而现代符号学的发展早已从语言符号的单一符号中发展出来,而皮尔斯的符号学研究一开始就是普通意义的符号学研究,所以索绪尔二分法的能指和所指,与皮尔斯三元关系中的符形、符象和符释很难丝毫不差地一一对应。

本书的观点是,不必拘泥于索绪尔的所指讨论,依据符号语用学的理解,根据不同的语境和符号,"所指"可以类比为"符释",即符号引发的观念、思想和意义,也可类比为"符象",即符号所代替的或指向的对象。而且本书认为,皮尔斯的三元关系中,"符释"极大地丰富和发展了二分法中"所指"的内涵,强调了符号表意的无限潜力和空间。所以,本书也更乐意使用三元关系来阐释和讨论。同时,本书在沿用意指关系和指称关系的传统说法时,也拓展了意指关系和指称关系(见图 1-6)。

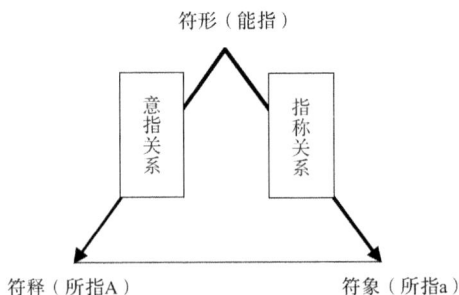

图 1-6　符号关键词关系图

① 赵毅衡.符号学:原理与推演[M].南京:南京大学出版社,2016:88.
② 赵毅衡.符号学:原理与推演[M].南京:南京大学出版社,2016:88-89.

图 1-6 形象地类比了索绪尔二分法的能指、所指与皮尔斯三元关系的符形、符象、符释之间的关系，即符形类比于能指，符释类比于所指，符象也类比于所指，为了区别索绪尔语言学中关于所指的专指"心理概念"的说法，图示中特别以所指 A 和所指 a 做了区分，符释（偏重"事"）类比于所指 A，符象（偏重"物"）类比于所指 a。同时符形与符象，能指与所指 a 之间为指称关系，能指与所指 A，符形与符释之间为意指关系。

符象与符释之间的关系，是通过符形这一中介来互为解读的，二者之间是一种互为释义的关系。

最后，需要指出的是人们平常说"符号"一词时，常常是指"符形"，或"能指"。"符形"和"能指"有时候会和"符号"一词互相替代，但是，"符号"一词不会替代"符象"或"所指"。

第三节　古典符号学略说

一、西方古典符号学代表人物

（一）古希腊时期

古希腊早期的符号学思想重要代表人物有希波克拉底、亚里士多德和斯多葛学派等。

希波克拉底（约公元前 460—前 397）是古希腊的著名医生，不仅医术高超，还是古代希腊医学符号学（症候学）的创始人。所谓"症候"或"征兆"即是一种符号，所以希波克拉底被后人称为"符号学之父"。也反映出古希腊时期早期符号学源头，主要面向的是自然符号，这样的符号与语言符号并不构成直接的关联，是依据人体自然的征兆来观察人的健康与否。

希波克拉底流传下来的著作有《希波克拉底》文集，文集中包含大量关于生理、解剖等医学经验的总结性的论文与病例。希波克拉底在这些经验总结的基础上，提出了他的医学符号学理论，也可以理解为是自然符号学理论。他对符号的理解是以自然生命体显示出的征兆、症候为证据的，比如发热、脸庞发红、流眼泪等人体自然表现出的一些生理现象，在希波克拉底眼中都代表着一种可以诊断人身体健康与否的"符号"。所以，在希波克拉底而言，诊断病情就是发现符号,通过对某种符号的发现去判定某种疾病的情况,这个符号就是关于某种疾病的症候,依据症候即可推断病理和病情。

希波克拉底关于"医学符号学"的思想,通过症候诊断病情,体现了早期人们试图以自然事物的某种特征的发现去探寻事物发展变化规律的一种努力,对于西方符号学的产生和发展,有着重要的开端性意义。

亚里士多德(约公元前384—前332)作为古希腊最伟大的思想家之一,在西方符号学理论诞生过程中作出了卓越贡献。亚里士多德的学术思想涉猎极广,包括逻辑学、语义学、修辞学和诗学诸领域,这些领域都与符号学有直接联系。

在《解释篇》第一章里,亚里士多德就阐述了语言符号问题。他认为,本无天然的名称或名词,只是通过约定才有了名词;不连贯的声音,比如野兽发出的声音虽然具有意义,但却不构成名词。在亚里士多德看来,语言只是思想的符号,通过思想指示存在。对于语言、思想、实在(或外在对象)三者之间的关系,亚里士多德着重区分了作为词语声音的符号,这种符号是与此符号相类似的"事物"在人心中的"感应",指出词语一方面指概念,另一方面指事物。

斯多葛学派创始人芝诺(约公元前336—前264)把哲学分为三部分:逻辑学、自然哲学(物理学)和伦理学,斯多葛派的逻辑学包括认识论和修辞学。他们认为,认识开始于对个别事物的知觉,构成对事物的经验,根据知觉进行推理,即通过理性作用于心灵中形成概念,再用语言表达出来。实际上他们首次做到了将符号的意义与实际的事物相剥离,指出符号不是所讨论的事件,而是表示所讨论事件的命题。

关于"意义",斯多葛学派认为意义是与事物相反的,因为事物和符号是物质性的东西,而意义则是非物质性的,它不是一个具体的物体,而是一种特殊的存在。斯多葛学派把符号的意义从符号整体中抽离出来,在语义学研究上是一次重大突破,是对亚里士多德符号学思想的重要发展,对现代符号学发展也有着不可忽视的启示意义。

(二)古罗马和中世纪时期

古罗马时期的符号学思想源自古希腊,古罗马符号学在与基督教神学结合之后,出现了奥古斯丁及其后继者的神学符号学研究。

奥古斯丁(354—430)是古罗马时期重要的基督教思想家和哲学家,在他的宗教和哲学思想中有着丰富的符号学思想体现。

《论基督教义》和《忏悔录》是其著作中涉及符号学思想最多的两部论著，奥古斯丁对于内心的省悟远胜于对宇宙的思考，因此在其论著中，最大的特色即是他结合自己对生存的体悟来讨论符号问题。他如此定义符号："符号是这样一种东西，它使我们想到在这个东西加诸感觉的印象之外的某种东西。"①或者说，符号是这样一种东西，它使其他东西作为它的后果，并在心中出现。与古希腊时期的主流符号学的外在逻辑推理截然不同，他所谓的符号既是物质对象，也是心理效果。毫不夸张地说，他的这种思考直接影响了现代符号学的创始人索绪尔和皮尔斯。

奥古斯丁还首次把符号分为自然符号和规约符号，如前述希波克拉底所谓的医学符号中的人体病症的"征兆"，即属自然符号，这类符号是自然形成的，比如烟是火的符号；另一种是人为约定的符号，比如语言符号和文字符号是最重要的人为约定而形成的符号，即规约符号。

奥古斯丁还讨论了语言符号的功能和性质，并进而对声音符号、所指者和心理之间的三角关系作了明确的表述。他认为，声音和意义是两回事，声音方面有希腊语、拉丁语的差别，意义却没有希腊、拉丁或其他语言的差别。声音因人而异，随时变化，意义却是稳定统一的。

阿奎那（1225—1274）是意大利神学家，中世纪最具代表性的经院哲学家之一。阿奎那的神学符号学主要继承了亚里士多德的思想，特别是关于"纯形式"的思想。阿奎那所说的"纯形式"，是指"无质料的形式"，那些存在于具体事物中的形式，就是从这种"纯形式"中产生的。阿奎那认为，这种"纯形式"不是别的，它是万物的根源亦即上帝。

阿奎那还按照亚里士多德的理论，采取内在论的立场处理词与词义的关系，认为词的意义不是个体而是共相。他认为词有直接意义和譬喻意义，认为《圣经》中论述的首先是直接意义，然后再将有关的事实和事件作为譬喻意义教人们去领悟。这样做的结果就是阿奎那将词语符号的意指性和事件符号的意指性区分开来。同时，阿奎那神学符号学思考中，还将意指问题和解释问题结合在一起，例如在天主教中圣餐是神恩的符号，圣餐仪式必须按照教义的法则行事，其寓意是上帝指示的。他的神学解释学中也充满了象征和隐喻的解释法，《圣经》故事中的象征构成了他符号学思想的重要部分。

---

① 　俞建章，叶舒宪.符号：语言与艺术[M].上海：上海人民出版社，1988：12.

（三）近代时期

洛克（1632—1704）是英国哲学家，近代行为主义心理符号学的创始人。洛克符号学思想主要集中反映在他的《人类理解论》一书中。洛克将人类可以理解的东西分为三类：第一，事物的本质、事物间的关系及其运行方式；第二，人类自己为了各种目标的实现，有理性而又自动进行的行为；第三，获得和交流这些知识的方法和手段。那么，与此相应地，科学可以分为三类：第一类为物理学，第二类为伦理学，而第三类就是符号学。由此可见，符号学在洛克的科学分类中占有极为重要的地位。

洛克符号学思想特别关注符号与观念之间的联系。洛克认为事物与观念间的关系就是意指作用，观念是事物的符号，而词是观念的符号，因为词所指示的不是事物而是观念。比如说，类的观念是由类属性组合成的，"狗"具有四足、有毛、通人性、宠物和忠诚等多种属性，这些属性联系在一起就是"狗"的意义，同时也是"狗"区别于其他动物的标准。如此，外在事物、感觉和词这三种不同的实体就通过意指作用和因果关系联系在一起了。因此，洛克的符号学思想在近代符号学发展史上具有承前启后的作用。

莱布尼茨（1646—1716）是德国哲学家、数学家，近代符号逻辑的创始人，"普遍语言"的发明者与倡导者。他认为中国古代《周易》的八卦符号系统与他创立的二进位制的数理符号不谋而合。

莱布尼茨在符号学发展史上的重要贡献是尝试建立人工符号的"普遍语言"，莱布尼茨从更加宽泛的意义上理解语言，把语言看作各种可能符号的一种。他认为，人们发明词语，一方面受到客观事物的引导，另一方面也加入了自己的偏好，自然语言依赖于知觉，具有模糊性、歧义性等不足。所以，自然语言不是描述客观事物的最佳语言，为了更准确地描述客观事物，必须建立一个由"普遍语言"组成的精准的符号体系。这种精准的符号体系使思想交流更为容易，而且有利于思想本身，人们使用这种精准的符号语言，就如同解答数学题一样将纷繁的外在事物变成精准的数学答案。

但是，莱布尼茨对于如何构造"普遍语言"体系并没有能够提出一套真正可行的方案。他时而认为"普遍语言"是一种文字；时而又说，"普遍语言"好像是代数；甚至还说过，"普遍语言"是中国表意文字系统的改进等等。显然，莱布尼茨只是尝试提出"普遍语言"的构想，并没有能够真正地创立这样的一个宏大的符号体系。

康德(1724—1804)是近代德国哲学家,他的符号学思想在《实用人类学》一书中有集中的反映。康德认为,一切语言都是思想的标记;反之,思想标记的最佳方式,就是运用语言这种最广泛的工具。符号是人类的标记能力,即以当前事物为媒介,把预见未来事情的观念与对过去事情的观念联结起来的认识能力。当事物的形象只是被概念用作观念的手段时,它就是象征。在康德看来象征是间接的符号,因为它本身没有什么意义,只能由直观引向概念。

康德符号学思想中关于符号分类有独特的观点,康德将符号划分为以下三类:一是人工约定符号;二是自然符号;三是奇迹符号。人工约定符号包括表情符号(表演的符号,它部分也是自然符号)、文字符号(字母、标点符号)、数目符号(或数字符号)、字音符符号(乐谱)、等级符号(如制服、衔级)、荣誉符号(如勋章、称号)和耻辱符号(如奴隶身上的烙印、黥刑等)共八个种类的符号。自然符号,康德依据其所标记的事物关系,将它分为验证关系(如烟标志着起火)、纪念关系(如墓碑是对死者纪念的符号)和预测关系(如医生对病人康复情况的预测)。奇迹符号是指自然界中的一些异象,划过星空的光球、北极光、日食和月食等一些反常现象。康德如此详尽而又广泛地划分符号的思想,是近代西方符号学分类和"大符号"的先行者。

二、中国古典符号学思想简述

(一)《易经》与符号学

《易经》是中华文化最古老的文献之一,并被儒家尊为"五经"之始。《易经》以一套符号系统来描述事物的简易、变易、不易,表现了中国古典文化的哲学思想和宇宙观。它的中心思想,是通过演绎自然运行的内在规律,解读阴阳交替变化,从而描述世间万物。《易经》最初用于占卜和预报天气,但它的影响遍及中国哲学、宗教、政治、经济、医学、天文、算术、文学、音乐、艺术、军事和武术等各方面,是一部无所不包的文化巨著。其系统而丰富的符号思想是中国古代符号学思想的重要源头之一。

1.《易经》中的符号元素解读

《易经》以八卦为基本形式的人工符号,其符号组成有两个基本元素,即一长横"━"和两短"--",前者称为"阳爻",后者称为"阴爻"。阴阳相配,三个一组,共成八组,故称"八卦"。包括:☰乾、☷坤、☳震、☶艮、☲离、☵坎、☱兑、☴巽。可以看出其有典型的符号形体特征,如果将阳爻代之以阿拉伯数字"1",

阴爻代之以阿拉伯数字"0"，八卦的每一卦都由三爻组成，如乾卦"☰"为三个阳爻自下而上排列，用阿拉伯数字自左而右描述为"111"，相应地坤卦"☷"即为"000"，震卦"☳"即为"100"，艮卦"☶"即为"001"，离卦"☲"即为"101"，坎卦"☵"即为"010"，兑卦"☱"即为"110"，巽卦"☴"即为"011"。这个"八卦"也被称为"单卦"或"经卦"。

"经卦"再两两相重而成六十四卦，这六十四卦称作"别挂"，如泰卦就是由下面的乾卦(111)与上面的坤卦(000)组合而成，用数字表示即为"111000"，其中上面的卦称为"上卦"或"外卦"，下面的卦称为"下卦"或"内卦"。为表示各个别卦是由哪两个经卦组成的，一般会在卦画之后注明下卦和上卦，如泰卦注明为"乾下坤上"，否卦注明为"坤下乾上"，益卦为"震下巽上"。别卦也可以是一个经卦自身相重，比如"乾下乾上"仍为乾卦，"坎下坎上"仍为坎卦。

六十四别卦传统上分为两个部分，前三十卦称为上经，后三十四卦称为下经。六十四卦有固定的顺序，前后不容颠倒。关于六十四卦的顺序，《易经》中的《序卦》有专门的解释，阐释其顺序排列的理由，不过这个阐释是根据语义原则作出的。例如"有天地，然后万物生焉"，乾为天，坤为地，所以六十四卦将乾卦、坤卦排在最前面。

以符形为原则对六十四卦作出解释，始于唐代孔颖达。孔颖达在其《周易正义》中说："今验六十四卦，二二相耦，非覆即变。覆者，表里视之，遂成两卦，屯、蒙、需、讼、师、比之类是也。变者，反复唯成一卦，则变以对之，乾、坤、坎、离、颐、大过、中孚、小过之类是也。"其中所谓"二二相耦"，就是每两个别卦分别组成一对，它们在卦画上形成一对反对关系。这种反对关系又有两种情形，或者是覆，或者是变。"覆"就是甲卦自下而上的六爻顺序颠倒过来形成乙卦，如屯卦阿拉伯数字表述为"100010"，颠倒过来阿拉伯数字为"010100"，形成蒙卦。如此可以发现，蒙卦的爻序正好与屯卦爻序相反。"变"就是甲卦自下而上的各爻都变成其对立的爻，即阳爻变成阴爻，阴爻变成阳爻。如乾卦各爻都是阳爻，六爻变成其对立的阴爻，用阿拉伯数字表示，就是"111111"变成"000000"，于是形成坤卦。同理，需卦"111010"就变成晋卦"000101"。这种"覆变理论"从语形上说明了卦与卦之间的关系，确实是一种符形学的解释，但是，它只说明了部分卦之间的关系，未能全面地说明《易经》的符号形式系统。①

---

① 董光璧.易学科学史纲[M].武汉:武汉出版社,1993:36.

2.《易经》中的"象"

"象"是《易经》的一个基本范畴,对中国哲学思想文化影响深远。《系辞》说:"古者包牺氏之王天下也,仰则观象于天,俯则观法于地,观鸟兽之文与地之宜,近取诸身,远取诸物,于是始作八卦,以通神明之德,以类万物之情。"这里所说的"象",显然是指一种客观存在的东西,正是这种客观存在的东西"象"成为圣人制作八卦的模型。

"象"在《易经》中还有另一种含义,即"卦象",也就是易卦符号所显示的"象",还可以指各爻的"象"。《系辞》说"圣人设卦观象","八卦以象告","象者,像也"。就是说卦象可以体现出客观事物的象,卦与象两者有一种互相反映或对应的关系。依据皮尔斯符号分类法,八卦符号大多兼具像似符号和规约符号两种性质,事实上大部分卦画是设卦者的一种约定,故具有规约符号的性质。

比如《象传》对乾卦的阐释是:"天行健;君子以自强不息。"说的就是乾卦表示天(自然)运行刚健,那么相应地人(君子)也要像天一样依靠自己的能力,刚毅坚强。对坤卦的阐释则是:"地势坤,君子以厚德载物。"说的是坤卦表示大地的气势宽厚和顺,那么相应地人(君子)也要像大地一样增厚美德,容载万物。"设卦观象",可以看出其中的意义当是一种阐释性的约定。

《系辞》说:"夫《易》彰往而察来,而微显阐幽。"意思是说,通过对往事的反省来预测未来,显示细微之事,去阐明其幽深的含义。以符号学的视角来审视,"微"就是指一种微弱的信号或符号,"幽"是指微弱信号或符号中所包含的深邃含义。也就是说每个符号后面都隐含着大量的信息,符号的使用者要能够发现并揭示这些信息。《易经》中的卦爻辞有很多历史故事记载,这些历史故事本身就是通过一系列符号组合而成,一般人把它当作故事来看,而《易传》却能够从这些符号中挖掘出重要的意义和启迪,并对于事件未来发展做出预判。如既济卦中提到商朝"高宗伐鬼方"的事件:"九三:高宗伐鬼方,三年克之,小人勿用。"《象》曰:"'三年克之',惫也。"这段意思是说,高宗曾带领军队讨伐鬼方小国,一共花了三年时间才完成,但百姓疲惫不堪。它启示决策者今后不要轻易使用武力去征伐别国。这就是典型的"彰往察来,显微阐幽"。

(二)先秦诸子"名辩"学说

《论语·子路》记载:子路曰:"卫君待子而为政,子将奚先?"子曰:"必也正名乎!"子路曰:"有是哉? 子之迂也,奚其正?"子曰:"野哉! 由也。君子于其所不知,盖缺如也。名不正,则言不顺;言不顺,则事不成。事不成,则礼乐不兴;礼乐不兴,则刑罚不中;刑罚不中,则民无所措手足。故君子名之必可言也,言之必可行也。君子于其言,无所苟而已矣。"

"正名"是孔子儒家思想的重要内涵,正名的具体内容就是"君君、臣臣、父父、子子",只有"名正"才可以做到"言顺"和"事成"。孔子所说的"名",其实就是后世讨论的"符号"问题。"正名"思想,是孔子思想中的符号学思想,孔子是将其作为治国理政的方法来思考的,关于"名"的讨论在先秦诸子时期曾经非常热烈。

1.名家的"名学"

诸子百家中有一学派专一注重"名"的研究,代表人物有邓析、尹文、惠施和公孙龙,后世称之为"名家",研究"名"的学问,就是"名学",亦即"符号学",所谓"名家"即"符号学家"。

公孙龙的《名实论》是专门讨论"名"与"实"的关系的。《名实论》中说:"夫名,实谓也。"就是说"名"是称谓"实"的,这一点类似索绪尔符号学的"能指"和"所指"。《名实论》中还提出了一个"正名"的原则,就是"其名正则唯乎其彼此焉"。就是说,一个正确的名称就是能够确定指称它所要称谓的事物。正如其在《名实论》中所讨论的"谓彼而彼不唯乎彼,则彼谓不行;谓此而此不唯乎此,则此谓不行"。这段话大意为,以彼名称呼彼物而无彼物与之相应,则彼名不适用于彼物;以此名称呼此物而无此物与之相应,则此名不适用于此物。也就是说名实不符就会引起交际和逻辑的混乱。

公孙龙的另一个著名论断是"白马非马"论。在《白马论》中公孙龙说"白马"不是"马",实际上是说"白马"与"马"是两个名称概念,或者说是两个"符号",不可混同。公孙龙说:"马者,所以命形也;白者,所以命色也。命色者,非命形也。故曰:'白马非马'。"这里,"马"这个名称是用来"命形"的,"白马"这个名称是用来"命色"的。显然,命色又命形的符号必然不同于只命形的符号,"白马"自然和"马"是两个不同的符号。

诸子百家中"名家"自成一家,确实名副其实。因为,公孙龙所讨论的"名",已经远远超出孔子所说的"正名"范畴。公孙龙讨论的"名",不是"名分",而是泛指一切的事物名称;并且指出一切"名"都要有确定的指称对象。

2.荀子的名辩思想

荀子作为儒家学说的集大成者,对于正名学说研究也最为系统。《荀子·正名》中说:"后王之成名:刑名从商,爵名从周,文名从《礼》。散名之加于万物者,则从诸夏之成俗曲期;远方异俗之乡,则因之而为通。"大意是说,现代的君主确定名称:刑法的名称仿照的是商代,爵位的名称仿照的是周代,礼节的名称仿照的是《礼经》。万事万物的名称,则是以中原地区和边远地区的风俗习惯等来共同约定,远方不同习俗地区的人们就是依靠这些名称来进行交流的。

《荀子·正名》中在谈到"制名之枢要"时说:"名无固宜,约之以命,约定俗成谓之宜,异于约则谓之不宜。名无固实,约之以命实,约定俗成,谓之实名。"大意是说,事物名称没有本来就合适的,而是由人们共同约定来命名,约定俗成,这个名称就合适了,反之,这个名称就是不合适的了。名称并不是生来就表示某种事物,而是由于约定俗成,人们用这个名称称呼这种事物,习惯了,就成为这种事物的名了。这段论述应该是诸子百家中最早提出的关于名称符号的约定性的思考,类似于皮尔斯符号学中规约性符号的认识。

《荀子·正名》中还多次谈到"辨"(通"辩"):"辨异而不过,推类而不悖。听则合文,辨则尽故。以正道而辨奸,犹引绳以持曲直。"大意是说,辨别不同事物而不出现差错,推论事物的类别而不违背情理;这样,听取意见时就能合乎礼法,辨析事物就能弄清事情的原因。用正确的道理来辨明奸邪,就像用木工的绳墨来衡量曲直一样。

荀子是先秦名辩学的集大成者,名学类似于现代符号学的语义学,辩学类似于现代符号学的语用学,名辩学是符号学重要的组成部分。

(三)中国古代符号学的后世发展

名辩之学在先秦时期盛极一时,至汉武帝"罢黜百家、独尊儒术",名辩之学虽不及往日辉煌,但也绵延不绝,成为中国古代符号学发展的重要思想财富。秦汉以来,中国古代符号学研究主要是围绕着"言""意""象"三个概念展开的。

"言""意""象"是中国古代文论中最重要的三个概念,以现代符号学视角观之,大致可以做出如下解读。

如果说名与实的关系是符号再现体与符号对象之间的指称关系,那么,言与意则是符号能指和所指之间的意指关系,言为能指,意为所指,同理,象为能指,意为所指。所以,"言与意""象与意"本质上是能指与所指的符号意指关系。

1."言与意"

"言与意"的关系,即文字语言与文字语言所要表达的意义(此意义非文字语言的表面意义,而是其内含的根本思想或道理等)的关系,是中国哲学史上的一个重要问题。主要观点有以下三种。

第一是"言不尽意说",出自《易传·系辞》:"子曰:'书不尽言,言不尽意。'"意思是说一般的语言是不能完全表达事物根本道理(意)的。

第二是"得意忘言说",这种说法的前提是肯定和承认言能够传达意,包括大道、性命等宇宙、人生等最根本的道理,都可以通过语言传达出来。不过"得意忘言说"的重点并不在此,而在于强调言只是得意的一种工具,得意才是目的,才是最重要的。《庄子·外物》中说:"筌者所以在鱼,得鱼而忘筌。蹄者所以在兔,得兔而忘蹄。言者所以在意,得意而忘言。"就是说得了所言之意,就可以把言忘掉了。

第三是"言尽意说",晋代欧阳建针对"言不尽意说"提出截然相反的观点,即"言尽意",专门著有《言尽意论》来论证自己的观点:"欲辩其实,则殊其名;欲宣其志,则立其称。名逐物而迁,言因理而变。此犹声发响应,形存影附,不得相与为二矣。苟其不二,则言无不尽矣。吾故以为尽矣。"明确指出"名"可以辩物,"言"可以尽意。

无论是"言不尽意说""得意忘言说"还是"言尽意说",以现代符号学观点视之,都是在讨论语言符号如何准确、完整地表情达意的问题。简单说语言符号可以表达思想情感,传情达意是语言符号的工具性作用,但是现实生活中确实存在着"只能意会,不可言传"的符号表达。

2."意与象"

"意与象"的关系,是指意义与形象的关系。"意与象"的讨论实际上是和"言与意"的关系紧密联系着的,《易传·系辞》中说"言不尽意",但紧接着又说:"圣人立象以尽意,设卦以尽情伪,系辞焉以尽其言。"大意是说,圣人借助于形象来完整表达道理意义,设置六十四卦以竭尽宇宙万事万物的情态,复系之以文辞,以尽其所未能表达的言语。也就是说,概念不能表现或表达不清楚、不充分的,形象可以表现,可以表现得清楚,可以表现得充分。

《系辞》中将"言不尽意"与"立象以尽意"放在一起讨论,实际上是把"象"和"言"区分开来,把"象"和"意"联系起来,指出"象"在表达"意"时,有着"言"所不能及的功用。"象"是具体的,"言"是抽象的,而"意"则是深远的、幽隐的。至魏晋南北朝刘勰在《文心雕龙·神思》篇中首次提到:"独照之匠,窥意象而运斤。"意思是说,眼光独到的工匠,能够按着心中的形象挥动斧子。说明艺术创作在构思时须将外物形象与意趣、情感融合起来。至此,"意象"这个中国美学最重要的范畴形成,可以看出,"意象"也如现代符号学中的符号的一体两面——所指和能指。

第四节 现代符号学略说

一、现代符号学形成

人类对符号问题的探讨由来已久,但是真正形成现代意义上的符号学思想,并发展为一门独立的符号学学科,是在 20 世纪初才完成的。现代符号学的产生,与 20 世纪以来各种学术思想激烈碰撞相互融合密不可分,其中与现代语言学的异军突起关系尤为密切。简言之,西方哲学思想发展经历了两次影响重大的所谓"转向"。17 世纪欧洲哲学经历了第一次重大转向,即"认识论"转向,哲学由对世界本质的思考转向对认识本身的探寻。进入 20 世纪,欧洲哲学进入第二次转向,即人们说的"语言论"转向,"语言论"哲学思想关注的是人们应该如何表述和讨论世界的本质,强调要在语言层面上确定命题的真伪。

"语言论"转向肇始于瑞士语言学家索绪尔,人们一般将其视作"语言论"转向的"第一推动者",而索绪尔正是现代符号学的创始人之一。另一位则是美国哲学家皮尔斯,事实上,索绪尔与皮尔斯是几乎同时出现的两位各自独立的符号学创始人。

(一)索绪尔

瑞士人索绪尔最初这样论述他所构想的符号学:

> 我们可以设想有一门研究社会生活中符号生命的科学;它将构成社会心理学的一部分,因而也是普通心理学的一部分;我们管它叫符号学(semiologie,来自希腊语 semeion"符号")。它将告诉我们符号是由什么构成的,受什么规律支配。因为这门科学还不存在,我们说不出它将会是什么样子,但是它有存在的权利,它的地位是预先确定了的。语言学不过是这门一般科学的一部分,将来符号学发现的规律也可以应用于语言学,所以后者将属于全部人文事实中一个非

常确定的领域。①

从这段引文中可以知悉,索绪尔设想的符号学是"一门研究社会生活中符号生命的科学"。实际上《普通语言学教程》一书,顾名思义,重点研究的是语言学,索绪尔是在语言学的研究中,开创性地提出了符号学的思想和方法,而且他指出"语言学不过是这门一般科学的一部分",也就是说语言学只是符号学的一部分。所以,另一方面来看,索绪尔提出的符号学的最初概念,更接近于语言符号学。

(二)皮尔斯

几乎与此同时在大洋彼岸的美国,实用主义哲学家皮尔斯也独自进行着关于建立一门符号学的思考,和索绪尔相似的是,皮尔斯的研究也是在其1915年去世后,由后人编纂出版。在《皮尔斯文集》第二卷第227节,皮尔斯称:

> 逻辑学在一般意义上只是符号学的别名,是符号的带有必然性的或形式的学说。我用"带有必然性的",或形式的来描述这个学说,我的意思是指我们以自己的知识来观察这种符号的特征,从这种观察出发,通过一个我并不反对将其命名为抽象的过程,我们被引向极易犯错误的、因此在某种意义上绝不是必然的陈述,这种陈述涉及的是,一种"科学的"才智,即通过经验而获得知识的才智所使用的全部符号的特征究竟是什么。②

皮尔斯认为,符号学是一门形式科学,也是一门规范科学。作为形式科学,皮尔斯更关注符号学的特性和用途,即符号形式和表达方式的研究。比如他指出:一个符号再现体必须指称一个对象;一个符号再现体必须意指一个解释项;符号再现体、符号对象和符号解释项构成符号三元关系。

逻辑学关注的是论题的真假,皮尔斯说:"在一般意义上,逻辑学,正如我已经说明的,仅仅是符号学的另一个名字。"③符号学研究符号再现体如何指

---

① [瑞士]费尔迪南·德·索绪尔.普通语言学教程[M].高明凯,译.北京:商务印书馆,1980:38.

② [英]特伦斯·霍克斯.结构主义和符号学[M].瞿铁鹏,译.上海:上海译文出版社,1987:126.

③ [美]皮尔斯.皮尔斯:论符号[M].赵星植,译.成都:四川大学出版社,2014:4.

称对象,就是鉴别符号再现体指称符号对象的真与假。所以,皮尔斯说逻辑学就是符号学的"另一个名字"。

法国当代哲学家保罗·利科曾就索绪尔和皮尔斯在开创符号学中所起到的先驱作用做过完整而概括的评述:

> 早在索绪尔之前,C.S.皮尔斯就遵照洛克的《人类理解论》中的建议构想出了一种一般记号理论,或符号学(semiotics)的观念,而语言学将只是符号学的一部分,是对于一种特殊记号系统的研究。皮尔斯是第一个企图运用种种标准对记号加以分类的人。其中最著名的一个标准所根据的是记号的三种主要功能(指示、肖似和象征)之间的可变比例……索绪尔不可能指导皮尔斯的著作,因为它们是在皮尔斯死后才出版的,但他也认为语言记号科学包括在更一般的记号科学之内,他把这门科学叫做符号学(semiology):文字作品、信号、仪式、惯习,是非语言系统的几个主要例子。但是皮尔斯和索绪尔两人尽管使语言学从属于符号学,却都看出了二者之间惯习的特殊性:因为语言学不只是一般记号科学的某一部分,它也是这门科学的模型。语言的确不只是最重要的符号系统,而且语言学是最高级的符号学科学:一切其他记号系统都以某种方式归结于语言,虽然每个系统都有其个性。①

作为符号学创始人的索绪尔和皮尔斯是在同一时期各自独立完成的关于符号学的思考,但是殊途同归,最终为现代符号学的创立奠定了坚实的理论基础。后来者如雅各布森、莫里斯、罗兰·巴特、格雷马斯等符号学研究领域的大家,学术渊源都来自索绪尔和皮尔斯的思想。

二、现代符号学研究

20世纪下半叶,随着结构主义思潮蓬勃兴起,符号学一时成为人文社会科学领域的最重要的方法和思想,其研究内容也渐渐明晰。现代符号学以其理论性和实用性的不同分为一般符号学和应用符号学,一般符号学研究符号学基础理论,如能指、所指,符形、符象和符释,指称关系、意指关系等符号学方法和符号学思想;应用符号学则是研究专门应用于某一领域的应用性质符号

---

① [法]保罗·利科.哲学主要趋向[M].李幼蒸等,译.北京:商务印书馆,1988:348.

学,如语言符号学、电影符号学、社会符号学、汉字符号学和本书研究对象品牌符号学等,应用符号学也称门类符号学或部门符号学。

继索绪尔和皮尔斯之后,一大批后继者秉承并发扬光大了二位先驱者开创的符号学研究,其中开拓性和有代表性的理论简介如下。

(一)罗曼·雅各布森

雅各布森是俄国形式主义和布拉格学派的核心人物,这两个学派在理论和方法上都深受索绪尔思想影响,20世纪影响最为深远的学术思想之一——结构主义思想即发端于此。针对符号学研究,雅各布森提出了一般原则:

> 每一个信息都是由符号构成的;因此,称之为符号学的符号科学研究那些作为一切符号结构的基础的一般原则,研究它们在信息中的应用,研究各种各样符号系统的特殊性,以及使用那些不同种类符号的各种信息的特殊性。①

1."指符"和"被指"

雅各布森认为符号有两个方面:"一个是可以直接感觉到的指符(signans),另一个是可以推知和理解的被指(signatum)。"②这里所说的"指符"和"被指",与索绪尔思想的"能指"与"所指"一脉相承,就是将符号从结构上分为"指符"和"被指"两个方面,作为不可分解的统一体发挥着符号的作用。只是原来索绪尔是在语言符号系统做的能指和所指的结构分析,雅各布森将这种结构关系放置在了一般符号学的思考中了,发展了索绪尔语言符号学的思想。

2."选择轴"与"组合轴"

雅各布森的第二个贡献是,提出了著名的"选择"与"组合"两个符号坐标轴理论,这两个理论也是源自索绪尔语言符号学思想,选择轴近似于索绪尔语言学中的纵组合概念,即语言组合选择中的"联想关系",选择轴的功能是比较与选择;组合轴则类似于索绪尔语言学的横组合概念,即每一个语句以顺序呈现出来。

---

① [英]特伦斯·霍克斯.结构主义和符号学[M].瞿铁鹏,译.上海:上海译文出版社,1987:129.

② [英]特伦斯·霍克斯.结构主义和符号学[M].瞿铁鹏,译.上海:上海译文出版社,1987:129.

（二）查尔斯·莫里斯

美国符号学家莫里斯最早继承了皮尔斯的三元关系的符号学思想，将符号学研究划分为符形学、符义学和符用学，从符号的形态，符号的释义到符号的使用，全方位地研究符号组成、意义及其运用。

1. 符形学

符形学研究符号组合的方式，或者说是符号的形态，"符形学问题包括感知符号、艺术符号、符号的实际使用以及一般语言学。"[1]符号的形态千差万别，比如，语言符号，文字符号，图案符号，一曲音乐，一首诗，一个标志，一个眼神、一套服饰等，符形学研究分析各种符号文本的形态组成，并从中找出规律。

2. 符义学

符义学研究符号意义解释，是符号学的核心问题。符号意义解释即是索绪尔符号中的所指，皮尔斯符号中的符释和符象，意义的解释是一个不断深入的过程，从主体感知符号，注意符号，识别符号，解释符号直到符号意义又作用到主体，简言之可以概括为：感知、接收和解释。

3. 符用学

符用学研究符号的使用，包括符号使用的方法，符号使用的情境，符号使用中的意义。符号意义离不开使用，离不开使用者的意图、方式和使用的情境。比如，同一符号形态，"红绿灯"，如果是设置在十字路口的"红绿灯"，显然其意义就是交通信号标志，要求行人车辆按信号行止；如果是在一个历史博物馆看到展台上放置的一个"红绿灯"，那么观众自然能够领悟其中是另一种意义，这个"红绿灯"应该是一种历史遗存物或者有某种特殊经历或作用的文物。

（三）罗兰·巴特

法国思想家罗兰·巴特继承发扬了索绪尔符号学思想，作为索绪尔语言符号学理论的最强有力的解释者，其经典之作《神话》和《符号学原理》，被视为符号学历史上的又一里程碑，为符号学的研究开创了全新局面。

1. 文化批判

巴特的《神话》选取法国社会生活的日常现象进行分析和批判，实际上是

---

① Charles W. Morris. Foundations of the Theory of Signs[M]. Chicago：University of Chicago Press，1938：16.

对法国中产阶级或资产阶级意识形态所做的文化批判,是一次成功的符号学理论的应用,只是这种应用主要是以批判的而非建构的形式完成的。毋庸置疑,此种应用影响深远,展示了符号学未来发展的巨大空间,迄今,符号学在文化批判研究领域仍然是最为重要的理论武器。

2.符号学四对基本范畴

巴特的《符号学原理》一书,第一次明确界定了源自索绪尔的符号学基本概念,为符号学研究提出了四对基本范畴:一、语言与言语;二、能指与所指;三、组合与系统(即组合轴与选择轴);四、外延与内涵。这四对基本范畴极大地丰富和发展了符号学研究的学术空间。

至此,一般意义上可以概括地说,现代符号学研究符号的构成、意义和使用,研究符号内在的指称关系和意指关系。现代符号学分为一般符号学和应用符号学两大类。如果给符号学一个定义的话,可以说符号学是研究符号构成、意义和使用以及指称和意指方式的科学。

附文 1:品牌与符号的故事

为什么是"星星"?

著名荷兰啤酒品牌"喜力"以一颗红色五角星作为品牌标志,德国"奔驰"汽车则以一颗"三芒星"作为车标,而以色列国旗更是直接以一颗"六角星"来作为唯一符号元素,看来,"星星"符号挺受欢迎。

星星,作为照亮黑暗的光点,在人类远古时代一直是将其视为神明而崇拜的,可以想象远古时代的人们在漫漫长夜中,遥望灿烂星空会生出多少迷思幻想。所以,星星也一直被视为天堂的象征和神灵的所在。西伯利亚萨满教传说中,星星是宇宙的窗户,星星闪烁就像人们眨眼睛一样,其短暂的开启和闭合就是开启或关闭通往天堂的通路。同时,星星也反映着变幻莫测的天象并具有实用意义,比如昭示着季节的轮转,狩猎或耕种的时间,为人们在黑夜中指明方向等。

古时人们相信星星作为神灵或神灵的使者,能统治或影响人们的生活。《圣经·旧约》中,"出自雅各的星星"是犹太教救世主弥赛亚的象征,《新约》对耶稣的描述称其为"闪耀的启明星",而在伊斯兰教圣地麦加城大清真寺广场中央的著名方形石殿的天房内则供奉着一块陨石。在很多不同的民族文化中,都把北极星作为方向的指引,认为北极星是穹窿旋转运动的轴心,在茫茫大海或山林黑夜中为航海者和夜行人指明方位,古埃及人认为北极星与他们法老的灵魂有关,而北极星在"共济会"的信仰中也有着独特的地位。

在全球各民族宗教文化中,最常见和最著名的星星有三角星、四角星、五角星和六角星等。

三角星一般为等边正三角形,具有相同的三条边,常用以类比完全对等的三方,所以,基督教中常用来象征"圣三一",即圣父、圣子和圣灵三位一体。四角星也称为"四芒星",因其光照明亮和形状规整,所以常用来作为北极星的标志。

五角星是人们以一笔画成的五芒星形,其历史远比文字要久远,在人类历史上的不同时期、不同文化中,五角星承载着众多不同的内涵意义。古希腊毕达哥拉斯学派的追随者以它为标志,古代犹太人则将其作为"摩西五书"的象征,影响深远的"共济会"也把五角星作为自己的会徽。有趣的是如果把苹果横着切开,就会看到苹果核上的五角星形状,吉卜赛人把它叫作"智慧之星",所以"苹果"应该也是伊甸园里的"智慧树"上结的果子,亚当和夏娃正是偷吃了苹果才开启了智慧的天眼。五角星也被称作"伯利恒之星",其闪烁在耶稣诞生地伯利恒的上空,东方三智者就是以其为指南找到刚刚出生的耶稣的,这颗星星通常被画作五角星,也称为"东方之星"。

六角星中最著名的是"大卫之星",也称"六芒星","大卫之星"有六个角,是由上下颠倒叠放的两个等边三角星组合而成,一般人们认为"大卫之星"有保护作用,在犹太传说中,"大卫之星"源自"大卫之盾","大卫之盾"即以色列国王杀死巨人时所持之盾牌。今天,蓝色的六角星正是以色列国旗的唯一标识符号。如图1-7。

图 1-7 六角星 以色列国旗重要符号元素

美国开国总统乔治·华盛顿在解释美国国旗时说:我们从天国将星星摘下,红色代表祖国(英国)、白色条纹代表从英国分离,也代表着绵延子孙、代代相传的自由。18世纪时,美国从英属殖民地独立后,当时的国旗上只有13颗星星,象征着当时美国建国时的13个州,之后,随着加入美国的州陆续增多,至今美国国旗上面有50颗星星,代表着美国现有的50个州。当然,如今五角星也渐渐流传成为象征美国的重要符号元素之一。

事实上,随着商业文明的发展,全球不同文化背景国度的公司企业机构组织纷纷将星星作为自己品牌标识符号,这些公司企业机构组织在使用星星作为自己品牌标识符号时,多方面地呈现了星星的历史的和现实的诸种文化内涵。

众所周知,奔驰汽车的标志是一颗三芒星,实际上完整的奔驰汽车的标识符号是一个圆加上一颗三芒星。20世纪初,戈特里尔·戴姆勒和卡尔·奔驰同时发明了汽车,当时戴姆勒的公司于1909年为三芒星标志申请了专利权,同年奔驰则注册了一个圆形月桂枝包围的"BENZ"商标。三芒星标志是戴姆勒亲自设计的,在戴姆勒给他妻子的书信中有明确记载,他认为他画在家里房间里的那颗三芒星会给自己和事业带来好运,他说:"我总觉得这颗星星在照耀着我们工厂。"1916 年他又在三芒星的周边加了一个圆圈图形,在圆圈的上方有四颗小星星,代表着当时戴姆勒公司下属的四家小工厂,下面是戴姆勒公司的汽车名字"梅赛德斯"。1926 年,戴姆勒与奔驰两家公司合并,品牌标识自然也合并一体,月桂枝组成外面的圆圈图形,中间沿用三芒星标志,名字则为"梅赛德斯—奔驰",秉持了品牌对创始人文化和品牌精神传承的神圣使命。1989 年,公司品牌标识日趋简明,最终形成一个形似方向盘的圆加上著名的三芒星组合。如图 1-8。

图 1-8　奔驰品牌的三芒星发展史

"喜力"啤酒的一颗红星又代表什么呢?"喜力"啤酒的历史可以追溯至更为久远的 1863 年,杰拉德·喜力先生在荷兰阿姆斯特丹建立了当时荷兰最大的啤酒厂,名字叫"草堆"。1953 年喜力的孙子阿尔弗雷德·喜力成为喜力的第三代领导,他为品牌识别作出了巨大贡献,他首次启用了红色五角星标志并充满创意地把喜力啤酒瓶的颜色统一为绿色,他说:"用这样的颜色和符号来保佑我们公司欣欣向荣。"

特有的绿颜色瓶子象征纯粹洁净,红色五角星则是中世纪时期啤酒酿造者为祈求啤酒能够成功发酵,而在啤酒酿造厂入口处悬挂的红色平安符延伸而来的标识符号。至此,喜力的红星也就成了代表"最好的口感"和"驱除厄运"的双重含义的符号。

稍作留心就会发现,星星作为品牌或特殊标志符号使用,在人们生活中极为常见,比如,著名咖啡品牌"星巴克"的徽标,美人鱼头顶皇冠上正中的一颗星星标识,醒目生动。富士重工的汽车品牌"斯巴鲁"车标,由一组六颗五角星组成,俗称"六连星"。"宝洁"公司的标志由星星、月亮和老人头像组成(如图 1-9),其中的 13 颗星星意指当时的美国的 13 个州。中国知名品牌"北极星"更是直接以"北极星"来为自己的产品时钟命名,徽标则选用一颗光芒四射的四角星。另一家目前国内直营门店数最多的跨区域连锁药店直接将名字命名为"海王星辰",徽标则是选用一大两小的四芒星来表示。

图 1-9　宝洁品牌的
13 颗星星符号

此外,星星在一些机构组织的会徽或会旗中也经常出现,比如"欧盟"的会旗,即为蓝底上面的 12 颗金黄色五角星组成一个圆,据称是圣母玛利亚的标志,12 颗星星也代表着当时 1988 年启用此标志时的欧盟的 12 个成员国。"北约"("北大西洋公约组织")的徽标是一颗四角星,四角星实际上即是北极星的图案,象征着这个军事政治集团的宗旨,为成员国指明方向,暗合北极星之意。各国国旗的符号元素中,最常见的有月亮、太阳、星星和条形等,比如中国、越南、土耳其、美国、古巴和新西兰等国家的国旗中均把星星作为重要的符号元素予以呈现。

星星在历史上也经常被用来作为等级划分的标志,譬如"星级",古代和近现代的纹章和代表军阶的标志都经常会用到星星符号来做标识。创立于 1889 年的法国轮胎品牌"米其林",其创始人米其林兄弟集结旅游、餐馆等有助于汽车自驾旅行爱好者的资讯,出版了《米其林指南》一书,并且以星星符号来标注各餐厅的美食口味和服务等级。这里的五星符号即表示"顶级""最优"等含义,米其林星级标志从一星到三星,一颗星是"值得"去造访的餐厅,是同类饮食风格中特别优秀的餐厅;两颗星表示餐厅的厨艺非常高明,是"值得绕远路"去造访的餐厅;三颗星是"值得特别安排一趟旅行"去造访的餐厅,拥有令人终生难忘的美味,据说值得打"飞的"专程前去用餐。

如今,这类星级标志在日常工作生活中变得越来越常见了,比如星级宾馆、星级家庭、小学生的星级评比和星级商户等。斗转星移,星星符号的含义也随俗雅变,但星星作为重要的符号标识作用始终如一。

第二章　品牌符号传播

第一节　品牌符号概说

一、品牌

关于品牌的定义,众说纷纭,但是基本是围绕着市场营销学或者是广告传播学来界定的,本书旨在讨论基于符号学原理的品牌概念,另辟一种符号品牌观。

（一）现代品牌定义

1.基于市场和传播学视域的品牌定义

根据美国市场营销协会（AMA）的定义:品牌（brand）是一个"名称、专有名词、标记、符号,或设计,或是上述元素的组合,用于识别一个销售商或销售商群体的商品与服务,并且使它们与其竞争者的商品与服务区别开来"。

《营销术语词典》中的定义是:"品牌是指用以识别一个（或一群）卖主的商品或劳务的名称、术语、记号、象征或设计及其组合,并用以区分一个（或一群）卖主和竞争者。"

《牛津英语词典》中的品牌定义:"证明供应者的一种去不掉的标识。"

《辞海》中的品牌定义是:"品牌,亦称厂牌、牌子,指企业对其提供的货物或劳务所定的名称、术语、记号、象征、设计,或其组合。主要是供消费者识别之用。"

大卫·奥格威（David Ogilvy）则称:"品牌是一种错综复杂的象征——它

是产品属性、名称、包装、价格、历史声誉、广告方式的无形总和,品牌同时也因消费者对其使用的印象以及自身的经验而有所界定。"

大卫·艾克(David Aaker)认为:"品牌就是产品、符号、人、企业与消费者之间的联结和沟通。也就是说,品牌是一个全方位的构架,牵涉消费者与品牌沟通的方方面面,并且品牌更多地被视为一种'体验',一种消费者能亲身参与的更深层次的关系,一种与消费者进行理性和感性互动的总和,若不能与消费者组成亲密关系,产品从根本上就丧失被称为品牌的资格。"

英国品牌金融咨询公司"Brand Finance"在国际品牌估值标准(ISO 10668)中,将品牌定义为"与市场营销相关的无形资产,包括但不限于名字、条款、符号、标识、商标和设计,或者以上这些元素的整合体。这些元素可用于识别产品、服务或实体,抑或是这些元素的整合体可以在相关利益方的脑海里创造特有的印象和联想,并据此创造经济利益与价值"。

以上表述,从符号学的角度可以归纳为三点共识:第一,品牌是一种专指的标记符号,专指某种商品或服务等,从指称功能上分析其属于指示性符号;第二,品牌是一种存在于消费者意识中的一种关联性的想象,这种想象是在与消费者的互动关系中协商沟通达成的,从其内涵分析属于指示性或规约性符号;第三,品牌符号构成诸元素中,经常会表现出或采用到与商品或服务的某些像似性的元素,从符号再现体上分析其又常常具有像似性符号的特征。

因此,一般来说只要营销者创造了一个新的名称、标记,或者是新的指代某种产品或服务的符号,也就创造了一个新的品牌;然而,事实上还有一个存在于消费者意识中的一种关于某种产品或服务的关联性意义,这个意义内涵所指是什么? 是怎么产生的? 有什么价值? 是积极的还是消极的? 是清晰的还是模糊的? 是符合营销者意愿的还是违背营销者意愿的? 这些都需要在品牌符号传播研究中去寻找答案。

2.基于符号学视域的品牌定义

美国市场营销协会和英国品牌金融咨询公司"Brand Finance"之间对"品牌"的定义有着细节上的区别。前者是以小写字母"b"为首的品牌"brand",其表现的是品牌的字面义,也就是符号学中的外延意义,符号学术语解读为直接意指,后者是以大写字母"B"为首的品牌"Brand",其表现的是品牌联想意义,也就是符号学中的内涵意义,符号学术语解读为含蓄意指。从符号学的角度来看,区分两者是至关重要的。前者重点指代指示性符号或像似性符号,即仅仅指代某种商品或服务。后者重点意指着规约性或象征性符号,即品牌的符

号意义和与消费者达成的品牌联想。

基于符号学视域,品牌的本质是符号。品牌是一个名称、标记或设计的符号组合,既具有指示性符号、像似性符号的特点,也具有规约性或象征性符号的内涵。品牌符号由外延意义和内涵意义组成,品牌经由符号的意指作用,包括直接意指和含蓄意指方式,产生基于消费者心智的品牌符号意义。

品牌符号不只是用来区隔商品或服务的标志,它更是一个复杂的意义符号,内涵着丰富的阐释张力,在消费者心智中创造出关于品牌的价值意义,这种价值意义远远超出商品或服务本身。事实上,同质化时代几乎所有的价值都能迅速被模仿或趋同,而唯一保留的无须与他人分享的价值就是品牌符号价值,亦即符号的意义价值。

比如"帮宝适"品牌,人们看到这个名称、标志、包装设计等符号组合,就会当然地知道这是宝洁公司出产的婴儿用尿不湿,它质地柔软,吸水性强,是同类产品中最强势的品牌之一,瞬间还会在人们脑海中引出温暖、舒适、关爱、母性等意义。从中可以清晰地看出"帮宝适"品牌的符号意义阐释。见表2-1。

表 2-1 品牌的符号学意义阐释

品牌 (名称符号)	外延意义、直接意指	内涵意义、含蓄意指
帮宝适	宝洁公司旗下婴儿用尿不湿 指示性、像似性	舒适、关爱、母性 规约性、象征性
苹果 iPhone	苹果公司旗下的智能手机 指示性	创新、智慧、人性 规约性、象征性
Hisense	海信公司旗下的电子产品(电视机) 指示性	家电、信任、便利 规约性、象征性
淘宝	阿里巴巴公司的最大的中国电子商务网 指示性、像似性	网购、支付宝、便宜、方便 规约性、象征性
同仁堂	位于北京的传统老字号中药店 指示性	中医药、传统文化、良药苦口 规约性、象征性

本书基于符号学视域给出的品牌定义为:品牌是指包括但不限于名称、标志、代言、口号、声音、故事、商标和设计等元素符号,或者以上这些元素符号的整合体。这些元素符号及其整合体不仅可以识别产品、服务或活动、组织、机构、地区等实体,还可以在相关受众心智中产生显著印象和确定意义,并创造经济利益和社会价值。

（二）品牌相近概念解析

在以上各种关于品牌定义的表述中，比如：标识、记号、商标、名称、符号以及设计元素等，还有人们生活中经常用到的一些说法，比如：产品、商品、品名、名牌、牌子和型号等，与本书讨论的品牌一词，在内涵和外延上有时会有交叉重复和混淆，有必要在展开更深入的讨论之前将这些相近概念做一个学理上的梳理和厘清，以做到"名正言顺"。

产品：具体有形的物质实体或无形的服务，主要是针对生产者来说的。

商品：实现交换价值的有形的物质实体或无形的服务，主要是针对市场和消费者来说的。

品名：即名称，产品或商品的名字。

品标：即标识，指一种专属的标志字形、字体、颜色、图形和符号的设计的综合标志。

商标：指能将自己的商品或服务与他人的商品和服务区分开的标志，包括文字、图形、字母、数字、声音和色彩，以及上述要素的组合。注册商标受法律保护。

牌子：消费者对品名的一种通俗的说法。

名牌：一般是指比较著名的牌子，也指信得过的牌子，有时也有"大牌"的说法。

型号：一般是指某种产品的不同款式或类型。

品牌形象：由名称、标记和设计符号等构成的关于品牌的规约性或象征性内涵，是经由设计和传播最终形成于消费者心智的一种品牌精神积淀，更偏重于品味、感受和风格化。

需要特别强调的是，本书中提到的"品牌""品牌符号"一词，在概念上更接近"品牌形象"，有时也表述为"品牌符号形象"或"品牌联想"。同时在对象范畴上不只限于商品或企业品牌，还包括各种形式的社会活动、组织、机构、地区和国家等主体。

二、源于符号

品牌符号作为一种区分生产者、所有者或者身份所属的标记符号古已有之，从这个意义上来说，其最早是作为"识别"的意义而存在的，起区别意。品牌起源于"识别"或"标识"，"识别符号"或"标识符号"是品牌作为符号的本意，品牌源于符号。

（一）中国品牌符号溯源

《说文解字》未收录"牌"字，《康熙字典》中称：①牌榜，意为张贴或书写在板上的说明文字；②簧牌，籍也，意为户口簿。可以看出"牌"最初出现即是为了标识一种区别性的符号。那么"牌子"的这种区别性符号意义最早用在实用器物上可以追溯到我国战国时期就已形成的"物勒工名"的制度。

1."物勒工名"的识别意义

《礼记·月令·孟冬之月》记载：

> "是月也，命工师效功，陈祭器，按度程，毋或作为淫巧以荡上心。必功致为上。物勒工名，以考其诚。功有不当，必行其罪，以穷其情。"

大意为：这个月，命令工师考核百工的成绩，摆出工匠制作的祭器，查看是否合乎法度程式。不得制作过于奇巧之物，以至于使天子产生奢侈享受的心理。一定要以坚固精致者为上等。器物要刻上制造者的名字，以便将来考查其有无欺骗行为。如果材料精美而器不坚固，必治其罪，并追究其原因。"物勒工名"制度即是我国最早的区别器物生产者的符号标记，也可以理解为最早的"牌子"，只是这个"牌子"用于区别生产者的身份的目的不是为了市场和消费者，而是为了通过明确不同器物的生产者来确保产品工艺质量标准，防止以次充好。

同时，西周时期出现了在贵重物件上加刻铭文、年号，以标识所有权的做法，如在西周墓葬出土文物中，除发现有各种官工的标识即"物勒工名"（"物勒官名"）的做法。也发现有封建领主的标识，如山东寿光市出土的西周"己侯"钟，刻有铭文"己侯作宝钟"，"良季鼎"上刻有铭文"良季作宝鼎"。① 这类铭文是标识该钟鼎的所有权人，并不用于商品流通使用，所以尚不能称为商业用品牌概念。

2.店家商号的指称意义

西汉初年朦胧的品牌意识开始出现，实物招牌流行于市井街巷。比如，

---

① 北京图书馆金石组.北京图书馆藏青铜器铭文拓本选编［M］.北京：文物出版社，1985：4.

卖灯笼的店铺会在店门挂一灯笼,卖酒的则在门口悬挂酒旗或垒一个"当垆"。《乐府诗集·羽林郎》曾这样描写卖酒的女子:"胡姬年十五,春日独当垆……头上蓝田玉,耳后大秦珠。"可知"当垆"已是一个专门指代酒的专有名词,而"蓝田玉""大秦珠"类似于今日的名牌产品了。

唐宋是中国封建社会的鼎盛时期,城镇发达,集市星罗棋布,商业贸易繁荣。酒幌、幡旗、铭牌、挂饰、灯笼、刻碑……品牌符号指称作用的运用已经达到一个非常自觉的阶段。店铺大量使用幌子作为符号指称标志,这在中国品牌符号史上具有非常重要的意义。幌子,也称"酒幌""青帘""酒帘",是一种周围呈锯齿状的长条旗子,最初多用青白二色布制作,长约一尺,后来发展到用五彩酒旗绣上图案或店名,悬于门头,招揽顾客。唐朝诗人杜牧《江南春绝句》曾生动地描述此种景象:"千里莺啼绿映红,水村山郭酒旗风。南朝四百八十寺,多少楼台烟雨中。"另一种典型的符号指称形式是灯笼,多于夜间悬挂在店铺门头,酒楼悬挂的灯笼状如酒瓮,药店悬挂的灯笼则形似葫芦,上书"酒"或"药"等,以明确指示其商业性质。

宋代造纸术、印刷术广泛应用,具有明显消费导向的品牌符号开始出现,上海博物馆收藏的北宋济南刘家针铺的广告铜版雕刻是我国目前可见到的最早的铜版品牌符号印刷制品。铜板宽12.5公分,高13公分,由图案和商号名字及告白语组成,图案为白兔捣药标志,商号名字为"济南刘家功夫针铺",告白语则说明商品质地和销售方法:"收买上等钢条,造功夫细针,不误宅院使用,转卖兴贩别有加饶,请记白。"这里"白兔儿"显然就是品牌标志,故特别强调"认清门前白兔儿为记"。这则商号标识,图案、商号名称和广告语整合运用,具备了现代品牌符号设计的基本元素。

图 2-1 "济南刘家功夫针铺"商号

3.品牌符号的信誉意义

明清时期资本主义生产关系萌芽，商品经济较以前更为发达。北京作为明清都城先后涌现了一批百年老牌，比如："六必居"（1530）、"王麻子"（1651）、"同仁堂"（1669）、"都一处"（1752）、"全聚德"（1844）、"内联陞"（1853）和"瑞蚨祥"（1862）等。此时品牌符号已不只是起到区别标识不同店家的作用，此类品牌符号传递的更多的是品牌信誉。

(二)西方品牌符号溯源

"品牌"的英文"Brand"一词，从词源学上考证源于古斯堪的纳维亚语"Brandr"，意为"烧灼"或"烙印"，是指游牧时代先民们为了区别自家的牲畜，而在牲畜的身体上用烙铁烙下的印记。后来这种方法为欧洲城市的手工艺者陶工、石匠、铁匠沿用，而成为现代品牌形式上的起源。

1.匠人识别符号

公元前2000年左右，古希腊出现陶工标识，类似于中国西周至战国时期的"物勒工名"，即把自己的名字标记于生产的陶器上。公元前500—前400年，地中海贸易开始向外发展，市场形成，标识的使用逐渐增多，出现瓷器制造者的标识，以姓名为主体，围以半圆形和狮头图案，古罗马及地中海东岸的建筑或墙面上出现石匠的刻石标识，图案包括弦月形、车轮形、葡萄叶等。

2.公会标识符号

石匠在古代欧洲社会一直是一个重要的工种，"石匠会所"（Masonic lodges）是由石匠组成的公会，势力非常大，与教会有着深厚的关系。一般石匠学徒在学成出师成为职工（或称资浅匠人）之后会获得一个符号，这个符号由石匠师傅赐予，是从石匠传统使用的符号母图中衍化而来。不同的石匠会所有不同的各具特点的符号母图，基本的构成元素包括三角形、三叶形和四叶形。石匠们会在自己建筑完工的建筑或石墙上刻下属于自己的图案。

资浅匠人还可以投在其他匠师门下，但是在寻得新匠师之后，第一件要做的事就是重新设计自己的符号，并在会所里当场向所有共事者解说其象征意义。已经晋升为匠师者，可以在自己专用的符号外围加上盾形图案。石匠虽然获受符号，但也可能因为行为不检而被会所褫夺符号、开除会籍。可见石匠刻石符号不仅标识自己,同时还具有石匠赋予其的意义,并代表其身份地位。①

图 2-2 "共济会"标志源自"石匠工会"设计符号

与此同时,各种酿酒、制灯、编织和银匠公会开始出现,并效法石匠公会的刻石做法,各行各业都出现了属于自己的公会标识符号。如图 2-2。

3.纹章符号

12 世纪以来,纹章(Coat of arms,又称盾形纹章、袍徽)成为欧洲社会最为常见和广泛使用的符号,纹章的出现最初也是为了识别的需要,只是不是制造者、所有者或商业流通的识别需要,而是战场上士兵为了区分敌友时的需要。士兵们因身上穿戴的锁子甲风帽和头盔护鼻遮住了面部,所以会在头盔或盾牌上做各种形状颜色和动植物的标识,以表明自己所属的军队或家族等。如图 2-3。

随着第二次十字军东征的影响,纹章的使用逐渐由军队向外扩展,贵族、教会、学校、社团组织、行业、普通家庭、个人包括自耕农都有属于自己的纹章。纹章作为家族的身份象征成为家族重要的文化政治遗产,父子相传,当然在传承的过程中也会在形状颜色或寓意上有所变化,纹章的社会意义愈显突出,纹章符号设计也愈来愈繁复,于是出现了专门研究纹章的所谓纹章学。如果给纹章一个定义的话,可以说纹章是一种按照特定规则构成的彩色标志,专属于某个个人、家族或团体的识别物。随着城市商业经济的发展,城市、大学、商业机构都开始沿用纹章来作为自身的符号标志,所以纹章是现代欧美国家重要的品牌符号资源。

---

① [德]鲁道夫·科勒.符号之书[M].王翎,译.台北:城邦文化事业股份有限公司麦浩斯出版,2017:70.

图 2-3　纹章徽标图示　　　图 2-4　"保时捷"车标　　　图 2-5　"标志"车标

保时捷的品牌符号一眼就能看出是一个盾形纹章，其取材于斯图加特的城市市徽。如图 2-4。

标致汽车的品牌符号则是源自蒙贝利亚尔创建人别儒（标致）家族的纹章。如图 2-5。

（三）中、西分流

中、西品牌符号源起于一个共同点，即区别性，或区别生产者，或区别所有者，或区别自身身份，这种区别性时至今日仍然是品牌符号最基本的作用。

但是，中西品牌符号在路径走向上却大异其趣。中国品牌符号渐渐文字化，以文字表意为主，品牌符号意义也基本由文字阐释。比如"六必居"，最初是一个贩卖油盐的小店，发展为京城有名的酱菜园，"六"指的是其经营范围，俗语"开门七件事"中的六件，除了茶叶不卖外，柴、米、油、盐、酱、醋六样生活必需品都卖，所以叫"六必居"。"内联升"因为地处京城，最初以制作朝廷官员所穿朝靴为主，所以"内"意指"大内宫廷"，"联升"意指穿上此朝靴，必定"连升三级"，官运亨通。"瑞蚨祥"，店名中的"瑞"字乃"瑞气"之意，"蚨"取其青蚨还钱的寓意（青蚨原是一种水虫，因相传青蚨还钱的典故，又成为钱币的别名），"祥"字当属"吉祥如意"，总之，瑞气吉祥、财源茂盛为中国传统商业文化精神写照。其他如"都一处""全聚德""恒源祥""德发长""同仁堂""老凤祥""五粮液"等，其品牌名称均内涵深厚社会文化意义，是品牌符号意义价值重要源泉。

西方品牌符号则朝着图形化的方向发展，以石匠专用刻石符号来看，根本没有文字，虽以几何图形呈现，但必有自身赋予的内涵意义；后来发展为欧美社会重要符号的纹章也是一样，组成纹章的重要元素为图形、颜色和动植物等符号，而铭文并不处在重要的位置。纹章的寓意是由不同的图形、颜色和动植物等符号来表达的,其中动植物图案给纹章带来最大的符号意义,常见的有狮子、鹰、熊、狼和鸢尾花、玫瑰等。比如英格兰王家纹章始于狮心王理查一世,当他1195年终于摆脱监禁生活回国时,将自己一直佩戴的面对面直立的雄狮图案换为三只行走状的狮子,其意自明。今天,英格兰足球队的队徽也取自"三狮",故英格兰足球队有昵称"三狮军团",其队徽整体设计体现典型纹章样式,不加任何文字,仅以三头狮子和

图 2-6 "三狮军团"队徽

十朵蔷薇组成,充分彰显其英格兰血统。如图 2-6。

三、品牌价值观

在资讯爆炸的互联网时代,高科技发明与创新呈现一日千里的态势,一个品牌企望在技术、性能和设计上保持长期优势,实属罕见,事实上如今人们面对的是设计与功能相近,价格多重,选择广泛的高度竞争的市场。显然,当产品的价格、品质、功能、设计及美学成分均无明显高低时,购买动机的决定性因素就逐渐变成了由品牌声誉带来的品牌价值。

(一)品牌微笑曲线

市场营销学上有一个流行的说法,叫做"品牌微笑曲线"。如图 2-7 所示:

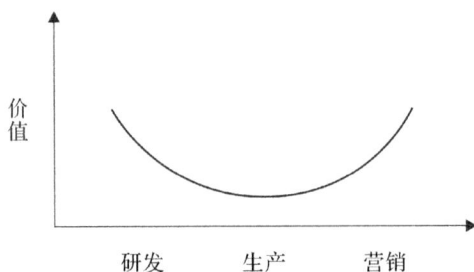

图 2-7 品牌微笑曲线

"品牌微笑曲线"最早由宏碁集团创办人施振荣提出,意思是指企业创造的价值,如同一个人的微笑脸,左右有两个获利高位点,左端高位是由技术和专利创造,右端高位是由品牌和服务创造,而组装与制造是获利的最低位点。

"品牌微笑曲线"明确表明,研发创新和品牌传播是企业核心竞争力,是企业高附加值价值的重要源泉,至于生产制造端的附加价值就弱了许多。所以,"Nike"的核心竞争力源自产品高科技性能及其强势品牌形象,至于制鞋的工作完全交给代工厂去完成;"苹果"也是一样,"苹果公司"负责产品的研发创新和品牌传播,而手机制造则交由富士康去完成。

所以,做品牌是通往最大附加值的最近的路。

(二)品牌排行

品牌价值排行榜是品牌价值的晴雨表,全球有多家、多种品牌价值评估咨询机构,每年发布排行榜单,排行榜种类大致可以分为全球榜、国家(区域)榜和行业榜等。其中全球榜中影响最大、最权威的机构有"Brand Finance"(英国品牌金融咨询公司)和"BrandZ"(凯度 BrandZ),两家公司数据来源、计算方法及评估依据侧重点不同,因此每年评估结果中品牌价值有较大差异,排行榜顺序也有明显不同。整体来说"Brand Finance"榜单覆盖面广,种类齐全,全球榜、国家(区域)榜和行业榜均有,而"BrandZ"只有全球榜、国家(区域)榜,没有行业榜。在此,以"2022 年 Brand Finance 全球品牌价值 500 强排行榜"部分排名数据,做简要分析。如表 2-2。

表 2-2　"2022 年 Brand Finance 全球品牌价值 500 强排行榜"前 10 名

2022 年排名	品牌	品牌价值(亿美元)	品牌价值同比变化
1	苹果	3550.08	34.8%
2	亚马逊	3502.73	37.8%
3	谷歌	2634.25	37.8%
4	微软	1842.45	31.2%
5	沃尔玛	1119.18	20.1%
6	三星	1072.84	4.5%
7	脸书	1012.01	0.0%
8	中国工商银行	751.19	3.2%
9	华为	712.33	28.6%
10	威瑞森	696.39	

　　"2022 年 Brand Finance 全球品牌价值 500 强排行榜"显示，全球最有价值的 100 个品牌在 2022 年实现了创纪录的价值增长，美国和中国继续在 500 强品牌中占据主导地位。苹果公司以创纪录的 3550 亿美元品牌估值赢得全球最有价值品牌的称号，中国品牌进入全球前十的是中国工商银行和华为。抖音成为全球"增长最快的品牌"，增长率高达 215%，品牌价值从 2021 年的 187 亿美元增长到 2022 年的 590 亿美元。科技行业再次成为 500 强中最有价值的行业，共有 50 个科技品牌上榜，累计品牌价值近 1.3 万亿美元。

　　中国品牌在"2022 年 Brand Finance 全球品牌价值 500 强排行榜"中继续表现出强劲增长的势头，其中进入榜单前 100 名的中国品牌有 24 个，占比高达近 25%。如表 2-3。

表 2-3　"2022 年 Brand Finance 全球品牌价值百强榜中国品牌"

2022 年排名	品牌	品牌价值（亿美元）	品牌价值同比变化
8	中国工商银行	751.19	3.2%
9	华为	712.33	28.6%
11	中国建设银行	655.46	9.9%
13	微信	623.03	−8.2%
14	中国农业银行	620.31	16.7%
16	国家电网	601.75	9.0%
18	抖音	589.80	214.6%
21	中国平安	543.54	−0.4%
22	淘宝	537.61	0.8%
24	中国银行	495.53	1.8%
25	天猫	491.82	0.0%
27	腾讯	466.52	−17.3%
31	茅台	429.05	−5.4%
34	中国移动	409.03	8.9%
55	中国石油	296.56	−5.6%
59	五粮液	287.44	11.6%
62	中国建筑	273.86	−9.9%
64	京东	271.52	15.3%

续表

2022 年排名	品牌	品牌价值（亿美元）	品牌价值同比变化
70	中国石化	251.65	−4.7%
74	招商银行	243.70	15.8%
80	中国人寿	238.85	5.8%
84	阿里巴巴	228.43	−41.7%
93	台积电	204.74	66.5%
96	中国铁建	196.87	23.7%

进入"2022 年 Brand Finance 全球品牌价值 500 强排行榜"前百强的美国品牌有 47 个，中国品牌则继续成为上榜品牌数量第二多的国家，并进一步拉开了与欧洲、日本品牌的领先优势。但是中国领先品牌行业多集中于金融、能源、电商和社会化媒体等领域，相对来说美国领先品牌行业分布更为广泛，而且先进科技行业品牌优势明显，这一点正是中国品牌建设亟须提高的增长点。

（三）品牌符号资产

品牌价值动辄成百上千亿美元，但其又不像有形可感的厂房、机器、产品和服务，它是看不见摸不到的无形资产。这种无形资产从符号学原理阐释，其实就是品牌符号带来的由品牌符号意义形成的资产，可以称之为品牌符号资产。其虽然是无形的，但在消费者消费商品时却实实在在地发挥着作用，并会影响着消费者对商品的实质性感受。

可口可乐品牌史上有一个著名的实验，美国贝勒医学院（Baylor College of Medicine）的研究人员曾对 67 名受试者进行实验发现，蒙上眼罩喝可口可乐与百事可乐时，全部的人都说百事可乐比较好喝，但在取下眼罩、看到可口可乐品牌符号标志再喝的时候，有 3/4 的人改称可口可乐比较好喝。脑部扫描发现，受试者看到可口可乐的标志，脑部主管记忆的海马回与后侧前额叶皮质立刻变得非常活跃，这就是可口可乐标志符号在发挥作用。百事可乐虽然味道更胜一筹，却在品牌符号标志的刺激性上逊色太多。从这个实验可以知道品牌符号不仅仅是起着区别作用的标志，品牌符号还可以在生理层面提升产品的品质，这里是作为饮料的可口可乐产品的口感。所以品牌符号内涵着更深刻的隐形的品牌利益，这种品牌利益即是品牌符号资产价值体现。

品牌符号资产价值具体可以细分为标识价值、信用价值、个性价值和关系价值,四种价值分别对应着基于顾客感知的知晓意义、信任意义、认同意义和忠诚意义。

1. 标识价值

标识价值是品牌符号基本价值,也是品牌初始价值。因为品牌符号标志最初的意义就是标识出物品的制造者或所有者,比如刀具品牌"张小泉""王麻子"和调味品品牌"王守义""王致和"等,这类传统品牌最初都是用于标识产品的生产者身份的。如今作为品牌符号的标识价值就是在琳琅满目的货架上醒目地提示消费者,帮助消费者识别不同厂家的产品。因此,基于顾客利益的品牌符号标识价值就是降低顾客搜寻时间,间接降低了顾客购买成本。

2. 信用价值

信用价值是品牌符号附加价值。长期流行于市面的品牌符号,高频次出现的品牌符号,购买或者使用过的产品的品牌符号,都会给顾客带来熟悉的感受,而熟悉的东西是最容易让人们放心的东西。一个人到一个陌生的国家或城市,如果他看到"麦当劳"的品牌符号标志,他便会毫不犹豫地走进去,因为在他眼里的这家"麦当劳",就是他常去的那家"麦当劳",从口味、环境、员工、价格和服务都完全值得信任。如果是一个他从来没见过的招牌呢?他肯定要思忖再三。信用价值提供给顾客一种安全感,顾客面对信息高度不对称的市场时,熟悉的品牌符号就是"有保障"的信息,这种保障会大大降低顾客的交易风险,也是间接降低了交易成本。

3. 个性价值

个性价值是品牌符号的意义价值。一般来讲品牌符号之间是有差异的,正是因为有符号标志的差异才造就了品牌符号的识别作用,但是品牌符号作为一种符号价值,除了这种基本的标识价值之外,还体现为意义价值,就是品牌符号是有意义的,而且意义之间是有差异的。这种意义的差异造就品牌个性,人们说"开宝马、坐奔驰",意思是说:宝马是用来开的,奔驰是用来坐的,宝马车驾驶的乐趣,奔驰车乘坐的舒适和身份感,就是其品牌个性的差异。同时,必须知道,并不是所有的品牌符号都能有这样或那样明确而清晰的品牌个性,只有那些明确且强势的品牌符号才拥有差异性,才富有个性价值。顾客在不同的品牌之间做出选择,是基于顾客对品牌的价值感知差异,这种差异反映在品牌符号上,就是不同的品牌符号个性吸引不同的顾客偏好群体,个性价值是品牌符号核心价值。

4. 关系价值

关系价值是品牌符号最终愿景,关系价值是品牌和顾客形成恒久的或者持续的关系,也是个性价值的终极反映。关系价值要求品牌符号具有意义的阐释力,传播号召力和艺术感染力,只有这样才能与忠诚顾客形成长期的粘连性。当然,这种与品牌之间的忠诚关系同样不是所有品牌符号都能实现的,它需要符号意义的长期累积,也需要符号意义所蕴涵的积极声誉,最终形成关系价值还需要品牌营销与传播,以及提升产品与服务品质等多方合力作用。见图 2-8。

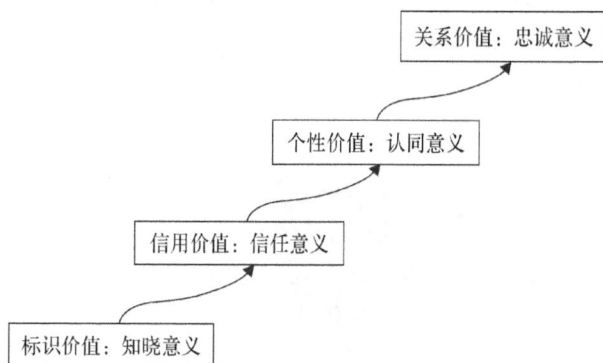

图 2-8 品牌符号资产价值

品牌符号资产价值是动态存在,由标识价值、信用价值、个性价值到关系价值,是一个步步递进和提升的过程。基于顾客感知审视则是由知晓意义、信任意义、认同意义到忠诚意义的逐步累进的过程。品牌符号资产价值外显为品牌声誉,内在却是基于品牌价值观理念,卓越的品牌声誉源自卓越的品牌价值观。品牌符号资产价值中标识价值是一种基础价值,凡品牌均天然地具有此种价值,而进一步地信用价值、个性价值和关系价值的形成无一不是建立在有益的品牌价值观的基础之上,甚至是建立在卓越的品牌价值观的基础之上。卓越品牌价值观实现品牌、品牌主、消费者的共同愿景,从而令整个社会形成关于品牌的信赖感、认同感和归属感,即信任意义、认同意义和忠诚意义。所以,建立一种品牌就是价值观,而且是一种卓越价值观的认识才是品牌战略管理的顶层思维逻辑。

第二节 品牌符号识别

一、分类

品牌起源于识别的需要，识别是品牌最基本作用。品牌符号识别是指品牌主创造和保持的专属自我表达符号，其基本目的是引导公众寻找、确认某个品牌化对象，并引起人们对该品牌的积极联想。品牌符号识别是品牌重要组成部分，该"专属自我表达符号"一般是指最能体现其识别性的符号，如"宝洁"品牌的"星星、月亮和老人头"标志符号，"美国通用电气公司"（General Electric Company，简称 GE）英文缩写"GE"的艺术字体符号，"可口可乐"瓶身弧形符号等。如图 2-9。

图 2-9 "美国通用电气公司"标志

事实上可以品牌化的对象不只是商品或服务，包括企业、组织机构、学校、政府、国家、个人和社会活动等，在今天都加入了品牌化的大军，所以品牌符号识别类型也日益多元化。

（一）企业品牌符号识别

企业品牌符号识别是指企业为在市场上突出自身区别他者而设计的符号标识系统，包括企业名称、企业标志、企业标准字和企业标准色等。如能源巨头"道达尔能源"的品牌符号识别标志。如图 2-10。

图 2-10 "道达尔能源"品牌符号标志

（二）机构品牌符号识别

机构品牌符号识别是指社团组织、行业协会、学校、医院和其他公益组织、非营利组织等的符号标识系统。比如北京大学校徽标志、中华志愿者协会标志、国际艾滋病协会标志等。如图 2-11。

图 2-11　"国际艾滋病协会（IAS）"符号标志

（三）活动品牌符号识别

活动品牌符号识别是指针对某类或某次活动而专门设计的品牌识别系统，诸如运动会、研讨会、展销会、影展、庆典和节庆等偶发或周期性的活动。比如北京奥林匹克运动会、戛纳电影节、黄帝陵祭祖大典等。如图 2-12。

图 2-12　"007"经典电影 60 周年纪念标志

（四）产品品牌符号识别

产品品牌符号识别是指由产品造型、色彩、材质、功能和包装延伸出来的品牌识别系统，比如 iPhone 手机的外观造型，可口可乐的弧形瓶身，麦当劳标志性的薯条包装，兰蔻经久不衰的小黑瓶设计，"绝对牌"伏特加独具一格的酒瓶造型等，都是让人看一眼就下单的产品品牌符号识别。如图 2-13。

图 2-13　"绝对牌"伏特加酒

（五）个人品牌符号识别

个人品牌符号识别是指针对个人进行的品牌化活动，诸如演艺名人、体育名人、政治名人、商界名人、学术名人、网络名人和"网红"等，建立个人化品牌符号识别系统，营造形象，突显识别。比如20世纪最具革命浪漫主义影响力的古巴革命领导人切·格瓦拉头像，Facebook创始人扎克伯格的圆领T袖，"网红""papi酱"视频的开场和结束语："我是papi酱，一个集才华与美貌于一身的女子"等。如图2-14。

图 2-14　切·格瓦拉头像

（六）国家、城市或地区品牌符号识别

国家、城市或地区品牌符号识别是指针对一个国家、一个城市或者一个地区进行的统一品牌符号识别活动。早在20世纪90年代新西兰国家形象公关活动——"100％新西兰方式"，成功地将新西兰推向国际舞台，是最早的国家品牌符号识别活动实践。近年来在全球兴起的城市、地区和国家品牌形象宣传，都是经由品牌符号识别活动展开的。如图2-15。

图 2-15　德国首都柏林城市徽标"柏林熊"符号标志

不同的品牌符号识别类型有时是单独发生的,但大多数时候都是多种类型共同发生的行为。一个经营产品的企业,一般会有自己的企业品牌符号识别,同时也会有产品品牌符号识别,甚至企业会先给自己的产品以特别的品牌符号来塑造鲜明的品牌认知,大众汽车造型另类的"甲壳虫"汽车、宝马独有的前脸格栅设计、Volvo 始终坚持的"安全性"等。根据企业发展的历史机缘,企业有时会和产品共享品牌符号识别标志,有时也会分别以不同的品牌符号识别标志面世,比如宝洁公司,企业有单独的品牌符号识别标志,公司生产的产品则各有属于自己独享的品牌符号识别标志,如"海飞丝"、"潘婷"、"飘柔"和"汰渍"等。而国产电器品牌"格力"、"美的"和"海尔"等,企业品牌符号识别和产品品牌符号识别是合二为一的。

企业也会经常主办或者是赞助一些机构组织的活动,这类活动往往是和非营利组织一起完成的公共关系活动,这些都属于活动品牌符号识别的范畴。比如阿里巴巴公益基金会,可口可乐百年传承的与奥林匹克运动会的赞助关系。这些活动都极大地延展了企业品牌符号识别的传播影响力。而个人品牌近年来运用最为成功的当属前中国篮球运动员姚明,姚明当年进入 NBA,不仅是姚明个人职业生涯的飞跃,同时也真切地改变了国际上以往关于中国人的一些刻板印象,某种程度上是中国国家品牌符号识别的一个全新标志,姚明在美国的职业发展也很好地借势中国经济高速发展的节奏,是个人品牌符号识别与国家品牌符号识别的一次完美整合。不仅如此,姚明在职业生涯结束之后,继续经营自己的品牌,开辟了新的事业,而姚明作为广告代言人的明星效应一如既往,并没有随着他的运动生命的结束而终结,姚明成功地把自己演绎为了一个个人品牌。

二、形式

每个企业、机构或组织等与其提供的产品或服务之间的关系,可以是统一的,也可以是多元的,或者是背书式的,针对不同的关系分为不同的品牌符号识别形式。见表 2-4。

表 2-4　品牌符号识别构成形式

统一识别	多元识别	背书识别		
		主品牌识别+叙述语	主品牌识别+子识别	子识别+主品牌识别
美的 海尔 牛栏山 全聚德 同仁堂 老干妈	1. 多元机构 Disney: (Touchstone ESPN ABC) 2. 多元产品 宝洁: (海飞丝 飘柔 潘婷 汰渍)	GE 先进材料公司 GE 电气能源公司 GE 医疗公司 GE 家电公司	丰田皇冠 丰田凯美瑞 丰田普拉多 丰田汉兰达 丰田卡罗拉 丰田普锐斯	淘宝 爱淘宝 淘宝商城 闲鱼 支付宝 蚂蚁花呗 (阿里巴巴集团)

（一）统一识别

品牌符号统一识别是指企业、机构、组织与其提供的产品或服务共同使用统一的品牌符号识别系统。比如英国维京集团（Virgin），旗下经营产业横跨航空、娱乐、传媒、食品等，多年来始终以"Virgin"为企业与产品品牌符号识别。牛栏山酒厂与其产品共用统一品牌"牛栏山"作为符号识别。美的集团以集团公司名称"美的"品牌符号统领旗下空调、洗衣机、冰箱及厨房电器等产品。

（二）多元识别

品牌符号多元识别一般包括企业、机构、组织层面的多元化识别和其提供的产品或服务的品牌多元化识别两种情形。前者是指集团母公司、总部与子公司、下属机构等，虽属于同一集团，但却各有自己独立的品牌符号识别。比如迪士尼公司其实拥有 Disney、Touchstone、ESPN 和 ABC 等不同的企业机构，子机构之间分界明显，定位独立，选用不同的品牌符号识别，其目的是为保证各自独立的企业文化精神与品牌价值。后者如宝洁、欧莱雅公司等，欧莱雅公司有独立的品牌符号识别及名称"欧莱雅"，而旗下产品或服务品牌现今已经发展至 250 多个，"赫莲娜""乔治阿玛尼""兰蔻""欧碧泉""羽西""小护士"和"美体小铺"等，涵盖美容化妆顶级、中高端到大众各级细分市场。

（三）背书识别

品牌符号背书识别是指企业、机构、组织将自身强大的主品牌符号识别，运用在子公司或产品及服务的子品牌符号识别中,其中根据不同的背书形式,又分为以下三种类型:主品牌识别＋叙述语;主品牌识别＋子识别;子识别＋主品牌识别。

主品牌识别＋叙述语:一般是以企业、机构、组织品牌为主品牌,所有的子机构都置身于企业品牌识别之下,后缀以一般性的叙述语描述子机构性质。比如 GE 先进材料公司、GE 电气能源公司、GE 医疗公司、GE 家电公司等,所有子公司都在主品牌符号识别"GE"的统领之下。

主品牌识别＋子识别:一般是企业、机构、组织的主品牌识别与产品或服务的子品牌识别联合构成品牌符号识别关系,也称为子品牌群关系。主品牌与子品牌分别承担不同的品牌符号识别价值,主品牌主要承担为子品牌的背书意义,品质和信誉的担保,子品牌主要承担品牌群之间的市场细分及互为补充的作用。比如:丰田皇冠、丰田凯美瑞、丰田普拉多、丰田汉兰达、丰田卡罗拉、丰田普锐斯等,丰田公司以主品牌来为旗下几十款车型做担保式背书,对于新产品迅速进入市场起到积极推进作用,事实上,几乎所有汽车品牌都采用此种形式。再如房地产品牌也大多采用这种形式攻城略地,如著名房地产企业"碧桂园"进入全国市场时,都是"碧桂园＋×××"的形式。

子识别＋主品牌识别:一般是企业、机构、组织的主品牌识别并不直接出现在品牌符号识别形式中,但是市场完全知晓它们隶属的母公司,主品牌符号识别隐性地存在并发挥着影响力。比如:淘宝、爱淘宝、淘宝商城、闲鱼、支付宝、蚂蚁花呗等子品牌符号识别中并没有出现主品牌符号识别,但是,市场上都知道它们是阿里巴巴旗下品牌,阿里巴巴虽没有出现,但是其背书价值已经实现了。

第三节　品牌符号形象

一、一体两面性

品牌符号形象是基于品牌符号识别引发的思考或联想,是基于品牌消费者心智的关于品牌的想法与感受,是品牌符号的意义性阐释。运用索绪尔符号学能指与所指理论:品牌符号识别即品牌符号能指,品牌符号形象即品牌符号所指。如图 2-16。

图 2-16　品牌符号"一体两面性"

品牌符号识别组成品牌符号外延,品牌符号形象组成品牌符号内涵,品牌符号外延和内涵合二而一形成完整品牌符号。简言之,品牌主在符号谱系中拣选鲜明的、易辨识记忆的和独特唯一的品牌符号识别标志,于公众心智形成与之相对应的关于品牌符号形象的首选性、偏好性和差异性。

品牌符号外延和内涵关系揭示了品牌符号的一体两面特性,能指即外延层面,所指即内涵层面;同时更为重要的,它还是一个"由外而内"的动态符号化过程。只有完成了这个动态符号化过程,才能将品牌符号识别转化为品牌符号形象,品牌符号能指和品牌符号所指才能合二而一,成为一个能够引发思考或联想的品牌符号。

表 2-5　品牌符号"由外而内"动态符号化过程

品牌符号能指(外延)	品牌符号所指(内涵)
品牌符号识别	品牌符号形象
基于定位	基于印象
品牌符号标识价值	公众自觉联想价值
识别的唯一性	意义的多元性

品牌符号形象"由外而内"动态符号化过程表现为,品牌符号识别作为品牌符号能指,也是所谓外延部分,是由品牌主基于品牌定位而做出的,包括符号选择和组合运用,它作为一种符号能指在形式上是唯一的、高度区别性的,即在能指意义上明显有别于其他品牌符号,体现为一种标识价值,其内涵品牌主想要达成的品牌愿景,但是这个愿景能否实现或实现多少尚不确定。品牌符号形象则是品牌符号所指,是公众对品牌符号识别的印象,由公众心智形成实现,因公众认知不同,所以符号意义呈多元性,品牌符号所指并不能完全依靠品牌主愿景直接实现,而是要求与公众展开沟通和协商,最终与公众自觉阐释理解和联想达成一致合力形成品牌符号形象。

二、协商关系

作为能指的品牌符号识别和作为所指的品牌符号形象是品牌符号的一体两面,但在这里能指和所指在构成完整品牌符号时,却不像索绪尔语言符号学所描述的那样简单,索绪尔语言符号学一般强调的是能指和所指结合的任意性特征,是一种单一的规约关系。但是品牌符号的能指和所指的结合关系要复杂得多,其中的规约关系是一种开放性的关系,也就是说这种品牌符号形象的约定始终是面对公众的一种动态化的开放协商过程,它不是品牌主的一厢情愿,也不是品牌主单方面一蹴而就形成的,它是不断地和公众交流、磨合、沟通和协商,最终影响和进入公众心智形成强有力的关于品牌的积极联想。

品牌主希望告诉公众品牌是个什么形象,也就是品牌最初的愿景最终得以实现,需要经过以下模型图示所表达的由内而外的开放协商关系路径。首先,品牌主确定品牌符号识别,要在诸如名称、标志、图形、颜色、字体诸多符号中做选择与组合,选择与组合的结果就是确定具体的识别符号,该识别符号即是品牌符号识别,亦即品牌符号的能指面。能指面经由诸种传播手段进入外部公众对象视野和心智,外部公众经由对品牌符号能指的感受与认知,产生关于品牌符号的意义联想,即品牌符号形象在公众心智中形成,亦即品牌符号的所指生成。

开放协商过程中所指即品牌符号形象与能指即品牌符号识别存在着三种基本动态关系:即完全实现品牌愿景,公众心智中的品牌符号形象与品牌主的品牌符号识别高度重合,这是一种最理想的动态关系;部分实现品牌愿景,公众心智中的品牌符号形象与品牌主的品牌符号识别部分重合,需要品牌主找出原因调整品牌能指,针对品牌符号的选择与组合重新调整品牌符号识别;完全没有实现品牌愿景,公众心智中的品牌符号形象与品牌主的品牌符号识别完全不重合,需要品牌主改弦易辙,重新进行品牌符号识别的选择与组合。当然针对后两种情况有些时候还需要重新调整品牌主的品牌愿景设定。

品牌主最初的品牌愿景最终落实在公众心智,亦即形成与品牌愿景高度重合的品牌符号形象,实际上是双方经过多次的开放协商而完成的。如图2-17。

```
                    ┌─────────────────────┐
        ┌──────────→│      品牌符号识别      │←──────────┐
        │           └─────────────────────┘           │
        │               │           │                 │
        │      ┌────────┘           └────────┐        │
        │   ┌──────────┐          ┌──────────┐        │
        │   │  符号选择  │          │  符号组合  │        │
        │   └──────────┘          └──────────┘        │
        │          │                    │             │
        │          └──────┐    ┌────────┘             │
        │              ┌──────────┐                   │
        │              │  识别符号  │                   │
        │              └──────────┘                   │
        │                   │                         │
        │            ┌──────┴──────┐                  │
        │         ┌──────┐     ┌──────┐               │
        │         │ 感觉 │     │ 认知 │               │
        │         └──────┘     └──────┘               │
        │              │          │                   │
        │         ┌──────────────────┐               │
        │         │    品牌符号形象     │               │
        │         └──────────────────┘               │
        │         │        │         │               │
        └────┐ ┌──────┐ ┌──────┐ ┌──────┐┌───────────┘
```

完全实现品牌愿景 品牌符号形象与品牌 符号识别高度重合	部分实现品牌愿景 品牌符号形象与品牌 符号识别部分重合	完全没有实现品牌愿景 品牌符号形象与品牌 符号识别完全不重合

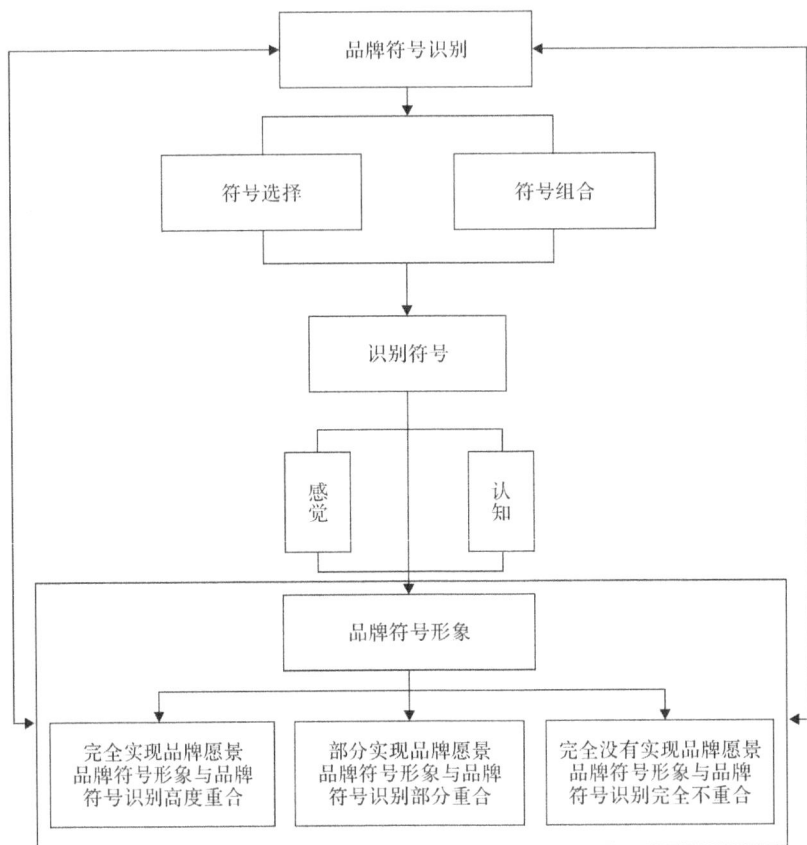

表 2-17　品牌符号开放协商关系路径

三、品牌形象

品牌符号不仅是商品、组织或品牌主区别他者与展示自身的一种标识符号,还是商品、组织或品牌所有者拥有的一种隐形资产,品牌形象则是商品、组织或品牌在社会公众心智中留下的印象,它体现着公众对品牌的评价与认知。通俗地说品牌符号是品牌主展现商品或服务的一种方式,客观上是通过某种符号标记帮助人们快速寻找并辨识出自己来。品牌形象则是品牌主展现出来的一种外在影响力,一般表现为人们在想到某个品牌时而引发的关于此品牌的某种感受或联想。

从传播层面来看,品牌符号综合运用了多种符号元素,以传递或表达品牌主本身理想的自我观照并影响到组织外的受众;而品牌形象重点反映的则是外在受众对于这些符号元素传播的接受状况。强势的品牌符号,借助于鲜明的符号表达,可以创造出巨大的效益。一般来说成功的品牌符号,可以吸引更优秀的员工,可以刺激投资人更多的投入,可以赋予日益同质化的产品以心理区别度,激励公众对于品牌的忠诚度等。

公众关于品牌的评价与认知即品牌形象的意义感主要围绕以下四个维度实现。

(一)心理感受维度

品牌形象核心是消费者或公众关于品牌的心理感受,品牌学研究往往直接采用心理学术语来描述品牌形象,如将品牌形象描述为消费者或公众有关某种品牌的"感觉""态度""联想""评价""心理观念"或"印象的总和"等。这种基于心理学理论的品牌学研究,自 20 世纪 90 年代以来长期处于主流地位,即把品牌形象视为消费者或公众有关某一品牌的联想或知觉。由于对于任何一个相对成熟的品牌来说,消费者产生的联想都可能涉及丰富的内容和多种层次,所以,此类心理学的角度是一种最为广义的品牌形象表述。

时尚和奢侈品品牌最懂得通过人们的消费心理去打造品牌形象,这种品牌形象联想的极致更像是梦幻,它们的品牌广告并不属意商品的材质、物理属性或任何偏理性的功能诉求,它们强调的是为消费者营造一个关于品牌的梦幻,通过情绪、感觉和印象等非理性的联结方式将品牌和消费者联系起来。英国老牌奢侈品品牌博柏利(Burberry)集声望、气质与格调于一身,自 1856 年创立迄今,Burberry 一直被视为英伦文化的重要组成部分,曾获得英国女王伊丽莎白二世和威尔士亲王授予的"皇家认证"。它所有的品牌广告均无涉所谓材质、独特的卖点或者某种产品定位等,博柏利成功的秘诀就在于品牌形象联想始终秉持创立伊始的"骑士"品格,引发出消费者对其品牌的关于英伦文化的高贵感和渴望拥有的幻想,这种心理层面的感性影响比任何理性诉求都更加强而有力。

(二)品牌意义维度

在产品高度同质化的时代,品牌意味着什么或不意味着什么就变得非常重要,也就是说,产品可以雷同,而品牌意义永远无法抄袭或模仿。必须看到,意义包括双重含义:一种是有形的客观属性意义(如手机的制造材质、销售成本和性能),另一种是无形的主观属性意义(如手机的声望、风格和娱乐性)。此双重属性意义分别是产品或品牌的物质特性和表现特性,物质特性是作为客体的产品或品牌本身的物理特点,表现特性是客体如何被象征性地使用。

作为品牌之王的"苹果",其所培育的忠诚消费者被称为"果粉",而"果粉"们称乔布斯为"苹果教父",每当有苹果新品推出之时,都会引起相当程度的市场"骚乱","果粉"们甚至会提前几天在苹果专卖店外排队等候,就是为了能够在第一时间买到最新款的苹果手机。那么,这些"果粉"为什么如此热衷苹果,而不是"三星"呢?这就是"苹果"赋予"果粉"们的品牌意义与"三星"完全不同,"苹果"简约、现代感的设计,个性化的功能,以及开放、创新和先进的互联网精神等带给"果粉"们巨大的意义感,在这种情况下,"果粉"们是不会考虑"三星"的价格或像素的优势的。

(三)自我意义维度

公众在品牌消费过程中勾勒出的关于自我意义的表达,是不同于产品或品牌自身意义的另一种特殊意义,"自我意义"的主体不是产品或品牌,而是使用和消费产品或品牌的人。当人们在消费时,消费者并不是在消费产品或品牌的物质功能,而是在消费通过品牌所表达的消费者自身设定的某种意义,或者说是消费者想要表达的意义,此时,产品或品牌本身是什么已经不重要,产品或品牌本身已经成为消费者进行自我意义构建的一种物质资源,消费者想要寻求的意义表达才是最重要的目的。

法国哲学家波德里亚指出,当下人们所身处的物的世界,实际上已成为一个符号的世界,人们在消费商品时,实质上是在消费品牌符号所表达的意义;同时,也正是通过对特定符号意义的认同或不认同形成了"自我",界定着"自我"。"告诉我你扔的是什么,我就会告诉你你是谁"。[①] 品牌形象本质上是商品符号化的典型,人们通过消费商品的方式来表达自己想要表达的意义。不言自明,"故事会"和"知音"的读者与"经济学人"和"纽约客"的读者从来不是一类人。

(四)人格化维度

品牌人格化是指赋予品牌某种人格化特征,将品牌描述为一个具有某种典型性格的人。比如说某品牌是"友好的""自然的""称职的""阳刚的"或"天

---

① [法]让·波德里亚.刘成富.消费社会[M].全志刚,译.南京:南京大学出版社,2006:17.

真的"等,暗示品牌拥有一种内在的独立人格特征或个性,而品牌消费者人格与品牌人格在消费过程中往往会统一起来,即品牌人格特征可以被消费者用来表达自己的人格特征甚至个性主张,品牌在这里获得了一种类似人际沟通的媒介作用。

比如,一个爱打篮球的年轻人穿一双"耐克"篮球鞋来到运动场上,和穿一双"回力"球鞋来到运动场上,自我感觉和带给同伴的意义感是完全不一样的。这种不一样不单是来自"耐克"的所谓高科技——"气垫"设计,也不是"耐克"显得"更专业",更多的是来自"耐克"这一品牌形象所传递的个性精神——"Just do it"("想做就做")的主张。这种自由的、个人主义的张扬,既是"耐克"的人格化品牌形象联想,也是穿戴"耐克"的这个年轻人传递给人们的与品牌形象相同的个性表达。

第四节　品牌符号价值

一、价值三向度

一般的观点认为,品牌价值构成由两方面属性组成,一方面是由与产品相关的物质和实用属性,一方面是由非产品物质性提供的与产品或品牌相关的社会文化和心理属性。

双重属性构成品牌价值,可以类型化为"实用的"、"体验的"和"象征的"三个向度。其中,"实用的"向度即产品属性向度,可以分为物质属性和抽象属性,物质属性如产品的具体材质、结构等,抽象属性如产品的便利性、安全性等;"体验的"向度即产品使用过程感受,分为功能感受和社会心理感受,功能感受表现为产品的实用性功能属性,社会心理感受表现为产品或品牌带给使用者的某种社会性心理意义属性;"象征的"向度即消费者价值观的满足或实现,分为工具性价值观和终极性价值观,工具性价值观是指产品的物质价值或工具价值属性,终极性价值观是指产品或品牌带给消费者的包括巨大精神满足感在内的符号消费价值属性。

综上所述,品牌符号价值区分为"实用的"、"体验的"和"象征的"三个向度,而每一向度都由两方面属性构成,一方面是与产品物质性相关的功能属性,另一方面是与产品或品牌相关的社会文化和心理属性。品牌价值"三向度"概念为品牌形象建构规划了基本路径,即一个品牌如果是以实用的价值建构为主,那么其品牌形象也是围绕着实用性展开的;如果是以体验的价值建构为主,那么其品牌形象就是以体验性展开的;如果是以象征的价值建构为主,那么其品牌形象就是以象征性展开的。当然事实上品牌符号价值建构往往是复合的,即同时以某两种价值建构为主甚至是以三种价值建构兼有来建构品牌价值,那么,品牌形象也往往呈现多元化形态。

(一)实用性品牌价值

实用性品牌价值建构是指品牌形象是用来满足消费者实际使用性需求的,品牌形象重在解决消费者实用性需要的满足。大量日用品的品牌形象建构均侧重于此,比如日常洗化用品。"立白"洗衣粉的洁白衣物的效果,"汰渍"洗衣液的去除蛋白质油渍的定位,"蓝月亮"洗衣液的杀菌概念等。

(二)体验性品牌价值

体验性品牌价值建构是指品牌形象是用来满足消费者体验性需求的,品牌形象重点在于解决和满足消费者的感官欲望,为消费者提供诸如刺激、新奇、舒适和爽快感等身体生理满足。比如"迪士尼"品牌形象侧重于消费者的感官体验的满足,热闹、欢快气氛的营造,"星巴克"则是另辟蹊径,又上层楼,在满足消费者多种口感刺激的同时,又给消费者提供一种新的生活和工作的场景体验,这样"星巴克"的消费体验就跳出了纯粹身体口腹感官欲求的层面,这种身体体验又加入了心理体验成分,使得"星巴克"有一种高级感。

(三)象征性品牌价值

象征性品牌价值建构是指品牌形象可以为消费者带来某种价值观的社会化象征表达,品牌形象重点在于建设消费者在使用品牌时所取得的获得感、自我提升感、群体成员归属感或自我认同感等。比如"耐克"运动品牌的专业感,"哈雷"摩托车的摩托发烧友的亚文化成员身份归属及其自我认同感等。奢侈品品牌和炫耀性消费多属此类,正如波德里亚所说:"广告透过一个随意的选择且一再出现的符号,激动人心的感性、动员人的意识,而且使得人们在这样的程序之中再度组成集体。广告,便是大众社会和消费社会持续地对自己进行公民表决的途径。"①象征性品牌价值建构的逻辑正是经由这样的品牌符号性的操作而实现的。如表2-6。

表2-6 品牌价值"三向度"

二属性 \ 三向度	实用的	体验的	象征的
功能属性	物质性	生理性	工具性
社会心理属性	抽象性	心理性	精神性

二、个性产生崇拜

形象造成认同,而个性产生崇拜。

品牌形象可以让消费者或公众在众多的同质化产品中迅速选中某个品牌,也就是能让消费者选择这个而不选择另一个,其中的原因更多的不是产品的区别,而是消费者对这个品牌的形象理念的认同,或者说是共同的价值观使然。这种形象理念发展到了极致,就不再是普通的形象,而是一种拟人化的人格特征的表达,即个性实现,也称之为品牌个性。现代品牌战略管理理念中,品牌个性价值,才是品牌形象的终极价值。但是,并不是所有品牌都具有鲜明的个性,就像周遭的熟人朋友一样,大部分熟人朋友的性格是基本接近的,或者说棱角不那么分明的,如果有一、两个棱角分明的熟人朋友,那他一定是给人们留下最深刻印象的、一定是一位突出的、更惹人注意的存在。同理,一个有着鲜明个性的品牌,那么它一定是一个大品牌,一个具有巨大感召力的存在。

那么,什么是品牌个性呢?

品牌个性是指与品牌相连的一整套人格化特征。是品牌文化的人格外化性表达,是指品牌独有而深刻的形象内涵,是品牌被赋予和建构的意义、象征、品位和精神,是品牌管理者与消费者之间沟通的结果,是品牌形象的极致表达。意义积极的品牌个性可以建立消费者的品牌崇拜,形成消费者对品牌的高度认同,创造品牌信仰,最终形成强烈的品牌忠诚。

① 莫少群.20世纪西方消费社会理论研究[M].北京:社会科学文献出版社,2006:155.

(一)国外品牌个性维度研究

著名美国品牌管理专家 David Aaker 首先借鉴人格特质论中的"大五"模型,采用归纳法对品牌个性维度进行研究。研究发现美国文化背景下的品牌个性体系包括 5 大维度,15 个次级维度和 42 个品牌个性特征,五大维度分别为"Sincerity(纯真)、Excitement(刺激)、Competence(称职)、Sophistication(教养)和 Ruggedness(强壮)",这一研究,为品牌个性设定了具体范畴,也为塑造品牌个性设定了标准,具体内涵如下。见表 2-7。

表 2-7　品牌个性体系

5 大个性维度	15 个次级维度	42 个品牌个性描述
纯真	纯朴	纯朴的、家庭为重的、小镇的
	诚实	诚心的、真实的、真诚的
	有益	新颖的、有益的
	愉悦	感情的、友善的、愉悦的
刺激	大胆	时髦的、刺激的、勇敢的
	有朝气	年轻的、活力充沛的、酷酷的
	富于想象	独特的、富于想象力的
	新颖	独立的、现代的、最新的
称职	信赖	勤奋的、安全的、可信赖的
	聪明	技术的、团体的、技术的
	成功	领导者的、有信心的、成功的
教养	上层阶级	有魅力的、好看的、上层的
	迷人	女性的、迷人的、柔顺的
强壮	户外	男子气概的、西部的、户外的
	强韧	强硬的、粗犷的

在此基础上,Aaker 和同事们还对美国、日本、西班牙三种文化背景下的品牌个性维度进行比较研究。结果表明,Sincerity(真诚)、Excitement(刺激)、Sophistication(教养)这三个品牌个性维度是上述三种文化背景下的品牌个性所共有的,而 Peaceful(平和)是日本文化背景下的品牌个性所特有的,Passive(激情)是西班牙文化背景下的品牌个性所特有的,Ruggedness(强壮)是美国文化所特有的,Competence(胜任)则是日本文化和美国文化所共有的。通过比较研究,Aaker 等人提出了不同文化背景下的品牌个性维度具有

差异的论断。

在 Aaker 等人研究的基础上，国外众多学者对不同国家文化背景下的品牌个性维度进行了探讨。

以韩国为研究背景，通过对"麦当劳"等国际品牌的实证研究，测出韩国品牌个性构成维度分别为 Passive Likeableness（被动喜爱）、Ascendancy（支配地位）、Tenderness（赶潮流的）、Competence（胜任）、Sophistication（教养）、Traditionalism（传统）、Ruggedness（强壮）、Western（崇尚西方）。

以澳大利亚为研究背景，以会员制运动组织为研究对象，针对运动组织品牌进行品牌个性维度研究，研究结果表明，澳大利亚文化背景下的品牌个性包括 6 个维度，分别为 Competence（胜任）、Sincerity（真诚）、Sophistication（教养）、Ruggedness（强壮）、Innovation（革新）和 Excitement（刺激）。

以德国为研究背景，研究得出德国文化背景下的品牌个性包括四个维度，分别为 conscientiousness（认真）、emotion（情感）、superficiality（肤浅）和 drive（动力）。动力又细分为 excitement（刺激）和 boredom（厌烦）两个方面。与其他研究不同的是，该研究引入了负面品牌个性。

以印度为研究背景，印度"最值得信赖品牌"高露洁为研究对象，对 Aaker 的品牌个性维度进行检验，研究表明，印度文化环境下 Aaker 品牌个性维度中的"Sophistication"（教养）和"Ruggedness"（强壮）信度很低，这进一步验证了不同文化背景下品牌个性维度构成具有差异的说法。

（二）国内品牌个性维度研究

国内学者在国外关于品牌个性维度研究的基础上，基于我国特殊的文化背景以及不同的产品背景，对品牌个性维度进行了更适合中国文化和中国国情的深入研究。其中学者黄胜兵和卢泰宏通过实证研究开发了中国品牌个性维度量表，并从中国传统文化角度阐释了中国品牌个性维度为"仁、智、勇、乐、雅"，其中"仁"是同 Aaker 等人研究的美国文化背景下的品牌个性维度中的"Sincerity"相对应的品牌个性维度，形容人们具有的优良品行和高洁品质，比如务实、诚实、正直等；"智"是同西方的"Competence"相对应的维度，形容人们聪慧、沉稳、可靠和成功等品质；"勇"与"Ruggedness"相关，形容强壮、坚韧、勇敢等特征；"乐"比较具有中国特色，除包含了"Excitement"的涵义以外，还具有表达积极、自信、乐观、时尚的涵义；"雅"同"Sophistication"相应，涵盖了品位、教养和儒雅等。

　　千家品牌实验室向忠宏对 20 个行业领域 1000 多个品牌进行持续监测与品牌个性分析,提取出针对中国本土化的品牌个性词汇,并将新增的品牌个性语汇对应品牌人格合并为 18 个品牌层面,最终并入 Aaker 提出的品牌个性的五个维度中,提出如表 2-8 所示的适合中国国情的品牌个性维度表达。其中51 个品牌人格中关于"南方""北方"的定义,就是更加中国化的描述,因为中国"南方人"和"北方人"性格上有较大区别度,人们也常用"南方人"和"北方人"这样的词汇来形容某个人的性格特点,而在 Aaker 的 48 个品牌个性描述中则有"西部的"这种更加美国化的表达,因为美国人的文化差异感主要源自"东海岸"和"西海岸"这种东西方向的地理位置区别。

表 2-8　千家品牌实验室中国品牌个性维度表达

5 大品牌个性维度		18 个层面品牌个性		51 个品牌人格
Sincerity	纯真	Down-to-earth	务实	务实,顾家,传统
		Honest	诚实	诚实,直率,真实
		Wholesome	健康	健康,原生态
		Cheerful	快乐	快乐,感性,友好
		Daring	大胆	大胆,时尚,兴奋
Excitement	刺激	Spirited	活泼	活力,酷,年轻
		Imaginative	想象	富有想象力,独特
		Up to date	现代	追求最新,独立,当代
		Reliable	可靠	可靠,勤奋,安全
Competence	称职	Intelligent	智能	智能,富有技术,团队协作
		Successful	成功	成功,领导,自信
		Responsible	责任	责任,绿色,充满爱心
		Upper class	高贵	高贵,魅力,漂亮
Sophistication	教养	Charming	迷人	迷人,女性,柔滑
		Delicate	精致	精致,含蓄,南方
		Peacefulness	平和	平和,有礼貌的,天真
Ruggedness	强壮	Outdoorsy	户外	户外,男性,北方
		Tough	强壮	强壮,粗犷

三、品牌之美

品牌除具有一般品牌符号价值内涵,即前述所谓实用性价值、体验性价值和象征性价值之外,还是大众文化的一个重要内容载体,承担着一般品牌符号价值之外更为深层的道德和审美价值。文化学者马克·波斯特一语中的地指出:"广告可被看作是时间的符号",[①]"是记录了社会的档案",[②]"广告揭示了一个时期社会的紧张感"。[③] 广告不仅是一种商业促销手段,它还是具有丰富意义的文化符号,广告如此,品牌亦如此。大众文化在"日常生活审美化"的现实映照中对品牌符号进行审美解读,并进而昭示其隐含的文化符号审美价值。

消费社会的审美文化,"美"不再是一种抽象的理念或规定,"艺术"也不再是"美"的唯一对应物,"美"真正进入了人们的日常生活,"审美文化"概念超越了经典的"美"或"艺术"的概念,呈现出浓郁的当代性质,集中表现为它对于大众文化的强烈趋同,即浓重的商业性、消费性、形象性、功利性和世俗性,品牌符号承担了越来越多的社会审美文化功能。

围绕着消费社会中审美文化对传统经典美学的概念超越或话语转型,品牌符号审美价值特质概括如下。

(一)品牌符号传播活动中功能性对审美表现性的消解

品牌符号传播活动离不开技术的支撑,而对技术的依赖也使其与生俱来的认识/工具理性自然而然地渗透进了品牌符号传播活动中。与此同时,品牌符号传播活动在消费社会也越来越多地自觉运用艺术和审美的帮助,而当艺术和审美被接纳进品牌符号传播运行轨道时,艺术和审美的原本的审美表现性也就被品牌符号传播活动的认识/工具理性所掌控,一切都变成了一种工具性的存在了。品牌符号传播活动展示的一切艺术表现手法不再是为了表现艺术美,而是要服务于引起注意的实际。品牌符号传播活动功能性对审美表现性的消解形象地表现在各种品牌符号传播实践中,当"思考者"或"大卫"作为

①　[美]马克·波斯特.鲍德里亚与电视广告——经济的语言.转自《电视与权力》[M].天津:天津社会科学出版社,2000:197.

②　[美]马克·波斯特.鲍德里亚与电视广告——经济的语言.转自《电视与权力》[M].天津:天津社会科学出版社,2000:197.

③　(美)马克·波斯特.鲍德里亚与电视广告——经济的语言.转自《电视与权力》[M].天津:天津社会科学出版社,2000:198.

雕塑艺术出场时,它所具有的非功利性的审美/表现理性为观众深深感动,而当它成为品牌符号传播活动的一种表现元素时,那种非功利的审美/表现理性就消失得无影无踪了。如此,品牌符号传播活动创意的功利目的性彻底消解了经典美学的神圣意蕴。如图2-18、2-19。

图2-18　手拿"CABLE"皮鞋的思考者　图 2-19　身穿"LEVI'S"牛仔裤的"大卫"

有趣的是类似的古典和现代的经典经常出现在各种品牌符号传播活动中。

(二)品牌符号传播活动的当下性对审美距离感的超越

经典美学的审美观照是一种有距离的沉思,在保留一定的心理空间的自由联想中,主体对审美对象保持一种凝神静观的态度,在细细品味和神思遐想以后,方能慢慢体悟到审美对象的美妙。而品牌符号传播活动是建立在消费时代的浓郁商业和功利氛围之中的现实世界,在现实世界只有最世俗的才是最真实的,大众所追求的是一种即刻的、当下性的满足。因此,有效的品牌符号传播活动应该是最真实的直观感受、最通俗易懂的幸福和快乐,在强烈的生理(视觉、听觉、嗅觉等)冲动下,卸下一切精神负担,消散崇高神圣的耀眼光环。所以,如果说经典审美的要诀是保持审美所需要的距离感,那么品牌符号传播活动实施的则是"参与"的策略,是对距离感的超越,是要拉近距离,不但要使受众参与到品牌符号传播活动中,还要使品牌符号传播活动扩展以至渗透到现实生活中,与大众的审美趣味亲密接触。与经典审美对现实所持的有距离的反思态度相比,品牌符号传播活动的功利目的促使它把自身投入世俗的现世生活中,在少数人的"庸俗"的指责声中实现其自身的意义和价值。品牌符号传播活动能够做到这一点,实际上凭借的就是对日常生活的反省和对大众审美趣味的体察和把握。特别是日常生活日益科技化的当下,品牌符号传播活动也加紧用科技武装自己以与生活同步,在品牌符号传播活动中,各种新兴科技和现代媒介都被各色广告人娴熟地运用,互联网和高科技的声、光、电制作出的绚丽多彩的品牌符号传播活动,使受众在充满震撼力的感官愉悦中,忘记了自己的存在。如图 2-20。

图 2-20 安迪·沃霍尔以"坎贝尔"汤罐头创作的现代作品

品牌符号传播活动与大众文化在粉饰生活现状的合谋中似乎达成了默契,大众陶醉在现实生活的当下满足感,品牌符号传播活动则提供更多满足和陶醉的理由,两者都不需要对现实的批判,因为对生活现实的批判就意味着对自身的否定和随之而来的精神世界的痛苦,世俗享乐超越精神意淫才是大众生活的本质。所以,品牌符号传播活动自然地远离了阳春白雪而俯就了下里巴人,大众所需要的就是品牌符号传播活动所奉献的。

(三)品牌符号传播活动中时尚性对审美风格的扬弃

风格是美学尤其是古典美学的一个重要范畴,一个艺术家终其一生所追求的就是形成自己的独特创作风格。主体性原则在艺术创作中起着至关重要的作用,"一件艺术品本质上是内心世界的外化,是激情支配下的创造,是诗人的感受、思想、情感的共同体现"。① 这就使得艺术家创作出的艺术形象带有鲜明个人化特征,结合特定的表现形式就形成了创作者独有的风格,举凡古今中外的艺术大师莫不如是。而品牌符号传播活动因其特定的功利目的性以及他在他为的特点,和艺术作品生产主要表现主体性原则、率性而为、自由创作不同,品牌符号传播活动要迎合目标受众的需要,这目标受众不是某一个具体的人,而是消费社会中的类型化的大众,是丧失了个别性的、平均的、同质的集合单位。为了满足这种大众的无个性的需要,品牌符号传播活动就应该采用统一的模式化操作并推出统一的产品造成统一的需要。如此品牌符号传播活动最终推出的就是流行或时尚,风格在此被僭越了。

　　风格实在是属于自发的纯艺术范畴,是艺术创造的内在逻辑使然,因此,某一特定风格的艺术作品也就有了特定的意义和内涵。品牌符号传播活动也注意到了这一点,在许多品牌符号传播活动创意中也有对风格和意义的刻意模仿,但这些更多的还是沦为了流行和时尚。究其原因是在于原本存在于欣赏者和艺术品之间的单纯审美关系,在消费社会的背景中变成了受众与时尚之物的消费关系。如果说艺术创作是在努力坚守着一种旨在形成风格的深度美学的话,那品牌符号传播活动则表现为一种无风格的、消解深度的平面美学。必须看到的是,在这种平面美学中虽然看不到艺术风格的悠远内蕴和生命体悟,但其对世俗生活的美的追求仍然是积极和有意义的。如图 2-21。

图 2-21 "绝对"牌伏特加广告"绝对北京","绝对布鲁塞尔","绝对波士顿"

---

① [美]艾布拉姆斯.镜与灯[M].中国当代审美文化研究.北京:中国人民大学出版社,1997:104.

　　"绝对"牌伏特加酒品牌传播成功的奥秘就在于对经典美学的"风格"模仿,众所周知以"绝对"牌伏特加酒瓶和各种有代表性的符号组合而成的广告招贴独树一帜,已成为"绝对"牌伏特加品牌创意的独特风格,几十年来作品上千,成为很多人的艺术收藏。

　　综上所述,品牌符号传播活动中功能性对审美表现性的消解、当下性对审美距离感的超越、时尚性对审美风格的扬弃,是消费社会的现实语境中美学的或曰审美的新的特质,也正是品牌之美的内在品质。

附文 2：品牌与符号的故事

没有规矩，不成方圆

"没有规矩，不成方圆"，很多人把这句话当做是一句民间俗语，实际上，这句话的出处是《孟子·离娄上》，原文为："离娄之明、公输子之巧，不以规矩，不能成方圆"，意思是说：离娄那样视力极好的人，公输班那样的能工巧匠，如果离开了圆规和尺子，也不能画出规范完整的方形和圆形。

方形和圆形是最基本的几何图形，人类最早搭建住所，就是在地面挖一个深至半腰的圆形小洞，然后将洞口粗细的原木插入洞中充当主梁，接着在主梁上方铺上草编，这就完成了一个可以遮风避雨的窝棚。这个形状大概像一个倒置的圆形漏斗，或者如同一把撑开的圆伞，其实就是游牧民族帐篷的原始模样，伊斯兰教圆顶清真寺至今仍保持着这种建筑风格，圆形应该是人类建筑最初的形制。

不过后世房屋建筑却大多是方形或长方形的，这又是为什么呢？原因是考虑到建筑的实际效能，首先，建筑物及外围空间如果是方形的话，就更容易精准地划分界限，其次，四角为直角结构的直立墙壁更坚固，而且方形结构更方便建筑者垒砌，所以，房屋建筑大多是方形或长方形的。此外，方形也特别方便丈量和分割地界，稍加留意就会发现，古往今来人们居住的院落基本是方形或长方形空间，在方便丈量勘界的同时，也更适宜于规划设计和居住的实用性需求等。

圆形和方形符号在人类历史文化中影响深远，"天圆地方"是古人基本世界观，日常生活中圆形和方形概念非常多见，比如锅碗瓢盆、水桶、水杯都含圆形（切面是圆形），桌椅板凳、箱子、柜子都含方形（切面是方形）；汤匙是圆的，刀叉是方的；餐盘是圆的，餐巾是方的；球是圆的，球场是方的；"鸟巢"是圆的，"水立方"是方的。如果让大家随手画一个房子，一般都会画一个方形框架表示四壁，上面画一个方形斜坡表示屋顶，再画几个方形或圆形在墙面上就是门窗。

用房子符号来做品牌标志，也是个脑洞大开的想法，"乐高"就这样做了。全球最大的玩具品牌"乐高"的标志，最显眼的就是三笔勾勒出的那所"红房子"，并且在一块红色方形中标注品牌名"LEGO"。据称"红房子"是为了纪念"乐高"的诞生地，那是"乐高"开始的地方，而"红色方块"和"红房子"的组合，与其创始产品积木玩具的意指契合无间。如图 2-22。

图 2-22 "红房子"——方形的"乐高"品牌符号

美国音乐频道"MTV"的品牌符号元素，也是使用了具有立体空间感的方形标志，呈现出一种富有多元音乐的空间概念，这个变形的方形是不是更像一个房子呢？如图 2-23。

图 2-23 "MTV"品牌符号

既然房子符号可以用来充当品牌符号元素，那么窗户符号也可以了，微软公司标志著名的四色正方形"网格"，设计灵感源自公司产品"Windows"视窗系统标志，其正方形"网格"符号原型实则是一扇飘动的窗户，产品概念及品牌内涵一目了然。如图 2-24、2-25。

图 2-24 "Windows"视窗原型

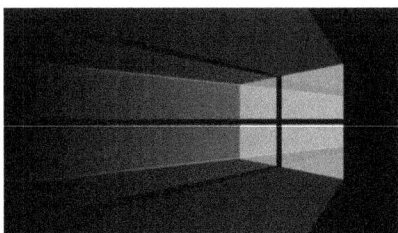

图 2-25 "Windows"10 视窗

　　说了很多方形概念,下面该说说圆形了。如今存世的最古老的房屋建筑应该是遍布欧洲大小城市的神庙和教堂,比如梵蒂冈圣彼得大教堂、德国科隆大教堂、法国巴黎圣母院等,无论是高耸入云的哥特式教堂,还是圆顶教堂或者拜占庭式教堂,其内部穹顶都是圆弧形状的。

　　在这些西方神庙教堂中,现存最古老最有代表性的当属罗马万神殿。万神殿始建于公元前 27 年,其内部设计建造处处体现了这种圆形概念,其整体外观是一个方形和圆形结合的类似圆柱体的形制,穹顶是一个半球状的圆顶,殿内是一个圆形,人们进到里面会发现自己是在一个圆柱体内。万神殿的穹顶正中有一个直径达 9 米的圆形洞口,被称为"天眼",阳光透过"天眼",映照出四季轮回,"天眼"与天地相通,人神相通,人们称这个"天眼"为万神殿的光明路,万神殿圆形穹顶也被称为罗马第一穹顶。如图 2-26。

　　相信大家都知道"孔方兄"的意思吧,纸币流通之前,社会流行铜钱,铜钱的外形为圆形,中间有一个方形的孔,所以人们戏谑地把铜钱称为"孔方兄",实际上铜钱外形的圆即代表着天,中间的方代表着地,这正是古人天圆地方概念的延伸。

图 2-26　"万神殿"穹顶

古希腊数学家毕达哥拉斯在讨论圆形、方形和三角形等形状时,毫不犹豫地视圆形为最美。汉语中"圆"也蕴含一种道德价值判断:圆融、圆通、圆满、圆润、团圆、功德圆满、花好月圆、珠圆玉润、外圆内方、文圆质方等。因此,圆形也常常出现于各种社会组织机构标志符号中。

1913 年奥林匹克创始人皮埃尔·德·顾拜旦构思设计了现代奥运会会徽,他采用了蓝、黄、黑、绿、红五种颜色的五个圆环,五环分别代表五个大洲,蓝色代表欧洲,黄色代表亚洲,黑色代表非洲,绿色代表大洋洲,红色代表美洲,五环相扣寓意五大洲人民牵手团结,"重在参与"才是真正的奥林匹克精神。如图 2-27。

图 2-27　奥运五环

环环相扣带给品牌符号设计极大启迪,德国汽车品牌奥迪(Audi)车标就是以四环相扣而组成的,四环寓意着 1932 年 Audi、DKW、Horch 及 Wanderer 四家厂商合并为一,是团结合作的象征。如图 2-28。

1966 年美国加州的一些银行成立了银行卡协会,并于 1970 年启用"Master Charge"的名称及标志,统一了各会员银行发行的信用卡名称和标志设计。为了强调和纪念该机构因联合而成立的过程和历史,他们在品牌符号元素选择上选用了一个红色和一个黄色的两个部分重叠的圆形组合。如图 2-29。

图 2-28 奥迪车标

图 2-29 "万事达"品牌符号

"没有规矩,不成方圆",诚如所说,方形和圆形在图形符号元素中有着独特魅力,且寓意深厚,从界限分割到建筑形制,从天圆地方到"美"和"善",时时处处意义丰满。

第三章　品牌符号构成

第一节　品牌名称符号

一、品牌元素

所谓品牌元素是指构成一个完整品牌的符号成分，一般意义上品牌符号元素就是指品牌名称和标志，但是一个完整的品牌符号构成元素必定不止于名称和标志，它是一个涵盖更为广泛的范畴。

完整的品牌符号构成元素有：品牌名称符号、品牌标志符号、品牌代言者符号、品牌域名符号、品牌口号符号、品牌声音符号、品牌包装符号和品牌故事符号等。这些元素分属文字符号、声音符号、图形符号、动物符号、植物符号、人物符号、虚拟符号等。其中品牌名称符号、品牌标志符号、品牌代言者符号在品牌传播中最具传播力和外显性，因此本书称其为品牌符号核心构成元素，其余的称为品牌符号辅助构成元素。

二、名称符号元素

品牌名称符号即品牌的名字、称谓，是品牌符号构成中最基本的元素，有区别、指示和说明义，属语言文字符号，表现为声音符号和文字符号，同时因选用不同字体和颜色，又表现为图形符号和色彩符号。名正言顺，一个好的名字，就如同一个好的开始，会起到事半功倍的作用。围绕品牌名称符号的区别性及传播力，卓越品牌名称符号命名原则简述如下。

（一）发音简单清晰

品牌名称符号必然包括声音部分,亦即声音符号,声音符号要求发音简单、清晰,注意与其他品牌名称声音符号的同音、谐音,保证发音的区别性和标识性。"海尔"品牌名称最初为"青岛——利勃海尔",外语音译翻译的地名"利勃海尔"发音复杂且不清晰,严重影响品牌传播,后改为"海尔"发音简单,且保持极高的区别性。另外要注意运用不同语言音译后发音的一致性,要有品牌发展的国际前瞻性,"海尔"的英文发音不仅保持了原发音且有良好的品牌联想,"Haier"谐音英文"Higher"有"更高"的意思,寓意良好,在国际通用语英语传播中也具有积极的品牌联想。

（二）文字易认易写

品牌名称是以便于传播为目的,所以生僻字、难写难认字、多音字等应谨慎采用,因为这类字都会对品牌传播带来干扰,阻碍传播。比如近年央视城市品牌宣传片中一些生僻字、多音字都遇到这类情况,如四川阆中,安徽亳州,在其宣传片中都要给"阆"和"亳"专门加注汉语拼音,当然这属于传统地名无法更改了。

但是品牌命名时一定要规避这些生僻字词,比如著名的台湾电脑公司"宏碁",其中"碁"字到底应该读"qí"还是读"jī"呢? 大陆市场上一直有两种读音,普通话读"qí",但是"jī"的读音一直存在。不过这种稍显混乱的情况在台湾并不存在,台湾市场以及公司内部都一直读"jī"。所以虽然在大陆市场上"碁"字稍显生僻,但并没有影响其成为全球第二大笔记本电脑公司,当然从积极的意义去考察,"碁"字在中文语境中或许也更具识别性价值。

（三）词义内涵丰富

符号释义要求品牌名称词义本身有巨大的意义空间,丰富的社会文化内涵可以在符号化过程中不断地被注入和被阐释,赋予品牌以巨大的想象力和意义生长空间,词义阐释的张力愈大,无限衍义的可能性就愈大。比如前述"宏碁"品牌的英文名称"acer","acer"源于拉丁字,内涵"鲜明的""活泼的""有洞察力的""敏锐的""有活力的"等含义,词语意义丰富,生长空间巨大,阐释力强,符合宏碁品牌愿景,宏碁品牌的良好国际形象与英文名"acer"密切相关。

（四）预置延伸空间

抽象和宏观的命名并不直接触及产品功能、成分和利益等，不针对具体产品做描述，因而名称并不体现产品具体属性。如此，就对将来新产品甚至是跨类别产品沿用成熟的有较好美誉度的品牌名称预置了空间，是一种行之有效的品牌延伸策略。比如"万宝路"在香烟市场萎缩后，菲利普·莫里斯集团将"万宝路"品牌名称延伸到服饰、皮具等产品线上，完全跨越烟草行业，"万宝路"品牌在新产品线上也获得了巨大成功。相反一些描述性较强的名称在品牌延伸方面就显得非常困难，比如"娃哈哈"就比较受限于"儿童"产品这样的概念限制，虽然"娃哈哈"品牌也比较成功地实现了产品线的延伸，但是"儿童"产品的概念始终存在。

（五）符合商标注册

名称作为注册商标的一部分，是受法律保护的，而作为注册商标就必须满足商标注册的要求，商标法明确禁用的名称、词语、专有名词等，在命名之初就要严格筛选。比如县级以上行政区域地名、组织机构专用名称、有违社会公序良俗的词汇等，是不允许作为商标注册的，如"中国"、"红十字"、"WTO"和"基地组织"等。

三、名称符号类型

利平科特顾问公司根据现有品牌归纳品牌名称为以下六类①。

1. 姓名型　　Dell　福特
2. 描述型　　American Online（美国在线）　中国移动
3. 自创型　　Kodak　Haagen-Dazs
4. 内涵型　　Duracell（金霸王）联想　Infiniti
5. 桥梁型　　戴姆勒克莱斯勒　Exxon Mobil
6. 随意型　　Yahool　Apple　Infiniti

根据皮尔斯符号三分法理论，所谓品牌名称符号即品牌名称再现体携带意义即符号释义指向符号对象即机构组织或产品服务，这是一个符号化过程。

---

① ［美］凯文·莱恩·凯勒.战略品牌管理（第四版）[M].吴水龙,何云,译.北京:中国人民大学出版社,2014:119.

因此品牌名称符号一定是由符号再现体、对象和释义共同组成的一个完整符号,所以,依据品牌名称符号再现体与对象和释义的关系可以将品牌名称符号分为三种类型,规约型、指示型和像似型。

(一)规约型

品牌名称符号再现体与符号对象及释义之间没有任何关联,名称凭空生造,完全杜撰。品牌名称符号再现体即品牌名并不天然地携带品牌释义指向品牌对象,相关联的品牌释义是在品牌命名完成之后才强制性地指向品牌对象的,是一种典型的规约符号。品牌名称符号再现体与符号对象之间看不出肖似或指示的关系,品牌名称符号的意义完全由命名人规定。

Kodak

图 3-1 "Kodak"品牌符号

比如:"Kodak""Sony""容声""海信""vivo",这些品牌名称有一个共同特点,就是在原有的语言词汇中并不存在,比如在原有的英语或汉语的语言词汇中,在这些品牌命名之前,这些字母或字词组成的诸如"Kodak""容声"等词语均不存在,是这些品牌名称第一次把这些字词组合在一起的。这些品牌名称组合在一起之后,约定为某个对象的名字,并且将某种意义作为释义指向对象,这些都是人为形成的,是一种强制性的符号规约化过程。如图 3-1。

(二)指示型

品牌名称符号再现体与品牌对象及释义之间含有某种成分、利益或情感联想,品牌名称经阐释、类比、暗示和联想可与相应的机构组织或产品服务相关联,是一种指示性符号。皮尔斯符号学指出,因果邻近性是指示性符号的符号再现体与符号对象之间产生关联的原因,是指示符号的指称方式得以实现的内在机制,因果性是指符号再现体与符号对象之间具有某种因果关系,邻近性是指符号再现体与符号对象之间具有时间和空间上的互邻接近关系。皮尔斯还强调自然的因果邻近关系转变为具有确定意义的指示符号,其中符号释义发挥着不可或缺的重要作用。

　　比如"脸书"(Facebook)、"甲骨文"(Oracle)、"左岸咖啡"、"阿里巴巴"、"飘柔"等。这些品牌名称符号再现体与其指称的符号对象之间均有着因果的或时空邻接的关系，正是基于这种关系的存在，释义才能发挥关联的作用，将符号再现体指向符号对象，符号指称得以完成。

　　"Oracle公司"(中文全称"甲骨文股份有限公司")是全球最大的信息管理软件及服务供应商，公司英文名"Oracle"是"神谕"的意思。"神的语言"和"计算机语言"都是另一种语言编码系统，这就是邻近关系或转喻修辞，指示性符号大多是如此实现其指称作用的。而"甲骨文"作为"Oracle"的中文译名，是一个具有强烈暗示关联意义的符号命名，也是近年来最成功的品牌翻译译名。如图3-2。

图 3-2　"甲骨文"品牌符号

(三)像似型

　　品牌名称符号再现体直接或部分运用了符号对象的成分、功能和利益等，符号释义透明化而直指符号对象，无需任何附加阐释类比，意义和对象自现，是一种像似性符号。品牌名称符号再现体与对象之间的肖似性表现为多元形态，有外在的形象肖似，包括声音的和字形的；有内在的逻辑耦合，而以内在逻辑耦合的像似性居多，文化理据性机制和心理理据性机制在其中发挥着重要的指称作用。比如："衣衣不舍""真粥到""剪爱""胃必治""泻痢停""Walkman""热得快""黑又亮""Windows""中国邮政""蜜炼川贝枇杷膏"等。

　　这种类型的品牌名称符号再现体往往直指产品的功能、成分、效用，从名称即符号再现体一望便知产品或服务的所指。如图3-3。

图 3-3 "Coca-Cola"品牌名称源自两种原材料名"Coca"和"Kola"

四、名称符号谱系

根据品牌名称符号命名方法,提出品牌名称符号命名谱系,目的是给品牌名称符号一个规律性的描述。

品牌名称符号谱系及举例图示如下(见图 3-4):

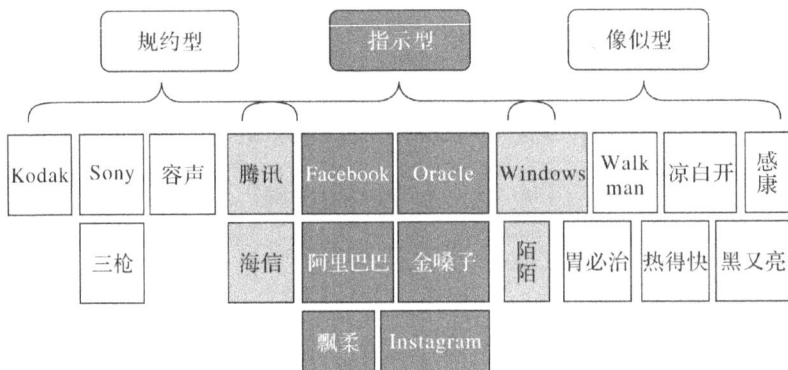

图 3-4 品牌名称符号命名谱系

品牌名称符号谱系,反映了品牌名称符号命名的符号学规律,依规约型、指示型和像似型为顺序呈现规约性由强到弱、理据性由弱到强的符号渐变性质,每种类型之间的区分并不是那么严格和泾渭分明,每种类型之间的过渡遵循渐变的性质。比如"黑又亮"属于典型的像似型,而"陌陌""Windows"就既有"指示型"又有"像似型",属于"指示型"和"像似型"的渐变地带。"腾讯"的"腾"取自创始人马化腾的名字,"讯"意指马化腾的老东家"香港朗讯",所以"腾讯"的名字从词汇上来看是一个新造的词语,属于"规约型",但从其选择这两个字的来历看,应该是"指示型"。"海信"名称也是如此,名称本身是一个自造的组合词,但是又暗指"海纳百川,信誉为上"的意指。所以,也不是那么容易简单归类的,属于渐变性质的命名形式。事实上大部分源自创始人姓名的命名均属此类。

　　这种基于符号学思想的三种类型的分类,相比于利平科特公司的六种类型分类,应该更具体和便于掌握。利平科特公司的六种分类中的"内涵型"和"随意型"其所指有时候是一致的,另外所谓的"随意型"真的有那么"随意"吗?其实每个命名符号都不是随意的,背后都有很多思考和故事。比如"Yahool""Apple"都是有深意的不能简单归纳为"随意型"。所以,如果将这两种分类做一个比较的话,可以概括如下(如表 3-1):

表 3-1　两种名称符号分类比较

规约型	自创型、随意型
指示型	内涵型、姓名型、桥梁型
像似型	描述型

　　规约型、指示型和像似型三种品牌名称符号,并不能笼统的作出优劣之分,三种名称符号各有所长,亦各有局限。

　　规约型:因为是完全生造杜撰词语,所以唯一性强,识别性强,不易被模仿,品牌保护力强;但不易沟通,顾客或公众面对完全陌生无意义的名称,无法建立与产品或服务的关联关系,故需较长时期的广告传播和沟通,但是品牌名称一旦确立,往往会形成强势品牌形象,且易形成国际传播力。

　　指示型:兼有品牌识别性和品牌保护力,同时又能指称适当的产品或服务信息,亦即具有相当的传播力。指示型命名越来越受到欢迎,特别是在初期品牌推广时能够迅速打开市场,与顾客或公众较易形成互动,互联网企业及相关产品和服务,特别青睐指示型命名符号。

　　像似型:特别强调沟通,有着超强的传播力,几乎无须特别的说明,进入市场即能被顾客或公众理解,名称本身为日常用语,公众喜闻乐见,易于口耳相传。但因其属于日常语言符号,所以缺乏识别性,加之描述性太强,待品牌成熟强大之后,容易被模仿,甚至容易由"品牌名"沦为"品类名",如"Walkman""热得快"等,故缺乏品牌保护力。

第二节　品牌标志符号

一、标志符号元素

品牌标志符号是品牌的特殊标记,是品牌独享的最具识别性的符号,也称为品牌标志或徽标,作为公司或组织机构的标识,标志符号象征品牌精神代表品牌形象。依据不同的标志符号类型可将其分为三类,一类是以文字表示的文字符号,一般是由品牌名称组成,如"Coca-Cola""腾讯""Dunhill"(登喜路);一类是以图形表示的图形符号,一般称之为标志,如"耐克"的"对勾"图形,"苹果"的"被咬了一口的苹果"图形,奥运会的"五环"图形;还有一类是文字符号和图形符号的组合,如"中国电信""背靠背"等品牌标志符号。标志符号是最容易让顾客或公众产生记忆的视觉要素。品牌标志符号往往会成为注册商标或注册商标的重要组成部分。

标志符号是品牌视觉构成的主体部分,与品牌符号诸元素一起发挥着作用,图形标志符号很多都属于无法发音的一类,比如"麦当劳"的金色拱门,"宝马"的蓝白相间的十字圆形,但是这些标志符号虽然无法用语音来表示,但是其却起着语言无法替代的区别价值、指示价值和意义价值。

需要强调的是标志符号一定少不了色彩,色彩符号是标志符号重要组成。事实上,很多品牌的标志符号是多种形状和色彩的变体,只要保证顾客或公众能够识别出来,越是著名的品牌这种变体形式就越多,似乎是在显示着某种品牌自信。比如"耐克"的品牌标志符号,著名的"对勾",它无论是以红色、白色还是黑色出现,这个"对勾"无论是大或者小,顾客和公众都能确切地知道它代表着什么。

标志符号的基本价值是区别性,但是却也充满意义,并非空洞无物、徒有其表。一般来说是先有品牌理念然后才有标志符号,因而标志符号一定是其品牌理念的符号表达,这种符号表达内涵于社会文化的语境之中,与其他符号元素共同传播品牌意义。

二、理想特质

理想的品牌标志符号具有如下特质。

（一）简洁风

如同欧洲石匠公会刻石符号,寥寥数笔却变化无穷,鲜有重复,且愈简洁,愈醒目,愈容易记忆。这一点在大品牌标志符号中表现尤其显著,如"耐克"的标志符号"对勾","李宁"的标志符号变形字母"L","奔驰"车标"三芒星","苹果"的"被咬了一口的苹果","壳牌"的"贝壳"和"三菱"车标"三菱形"组合等。

（二）生长性

品牌标志符号常常随着社会经济文化的发展而与时俱进,表现出一种自我生长能力,品牌标志和品牌一样也是有生命的。绝大多数百年品牌的标志符号都呈现出这种与时俱进的生长性,比如"可口可乐""壳牌""通用电气""奔驰"和"abc"的标志演变均呈现这一特质。

图 3-5 "abc"品牌标志演变

（三）趣味感

品牌标志符号往往会独立承担品牌传播的责任。比如一些大型的广告牌或者网页广告,为了抓人眼球和节省空间,经常会仅以标志符号来和顾客或公众互动交流,品牌名称、广告语等均不出现。品牌标志符号呈现出强烈的审美趣味要求,于是,趣味感就成了更具亲和力的品牌符号的美学规范。比如品牌标志符号"被咬了一口的苹果"悄悄地掩饰了高科技企业的那种紧张的技术感,彰显出品牌的优雅感和亲和力,"被咬了一口的苹果"就比"一个完整的苹果"更能表达这种趣味性。于是,技术的冰冷感消失了,顾客和公众在其中感受到了食物、水果的美味。如图 3-6、3-7。

图 3-6　最初的"苹果"品牌标志符号　　　图 3-7　"苹果"品牌标志符号

联合创始人罗恩·韦恩在 1976 年设计的标志符号——"苹果树下的牛顿",杂乱繁复、风格沉郁,不仅毫无生趣,反而传递出强烈的"违和感"。

(四)阐释力

品牌标志符号不只是区别性,它一定蕴含意义,品牌标志符号是品牌理念的符号表达,是具有极强指示性的规约符号,阐释力一般来自社会文化语境,但同时也与品牌主所提供的产品或服务及所属的行业或组织特性相关。关于"苹果"品牌的多种阐释充分说明了这一点,"苹果"在西方文化语境中是一个蕴意极为丰富的符号,其背后蕴含了历史、宗教、神话、智慧和科学等丰富内涵。著名学者南怀瑾曾用"两个半苹果"来概括西方文明,戏称全部西方文明就是两个半苹果的故事:一个苹果是《荷马史诗》中引起特洛伊战争的那只"金苹果",寓意希腊文明,另一个苹果是亚当和夏娃在"伊甸园"偷吃的苹果,寓意《圣经》和基督教——希伯来文明,"两希文明"组成了西方文明最重要的两大源头,而砸在牛顿头上的那只苹果因为时间较短被称为"半个苹果",寓意科技和现代文明。当年乔布斯选中苹果符号来做"苹果"公司的品牌标志,其中蕴含的秘密大概在此:"一只被咬了一口的苹果",某种程度上正是西方文化集体潜意识符号标志。

三、标志价值

纵观市场上无往不胜的大品牌,大多是理想品牌标志符号的受益者,那么,品牌标志符号的重要价值具体来说又有哪些呢?

(一)标志符号更容易被注意和辨识

"读图时代"的当下,新颖且有个性的图形标志,配以适当的色彩,是识别品牌的最有效方式。特别是在互联网时代的各种"App"图标中,文字渐渐隐去,而标志符号越来越强化和凸显。如"美团外卖"App图标,原来图标中露出半身的袋鼠现在只剩下了一个头,两只大大的耳朵竖直竖挺,袋鼠头形象也只保留了黄色和黑色两种纯色,新图标既保留了袋鼠的样子,同时新图标还成为一个跨种族、跨文化的标识,因为它更像是竖起两根手指的"胜利"的手势,传递一种更加积极的品牌价值观。如图3-8。

图3-8 "美团外卖"App新旧图标对比

(二)标志符号传播更便捷无碍且更具衍生性

由于大多数标志是非文字的图形符号,因此在不同语言间的传播会毫无障碍。同时,图形符号不像文字符号那样表意明确,文字符号属于规约符号,其所指完全固定,图形符号既无明确的所指,那么其在品牌的衍生性上便有更大的生长空间,更适宜衍生到不同的品类品牌之上。比如"万宝路"之所以有如此广阔的品牌衍生能力,也应归功于其品牌符号标志的衍生性。如图3-9。

图3-9 "万宝路"品牌标志符号   图3-10 "宝马"品牌标志符号

（三）标志符号更简洁

标志符号大多由非文字符号组成，即使有些标志由符号和文字共同组成，文字一般也是企业或机构的简称，所以标志符号比由文字符号构成的品牌名称符号更简洁。比如著名车企品牌"宝马"公司，广告中就只展示其著名的蓝白相间的彩色车标，亦即其品牌标志符号，从来不说其全称"德国巴伐利亚机械制造厂股份有限公司"，甚至大部分人不知道这个如此长的全称。事实证明，一个出色成功的标志符号会让文字符号显得多余。如图 3-10。

（四）标志符号更易顺应潮流、更利于流行表达

品牌名称确定后一般很难改变，但是标志因为其图形的特点，可以很方便地与时俱进并随时修改。这样可以保证标志符号的审美表达始终走在流行的前列。众所周知，标志符号也是一种艺术审美符号，其本身蕴含的艺术审美观照，实际上也是其品牌号召力的重要组成部分。进入新世纪以来的 20 年中"微软 Office"的图标变化，由繁入简，反映的正是 21 世纪人们追求简约生活的时代潮流。如图 3-11。

图 3-11 "微软 Office"品牌标志符号演变

第三节　品牌代言者符号

一、代言者符号元素

品牌代言者符号是关于品牌形象的一种人格化的符号表达,代言者符号元素一般分为两类,品牌真人代言者符号和品牌虚拟代言者符号。品牌真人代言者符号一般是指以名人、专家、创始人和典型消费者等真实人物或人物形象为产品或品牌代言,简称真人形象代言;品牌虚拟代言者符号一般是指以品牌 IP 形象、经典卡通 IP 形象和数字 IP 形象为产品或品牌代言,简称 IP 形象代言。品牌代言者符号有时和品牌标志符号、吉祥物符号等有类似和重叠,品牌代言者符号中真人代言和虚拟代言有时也会有相似和重复。特别是在高度发达的互联网时代、数字媒体技术给传播形式和内容生产都带来了革命性的改变,"元宇宙""Z 世代""二次元"等亚文化传播语境中,使得这些类似和重叠、相似和重复始终处在迅速地变化和发展之中,很多概念在还未被定义之时已经又发展到一个新的阶段了。因此,品牌代言者符号也是一个概括的称呼,品牌代言者符号包括真实人物、虚拟人物,甚至是动物、卡通符号和 IP 形象符号等。如图 3-12。

图 3-12　"宾尼兔"

品牌代言者符号以真实性和虚拟性分为真人形象代言者符号和 IP 形象代言者符号,其中真人形象代言者符号形态细分如下(见表 3-2)。

表 3-2　真人形象代言者符号分类

名人	专家	创始人	典型消费者
明星类:诺瓦克·德约科维奇、周杰伦、巩俐、亨利·基辛格、唐纳德·特朗普、苏明娟、格蕾塔·通贝里等;"网红"类:papi酱、李子柒、王思聪、李永乐、罗翔等;主播类:李佳琪、辛巴、罗永浩等;历史文化类:孔子、西施、曹操、张仲景、佛洛伦斯·南丁格尔、切·格瓦拉等。	学者型:杨振宁、王耀发、钟南山、潘建伟、施一公、饶毅等;行业意见领袖型:吴晓波、王石、罗振宇、马未都、单霁翔、梁文道等。	创始人:加布里埃·香奈儿、亨利·福特、松下幸之助、理查德·布兰森、马云、李宁、埃隆·马斯克、王守义、陶华碧等;总裁:张瑞敏、江佩珍、董明珠等。	消费者类型形象:家庭主妇、中年男人、"80后"、"二次元"粉丝、"Z世代"、上班族、高中生、空巢老人、留守儿童等;消费者艺术形象:"西部牛仔"、"贝蒂·克罗克"、"杰迈玛姑妈"、"张君雅"等。

IP形象代言者符号形态细分如下(见表 3-3)。

表 3-3　IP 形象代言者符号分类

专属品牌 IP 形象	经典卡通 IP 形象	数字 IP 形象
人物:米其林轮胎人、绿巨人乔利、麦当劳叔叔、肯德基上校、格力高人、康师傅厨师、海尔兄弟、江小白、淘公仔、唐妞、屈臣曦等;动物:老虎托尼、奶牛埃尔西、宾尼兔、Hello Kitty、京东狗JOY、"阿里动物园"、百度熊、盼盼、冰墩墩、雪王等。	圣诞老人、米老鼠、唐老鸭、黑猫警长、小猪佩奇、维尼熊、喜羊羊、灰太狼、史努比、加菲猫、泰迪熊、麦兜、流氓兔、千与千寻等。	虚拟歌姬:初音未来、洛天依、无限王者团、RICH BOOM 等;虚拟主播:绊爱、Mirai Akari、辉夜月、电脑少女 Siro、Nekoma-su、一禅小和尚、翎_LING、默默酱等。虚拟网红:阿喜、柳夜熙、AYAYI、Vila、伊拾七等。

二、真人形象代言

真人形象代言者符号是指品牌代言人是真实世界中存在的人物或者是以

现实社会人物形象为基础加工创作的人物形象符号，其中真实世界中存在的人物又分为名人、专家和创始人三类，而以现实社会人物形象为基础加工创作的人物形象符号是针对典型消费者或消费群体的模拟塑像，其本质是不同于名人、专家和创始人身份的普通人形象。

（一）名人代言符号

名人代言是最传统的品牌代言形式，借势名人的光环效应赋值品牌，名人代言者符号有明星类，"网红"类，知名带货主播类和历史名人类等。

明星类名人是最具社会传播力的代言形式，一般常用名人是当红的文体、政治、社会明星，如网球明星诺瓦克·德约科维奇，娱乐明星周杰伦、巩俐，政治明星美国前总统唐纳德·特朗普，社会明星"希望工程大眼睛女孩"苏明娟、"环保少女"格蕾塔·通贝里等。这些名人形象都是或曾经是大众媒体中的明星宠儿，各自拥有数量庞大的忠实拥趸，是某个领域、某个地区、某个时期的品牌代言符号。

"网红"即"网络红人"（Influencer），是指在现实或者网络生活中因为某个事件或者某个行为而被网民关注从而走红于互联网的人或长期于互联网上持续输出专业知识而走红的人。前者如"papi 酱"、李子柒、王思聪等，后者如"科普网红"李永乐、"普法网红"罗翔等。"papi 酱"是典型的以恶搞形式而成名的网红，但是就是这个自诩"集才华与容貌于一身的女子"，凭借其一手独创并得以衍生的"鬼畜"风格代言了超过 150 余个品牌，包括美妆、食品、教育、手游、电子产品、汽车等多个领域。而其"鬼畜"风格早已不单是她视频风格的整体定调，更逐渐外化为其自身符号价值。

"主播"则是电商平台衍生出来的又一代言形式，依据带货主播的粉丝数量和销售业绩分为顶流主播、头部主播、腰部主播等。如李佳琪、辛巴、罗永浩等顶流和头部主播，其在网络社交平台上的号召力已经远远超越了传统的文体、政治、社会明星，越来越多的产品销售倾向于依靠知名带货主播担任网络代言。

历史文化名人是一定社会文化背景中显著的人文符号，以一种全社会共享的历史文化遗产形式而被再利用，本身具有较强的所指优势。如孔子、西施、曹操、张仲景、包公、佛洛伦斯·南丁格尔、切·格瓦拉等。此类符号除用于商业品牌之外，更被经常用来做公益品牌、形象大使代言使用，如中外合作建立的非营利性教育机构"孔子学院"、张仲景故里兴建的"张仲景国医大学"、西施家乡的"西施故里，好美诸暨"、联合国医护工作者最高荣誉"南丁格尔奖"、中国建筑设计大奖"鲁班奖"、出行服务公司"曹操出行"、快递公司"曹操到"等。历史代言者符号本身有着深厚的历史背景和文化底蕴,品牌可以非常好的借势而为,将原本属于代言者符号的释义,迅捷地附着于品牌之上,为品牌的人格化提供了丰富的文化资源。这种所指优势的代言者符号,具有极强的阐释力和传播力,其所指意义,几乎不言自明,代言者符号个性会轻易地植入品牌个性。如图 3-13。

图 3-13　宛西制药的"仲景"商标

(二)专家代言符号

专家代言是借助在某一领域有重大贡献的学者、院士、教授或在某行业有突出造诣的权威人士做品牌推广或产品背书,常见专家代言形式有学者型和行业意见领袖型。

学者型专家代言的符号价值主要体现在专家自身的学科背景对品牌的信赖感即品牌信誉的背书作用,如诺贝尔奖获得者杨振宁出任西湖大学董事会名誉主席并亲携多名诺奖得主为西湖大学奠基揭幕,即是专家代言的一种符号活动;中国工程院院士钟南山作为呼吸系统疾病专家在中国抗击新冠肺炎疫情中做出重大贡献并赢得社会大众的广泛认可,实质上就是中国政府抗击新冠疫情的一个广受信赖的专家代言符号;同样,有着"中国量子之父"之称的潘建伟为推动中国量子力学、量子通信所作的贡献都是一种专家代言的形式。学者型代言符号具备权威、信赖、专业的特性,多以公益宣传、形象大使、活动推广为目的。

国内最成功的商业品牌专家代言活动是"金嗓子"喉宝最初的品牌代言人华东师范大学生命科学学院教授王耀发,无偿为产品代言并将自己的头像印在产品包装上,为"金嗓子"品牌发展做出巨大贡献。

行业意见领袖型除专业知识背景和从业背景之外兼有名人效应,因而有专业背景的网络"大 V"和著名的公众号作者也常以行业意见领袖身份出现。所以行业意见领袖型代言符号一般是先为自己打造"人设",通过自媒体传播影响粉丝品牌选择。比如财经作家吴晓波利用"泛财经 KOL 人设"为多家金融服务行业品牌代言、站台,近年不断拓展代言品牌,如代言"华祥苑国缤茶",打造中国高端茶叶品牌,代言"8848 钛金手机",力挺高端手机市场,甚至直接开启"新国货首发"直播,一口气代言了 26 个品牌;罗振宇利用自己打造的"罗辑思维创始人人设"跨行业代言多种品牌,"六个核桃""泸州老窖""樊登读书""平安保险"等;从中也可以看出行业意见领袖型代言符号有显著行业外溢倾向和代言形象易变等特点。

(三)创始人代言符号

创始人代言是指品牌创始人或总裁亲自担任品牌代言人,或以自己的姓名、肖像赋予品牌名称命名、商标或标志设计等。传统品牌多以创始人姓名命名,百年老品牌中此种情况尤为突出,中外皆然,如"福特""洛克菲勒""雀巢""古驰""松下""丰田"和"本田"等。这当然是早期所谓"物勒工名"符号标记的历史影响,但是,时至今日仍然有大批品牌热衷于此。比如以 NBA 球星"詹姆斯"命名的运动鞋,以体操王子"李宁"命名的体育用品公司,以褚时健姓氏命名的"褚橙"水果品牌,"老干妈"创始人陶华碧更是直接使用了自己的头像做商标、"王守义十三香"的创始人王守义不仅使用了自己的姓名来命名品牌,同时也使用了自己的头像来申请商标,江佩珍也用自己的头像更换了原来的"金嗓子"配方发明人王耀发的头像,马云、马斯克、张瑞敏、雷军等经常出现在媒体为自己公司品牌进行公关宣传,董明珠则亲自出演广告代言。这些其实表明了创始人代言符号表现形式的多样性和强大的生命力,其强大的生命力正是源自其作为创始人或总裁形象与品牌之间的专属性符号价值。

(四)典型消费者代言符号

典型消费者代言是真实代言者符号中的特殊符号形态,其一方面是以真人形象出现的符号形态,另一方面它又不是像名人代言符号、专家代言符号和创始人代言符号那样是真实存在的现实人物,典型消费者是基于某一类型的典型消费者或消费群体而设计的人物形象,或者说是由演员表演塑造的典型人物形象。

典型消费者代言符号具体分为两类,一类是消费者类型形象,代表某一特定群体,如家庭主妇、中年男人、"00后"、"二次元"粉丝、"Z世代"、上班族、高中生、空巢老人、留守儿童等的人物形象符号,这类符号的核心价值在于以普通人身份展示品牌或产品的使用情景,建立与目标消费者的情感沟通,影响消费者品牌选择。另一类是消费者艺术形象,是指通过艺术加工、模特表演而创作完成的人物形象符号,此类符号是某一类人物的缩影或象征,具有强烈的现实指向性和感召力。如20世纪最成功的典型消费者代言符号"西部牛仔",成功地将一款原本寂寂无闻的烟草品牌"万宝路"打造为畅销全球的国际品牌,其中的"西部牛仔"符号形象,以其粗犷、豪迈的男子汉形象完美诠释了"万宝路"的品牌定位。事实上,"万宝路"的品牌代言人"西部牛仔"正是早期美国西部拓疆时代的"先驱者"或"英雄"的符号象征,"西部牛仔"不仅成功完成了"万宝路"的品牌推广,而且将自身符号即"西部牛仔"形象成功推向了世界。

典型消费者代言符号中最早的消费者艺术形象是1893年美国克里斯·拉特-戴维斯·米宁公司推出的"杰迈玛姑妈",19世纪90年代,这个面带微笑的黑人妇女形象,出现在数以千计的薄煎饼半成品包装盒上。而其原型正是公司雇用的59岁的前黑奴南希·林,在桂格燕麦公司收购该品牌之后沿用至今的商标,则是后来经过艺术设计加工而成的。如图3-14。

图3-14 "杰迈玛姑妈"海报

1921 年,美国金牌面粉生产商为了开拓新市场,推出了一位"发言人",取名"贝蒂·克罗克",但是这个人并不真的存在,只是有名有姓看上去好像存在一样。1928 年,公司与通用磨坊公司合并,新公司推出了一个全国性的广播节目"贝蒂·克罗克空中烹饪学校",此时贝蒂开始说话,也就是说有了声音。1936 年,公司创作了贝蒂的肖像,肖像中贝蒂神情端庄,面带微笑,和蔼亲切。几十年来,贝蒂的形象有多次修饰和改型,直到目前展现在顾客或公众面前的品牌代言者符号——已然是一位超现代的贝蒂·克罗克。据称创作这一超现代形象时,创作者选取了来自不同种族的 75 个女性形象做模特并最终用计算机合成,几十年过去了,她看上去却越来越年轻了,她在网上有 150 多万的 Facebook 好友,还有 Twitter 账号,并有数万网友下载的手机端 App,通用磨坊旗下 200 余种产品都用到了贝蒂来做代言者,贝蒂的性格成功地融入拟人化的品牌个性之中。① 如图 3-15。

图 3-15 通用磨坊品牌代言者符号"贝蒂·克罗克"

2006 年,台湾维力食品推出的"张君雅小妹妹捏碎面",火遍海峡两岸,其中小包装上和广告片中的可爱的小妹妹,亦即品牌的代言者符号——"张君雅小妹妹",是一个八岁的小学生,真名简嘉芸。在这个消费者艺术形象中,"张

---

① [美]凯文·莱恩·凯勒.战略品牌管理[M].4 版.吴水龙,何云,译.北京:中国人民大学出版社,2014:129.

君雅"作为一个代言者符号,实际已经褪去了"简嘉芸"的真实身份,而是以一个新的身份符号,即爱吃"捏碎面"的小朋友出场的,能指还是那个能指,所指已经完全被重新填充了。因此,这个代言者符号被赋予了崭新的所指,某个个体的"简嘉芸"经由新的所指的填充而变身为所有爱吃"捏碎面"的小朋友,"张君雅"不再指向一个个体,而是某个群体。如今"简嘉芸"已经长大成年,而"张君雅"还是那个胖嘟嘟的圆脸小女孩,当然,最重要的是这个"捏碎面"被拟人化了。

真人形象代言者符号中的名人类和专家类,虽然对特定群体有显著的品牌选择影响力,但是作为一个品牌的代言者符号来讲,却有着先天的不足,即时效性。无论是明星、网红、意见领袖和学者专家等,其影响力都是有时间性的,多则几年,少则数月,如此对于一个品牌代言者符号来讲,就会显得过于短促了。一般品牌代言者符号基本要求就是长期性和稳定性,事实上许多品牌代言者符号是终身不变的。

因此,在真人形象代言者符号中历史文化类名人、创始人和典型消费者更具备品牌代言人符号的品质,能够长期或终身为一家品牌做真实代言者符号。历史文化类代言者符号,影响深远,意指明确,且不存在肖像权问题,在品牌符号中较多被使用,有时候被用作标志符号,甚至被用作名称符号直接拿来给产品或服务命名;创始人为自己品牌担纲真实代言者符号,不仅有强大的说服力,而且具有永久使用权且专属唯一,是一种非常高效的真人代言者符号;典型消费者代言符号应该是真人代言符号中最具成长性的符号类型,在品牌的拟人化个性塑造中,会显得更亲切可信,更容易被顾客或公众接受和认可。所以,在真人代言者符号中,历史文化名人符号、创始人符号和典型消费者符号能够走得更远和可持续发展,而明星、网红、意见领袖和专家等更适合做相对更具时效性的广告代言人符号。同时,必须指出具有现实身份感的典型消费者符号和虚拟代言者符号是不一样的,虚拟代言者符号不具备现实身份感,其虚拟性一望便知。

三、IP 形象代言

IP形象代言者符号是指非现实的虚拟化设计的具有人格化特征的符号形象,作为一种虚拟 IP 符号形态存在,依据其不同的生产方式和作用,分为专属品牌 IP 形象、经典卡通 IP 形象和数字 IP 形象三种类型。

（一）专属品牌 IP 形象代言符号

专属品牌 IP 形象代言符号是指品牌独享的由品牌主自创的非现实虚拟符号形象，是品牌专属 IP。这类代言者符号是专为某一确定品牌服务而预设的，但是有别于前述"张君雅"、"贝蒂·克罗克"等典型消费者代言符号，"张君雅"和"贝蒂·克罗克"等都是以现实世界中的普通人为模特而创造的，她们像现实世界中的真实人物一样，仿佛生活在真实的世界中，是作为真实的典型消费者来为品牌代言的。而自创的虚拟代言者一个重要的特点是存在于虚拟世界中，是作为虚拟人物符号出场的。比如"米其林轮胎人""绿巨人乔利""麦当劳叔叔""肯德基上校""格力高人""海尔兄弟"和"江小白"。此外还有虚拟动物类 IP 符号，如"宾尼兔""Hello Kitty""京东狗 JOY""阿里动物园""冰墩墩"和"雪王"等。如图 3-16。

图 3-16 金属感的"京东狗 JOY"

"米其林轮胎先生必比登"是最早的专属品牌 IP 形象，由专业广告设计师参与设计完成的第一个品牌虚拟代言形象"米其林轮胎先生必比登"于 1898 年正式诞生，并成为米其林轮胎的品牌标志，伴随米其林轮胎共同走过了 100 多年的辉煌历程，在米其林的品牌成长史上留下浓墨重彩的一笔。如图3-17。

图 3-17 "米其林轮胎人"——"Bibedum"

"米其林轮胎先生必比登"完全是出自创始人的灵光乍现,但是其并不是单一个例,在美国《广告时代》评选出的美国历史十大品牌形象中,万宝路西部牛仔、麦当劳叔叔、贝蒂、劲量兔子、皮尔斯伯里面团娃娃、奶牛埃尔西、米其林轮胎人、杰迈玛姑妈、绿色巨人乔利和老虎托尼,清一色全是虚拟形象符号。其中"万宝路西部牛仔"、"贝蒂"和"杰迈玛姑妈"符号形象虽然是真人形象,但是在本质上也是虚拟的。

(二)经典卡通 IP 形象代言符号

卡通形象是指通过漫画、动画、游戏和数字媒体技术等形式承载的虚拟形象,常采用拟人化的手法和夸张的造型,塑造个性鲜明、生动可爱的虚拟动物、人物形象。经典卡通 IP 形象是指形成历史长、社会影响大、已经成为某种社会文化符号象征并内涵社会性集体记忆的卡通形象,比如,圣诞老人、米老鼠、唐老鸭、黑猫警长、小猪佩奇、维尼熊、皮卡丘、海绵宝宝、喜羊羊、灰太狼、史努比、加菲猫、泰迪熊、麦兜、流氓兔、机器猫、美猴王、哪吒、聪明的一休、千与千寻等。

经典卡通 IP 形象和前述专属品牌 IP 形象中的卡通形象符号虽然都是卡通形式,同属卡通符号,但是其品牌代言性质不同,前述专属品牌 IP 形象中的卡通符号是专为某一品牌代言者、品牌标志或品牌吉祥物符号而设计的,有着强烈的专属性。而经典卡通形象产生之初完全是一个独立的 IP 创意,与品牌代言符号无关。比如米老鼠和唐老鸭原来是 1928 年世界上第一部有声动画片《威利汽船》中的两个卡通主角,因为其巨大的全球影响力,其制作方迪斯尼公司最先将其用作公司形象代言,此后,迪斯尼公司围绕米老鼠和唐老鸭卡通形象实施 IP 化运营,米老鼠和唐老鸭衍生出来多种 IP 产品,而在这个过程中其自身也成为一个品牌 IP,并开启品牌授权代言多种产品和品牌的运营模式。

经典卡通 IP 形象本身具有丰富的文化符号意蕴,天然地具备品牌的号召力与影响力,是自带流量的代言明星,自带大批"粉丝"型消费者。加之经典卡通形象的典型人格化魅力,符号所指意义清晰且强势,是打造品牌个性的重要利器,起着其他符号无法替代的作用。如神秘喜气的圣诞老人、机智叛逆的美猴王、古怪精灵的一休哥、聪敏帅气的黑猫警长、天真可爱的小猪佩奇、自由享乐的加菲猫和天真诚实的小熊维尼等。此类代言者个个形象生动、个性鲜明,作为一种被异化了的符号介质,极容易拉近与受众或消费者的距离,受众关于经典卡通 IP 形象本身的亲切情感会悄无声息地移情到代言品牌之上。

（三）数字 IP 形象代言符号

数字 IP 形象是结合绘画、动画、CG 等数字媒体技术制作的一种新型虚拟人物形态，是一种以商业、文化等具体需求制作的"养成性"特质的非现实人物形象。随着科学技术的发展，数字 IP 形象不断进化出新的形式，如基于音乐制作软件的数字 IP 形象、基于 3DCG 的数字 IP 形象、基于网络活动的数字 IP 形象、基于游戏的数字 IP 形象，直至虚拟与现实相结合的数字 IP 形象等。

数字 IP 形象代言者符号是指品牌主借用互联网媒体中成熟且有偶像价值的数字 IP 形象符号为品牌代言。数字 IP 形象符号形式多样，目前，最具影响力的符号有虚拟歌姬、虚拟主播和虚拟网红三类。随着互联网科技飞速发展，"Z 世代"兴起，"二次元文化"流行，数字 IP 形象符号受到越来越多的品牌主的青睐，正在成为新的、更具号召力的品牌代言者符号。

在"二次元文化"的浪潮中，"初音未来"为人们展示了这种新型的数字 IP 形象代言者符号的成功运用。2007 年 Crypton Future Media 以雅马哈的 Vocaloid 系列语音合成程序为基础开发了一款音源库，为了打开市场，公司为该产品设计了一个动漫风格的虚拟少女歌手形象，16 岁的年龄，充满未来科技感的造型、标志性的葱绿色双马尾形象，起名"初音未来"，寓意"来自未来最初的声音"，同时赋予其"可爱"、"酷"且"有趣"的"人设"风格。借助于全新的语音合成技术、全息投影技术以及全民创作的商业模式，Vocaloid 系列产品一经推出便大获成功，而"初音未来"也从单一的作为封面的动漫形象而变为一个全方位人格化的虚拟偶像。并且围绕着这个虚拟偶像衍生出了一系列产业，大大颠覆了以往大众对于单一的音乐软件或者虚拟漫画形象的认知，后来"初音未来"引起如此巨大狂潮，连亲手将她推向市场的"CFM"公司都意想不到。这种成功的营销方式也直接催生了一大批虚拟歌手的诞生，这个虚拟世界中的葱色头发的少女符号，渐渐地走出了产品本身，而成为一个完全独立的 IP，成为各大厂商的品牌符号"宠儿"，代言、授权产品种类从互联网、时装、汽车到生活用品，世界各地都有其踪迹。2017 年小米手机推出"红米 Note 4X"时，选用"初音未来"为其担纲虚拟代言者，一炮而红。小米与"初音未来"的合作虽出人意料却也在情理之中，"初音未来"和"红米"吸引的都是年轻用户，"初音未来"的身上也很好地体现了"红米"手机的科技感和未来感。如图 3-18。

图 3-18 "初音未来"

当下数字 IP 形象符号成长迅速,每天都有大量新的数字 IP 形象诞生,但是数字 IP 形象更新迭代也非常快,能够连续数月登上虚拟偶像排行榜的均属成功之作。从这个意义上来说,上海禾念公司的虚拟歌手"洛天依"应该是国内数字 IP 形象中最成功的一个,"洛天依"自 2012 年问世以来,直到 2022 年仍然高居多种数字虚拟偶像排行榜前列,微博粉丝数达 516.3 万,B 站粉丝数达 295.8 万,发布专辑 962 张,原创歌曲高达 6189 首。成为炙手可热的虚拟代言者符号为众多大品牌追捧,几乎上遍了央视、各大卫视,甚至站上了 2021 年的春晚舞台,并登上了 2022 年北京冬奥会的舞台。十年来已经与长安汽车、百雀羚、肯德基、森马、三只松鼠、美年达、浦发银行、必胜客、交通银行等合作代言,2022 年 6 月十周年诞辰之际成为首位入驻上海杜莎夫人蜡像馆的数字虚拟偶像蜡像。

如今,类似"初音未来""洛天依"类型的数字 IP 形象与现实生活的关系变得越来越紧密,虚拟与现实也在互相融合,虚拟代言者与真实代言者的边界也变得越来越模糊,品牌代言者符号的数字虚拟时代已经到来。

四、代言者优势

品牌代言者符号源头异彩纷呈,无论是真实代言者还是虚拟代言者,都有着丰富的社会文化意蕴和无穷的想象力空间。因此,它在确立品牌符号认知和建立与消费者或公众互动关系中均具有非常重要的作用。

(一)建立可感知的沟通关系

品牌代言者符号的核心作用是完成品牌的拟人化表达,当品牌具有人性化品质时,顾客和公众就会很容易和品牌建立关系。"阿里动物园"是人们对阿里巴巴集团旗下一系列以动物为代言者符号的品牌的戏称,从中传递出的即是该系列动物形象带给消费者的亲和力。诸如"蚂蚁金服"的"蚂蚁"、"闲鱼"的"鱼"、"菜鸟裹裹"的"菜鸟"、"天猫商城"的"猫"、"飞猪旅行"的"猪"、"钉钉"的"雨燕"、"神马搜索"的"马"、"盒马鲜生"的"河马"、"虾米音乐"的"虾子"和"平头哥半导体有限公司"的"蜜獾"等,这些动物符号指向一个共同的特点,生动、可爱且有趣。这个动物园现在已经有二十余种动物,相信随着阿里巴巴公司的发展还会有更多的动物源源不断地加入进来,这些有趣的动物形象符号非常好地与公众特别是年轻消费者建立起可感知的沟通关系。

(二)提升品牌延伸能力

品牌代言者符号能指一般是人物或动物形象,所指也不直接指称产品或服务,因此,其所指能够在不同的产品或服务中方便地跨越,品牌延伸能力强。比如"Hello Kitty"从指代一个小钱包开始,一直衍展到服饰、玩具、电子产品多种品类。"初音未来"也是与手机、服饰、化妆品、日化用品等多种品类都有合作,虽然品类跨度极大,但是丝毫没有突兀之感。

(三)聚焦产品利益点

"金霸王"(Duracell)和"劲量"(Energizer)是全球最大的两家电池品牌,两大品牌不是冤家不聚头,两家的品牌代言者符号都是一只不知疲倦的跑来跑去的"粉红色的兔子",为了这只兔子两大品牌打了多年的官司,至今也没有争出输赢,两家都不放弃,共同使用一只兔子来做代言者符号。表面上看两家争的是这只"粉红色的兔子",实际上两家争的是这只"粉红色的兔子"所内涵的社会化意义,换句话说"兔子"只是能指符,两家争的是"兔子"的所指意,亦即"劲量"的品牌口号所表达的"Keep going"("总是在走")的永恒持久的产品特质,电池的超长续航能力才是打动消费者的利益点。

(四)超强的品牌背书能力

能够被选择出来做品牌代言者符号的社会文化符号,一定是本身即具备相当的符号资源优势的符号,也就是"自带光环"的那些强势符号。这类符号一般以人物为主,这些人物都是在某些领域、某些地区或某些国家甚至整个社会都有相当影响力的人物,其中又以历史人物为主。历史人物除前述孔子、鲁班和华佗等真实人物,其实还包括历史传奇小说演义中的人物,比如"济公"、"花木兰"和"金刚"等。当代或现代人物则以创始人符号为主,比如"李先生加州牛肉面大王"的创始人"李北祺","大娘水饺"的创始人"吴大娘","褚橙"的创始人"褚时健"和"金嗓子"的创始人"江佩珍"等,这些创始人无一例外地把自己最重要的符号"脸"印在了品牌标志或品牌包装上。实际上福特之于福特公司,松下幸之助之于松下公司,洛克菲勒之于洛克菲勒公司,马云之于阿里巴巴,雷军之于小米,马化腾之于腾讯等,本质意义上都属于公司品牌代言者符号,只是他们没有把自己的头像印在公司的品牌符号标志上而已,但实际上他们为品牌的背书无处不在。

(五)品牌形象长期稳定

品牌代言者符号不同于一般广告代言人,一般广告代言人是针对某一次或某一阶段的品牌广告服务的,重点是代言人的阶段性的影响力,当代言人在社会上热度渐退的时候其广告价值就会大大降低,而且此类"流量明星"一般也不会只为某一个品牌做代言,常常是在大红大紫的时候同时为多家品牌服务,所以大部分情况都是临时性的。品牌代言者符号则不同,无论是真实代言者符号或者是虚拟代言者符号,其服务的对象单一持久稳定,特别是创始人符号,专属品牌 IP 形象符号等作为专属品牌代言符号,其符号指称对象唯一、指称性质恒久。

第四节　品牌符号辅助元素

品牌名称符号、品牌标志符号和品牌代言者符号是品牌符号核心元素,除此之外,还有品牌域名符号、品牌口号符号、品牌声音符号、品牌包装符号和品牌故事符号等,这些品牌符号构成称为品牌符号辅助元素。

一、品牌域名符号

域名,URL(Uniform Resource Locator,统一资源定位符)用以确定互联网网页地址,品牌域名即是指品牌在互联网中的地址,人们借助域名可以在互联网地址栏中直接搜索到品牌主。品牌主在现实空间中是有具体的门牌地址的,如坐落在某市某区某街道某号,品牌主在网络虚拟空间同样有一个门牌地址,这个虚拟空间的门牌地址就是品牌域名。1985 年 1 月 1 日,域名史上第一个域名 nordu. net 被注册,但是申请者寥寥无几,直到 20 世纪 90 年代中期全球域名也只有几千个。但是,随着互联网高速发展各类机构组织甚至个人蜂拥而至寻求网络空间,注册登记的 URL 迅速增加,发展至今每三个字母的组合及常用英语字典的所有单词均已被注册。

欧美等英语系国家上网人口普遍使用键盘直接输入单字或词组于浏览器网址列的习惯远高于在搜寻引擎输入字词,因此耳熟能详的单字域名网址,就如同现实社会市中心顶级闹市区的门店,不请自来的访客源源不绝,因此不需要打广告就有惊人的流量。

2008 年 3 月 11 日成交的 fund.com 域名,即特别基金管理机构的域名,成交金额高达 1000 万美元。所以一般想到的常用单字及组合字词早已被注册。

双叠字母 com 域名全球仅有 26 个,数量稀少,价值难以估算。

AA.com:美国航空公司 American Airline 的官方网站。

CC.com:Viacom 旗下的喜剧视频网站。

FF.com:乐视战略合作的超跑品牌网站。

JJ.com:著名母婴品牌强生的官方网站。

OO.com:著名公益网站

QQ.com:中国社交巨头腾讯的官方网站

YY.com:中国知名语音网络直播平台 YY 的官方网站。

TT.com:德国著名新闻网站。

品牌域名符号在品牌名称符号诸元素中相对简单,但不容忽视,及时注册和保护域名在高速发展的互联网时代显得越来越重要。简单、富于联想力和便于记忆是制定品牌域名的关键。当然,上述双叠字母和直接关联的专有名词(fund.com)都是最好的域名,但是这类词毕竟有限,双叠字母总共只有 26 个。那么有创造性的个性化的品牌域名符号就变得非常有效了,比如"Yahoo",创始人杨致远和戴维·菲洛最初将他们的互联网门户网站命名为"Yahoo",域名即公司名称"yahoo"。该词以"Ya"开头,是一个复合字,代表"另一种"(Yet Another)的意思,开始他们起了一个名字 YACC,意思是 Yet Another C Compiler(另一个 C 语言编译程式),但这个名字已经有人先用了,两人因此决定想出一个更别致的名字,菲洛想到了"Yahoo"这个名字,他回忆说小时候其父亲常常这样叫他,这个名字也源自《格列佛游记》中的一个名字,有"粗鲁、单纯、笨拙"之意。根据这个名称,他们后来创造了更加复杂的首字母缩略语"Yet Another Hierarchical Officious Oracle"(另一种非官方层级化体系）。当然，这已是后话了，应该是品牌故事符号的一种叙述方式了。

二、品牌口号符号

品牌口号符号是指用来传递有关品牌的描述性或说服性内容的短语，属于语言符号，是品牌理念的口语符号表达。因而要求语言符号简短，口语化，易于记忆和传播。品牌口号通常出现在广告中，广播、电视或其它网络视频广告的开头或结尾，或者是平面广告的醒目位置，起着点题的作用。

品牌口号符号是品牌元素中用语言文字来传递信息的符号，语言文字是表意最精准且内容最丰富的符号，因此，品牌口号符号在品牌符号中占据着特殊重要位置，它与品牌名称符号一起建构品牌符号丰富的阐释力，帮助品牌主迅速准确地确立品牌在顾客或公众心智中的含义，帮助顾客或公众更进一步地了解品牌内涵，建立良好的信任关系。所以，品牌口号符号一般是指伴随品牌成长多年的经典广告语。但是，同时也要明白品牌口号符号是所有品牌符号元素中最容易被改动的，或者是最具与时俱进精神的。

品牌口号符号要求易于记忆和口耳相传，要充分考虑其语言符号特征。

简短：越简略的符号越容易记忆，对于语言符号来说就是越简短越好，一般十几个字符就属于比较长的了。比如"耐克"的品牌口号"想做就做"，简约精练，准确地表达了"耐克"品牌精神。"Google"公司最初的品牌口号"不作恶"（Do not be evil），2015年演变为"做正确的事"（Do the rightthing），态度和立场更加积极主动，但极简的语言符号形式始终不变。

口语化：一方面要求容易发音、不拗口，另一方面要求发音无歧义、表意单一准确，便于顾客或公众之间口耳相传。口语化的语言符号体系和书面语的语言符号体系是完全不同的"语言"，特别是在网络时代还有相当的网络语言的融入，亚文化语言的渗透等，都是口语化需要重视的变化。比如网易严选品牌口号"好的生活，没有那么贵"，果壳网品牌口号"科技有意思"，雅虎品牌口号"Do you yahoo?"（你雅虎了吗？），"papi酱"的品牌口号"我是papi酱，一个集美貌与才华于一身的女子"。口语化的品牌口号，亲切平易，受众更容易接受。

以下是国内外知名互联网品牌的品牌口号，非常典型地体现了品牌口号符号在符号表达层面的要求。

百度：百度一下，你就知道

网易：做有态度的门户网站

新浪：一切由你开始

搜狐：中国最大的门户网站

腾讯：打造精彩在线生活

阿里巴巴：让天下没有难做的生意

知乎：发现更大的世界

鲜果网：让阅读流行起来

京东商城：网购上京东，省钱又放心

Facebook：比完美更重要的是完成

微软：挖掘你的潜能，释放我们的激情

苹果：变革

YouTube：播放你自己

Ebay：世界的网上购物市场

品牌口号符号在内涵层面的作用可以归纳为以下三点：

首先，品牌口号符号可以通过演化品牌名称来加强品牌认知。比如"百度一下，你就知道""网购上京东，省钱又放心""爱干净，住汉庭""人头马一开，好事自然来"将品牌名称嵌套在品牌口号符号里面，增加品牌名称传播频次，提高品牌认知度。

其次，品牌口号可以将品牌和品类组合在一句话中，牢固建立品牌和品类链接。阿里巴巴的"让天下没有难做的生意"，Ebay 的"世界的网上购物市场"，品牌口号都是对产品或服务的注解，阿里巴巴就是要解决做生意难的问题，Ebay 就是要做全世界的网络购物。

最后，品牌口号可以强化品牌独特定位。鲜果网的"让阅读流行起来"，YouTube 的"播放你自己"，网易的"做有态度的门户网站"，这些都是对自己产品或服务的准确定位。

三、品牌声音符号

品牌声音符号是指品牌听觉识别系统，一般以特有的声音、音乐、音效、歌曲等听觉符号来描述品牌。有时是单纯运用音乐符号，有时是音乐符号与文字符号组成复合文本的形式，比如配以歌词的品牌音乐主题曲。假如把品牌看做是一个人，品牌标志是人的长相，那么品牌声音自然就是人的声音。易言之，品牌声音符号就是品牌的声音 logo，受众不用眼睛，仅听声音也能分辨出对象品牌。所以，品牌声音符号丰富了品牌符号能指，强化了品牌符号听觉感受,从而为品牌与消费者之间建立起更为丰富的情感联系。

品牌声音符号在大众文化中是一种非常有效的品牌传播载体,好的品牌音乐主题曲甚至会成为大众流行文化的一部分。所以品牌声音符号被视为音乐化的品牌口号,在网络视音频占据重要网络流量的互联网时代,品牌声音符号在塑造品牌形象方面起着越来越显著的作用。

20 世纪影业(20th Century Studios)的片头声音已成为识别该品牌的一个重要资产,这段乐曲由美国电影配乐作曲家 Alfred Newman 于 1933 年创作,完整版长达 30 秒,影响了全世界数十亿影众。国内最早的品牌声音符号应该是上世纪 80 年代末"燕舞"牌收录机的电视广告品牌主题歌曲:"燕舞……燕舞……一曲歌来一片情……",这首歌在改革开放初期,对"燕舞"收录机的品牌传播起到了异乎寻常的传播效果,充分展现了品牌声音符号独特的魅力。

品牌声音符号被越来越多的品牌所重视,成为品牌重要的营销利器。特别是全球流媒体技术正在迅猛发展的今天,从"ta-dum"音效作为奈飞(Net-flix)声音标志的开场音频,到英特尔(Intel)标志性的五个音符的品牌声音"Bong",越来越多的带有独特个性且能被立即识别的声音成为"未见其人,先闻其声"的品牌声音符号。事实上,每一个品牌都有其独特的性格及经营理念,透过声音打破种族、语言、地域的边界,为品牌建立专属的听觉声音符号已经成为一种卖场的时尚。维多利亚的秘密(Victoria's Secret)高贵、神秘和性感的 T 台走秀音乐,故宫的古典、庄严和充满历史感的场景音乐,迪斯尼(Dis-ney)的欢乐、儿童和家庭氛围感的背景音乐等,其目的都是在帮助品牌建立起与消费者之间的一种超越语言文字的,或者说不分国别种族的、人人能懂的沟通符号。

总之,品牌声音符号由于其声音符号的特性,不像名称符号、标志符号和代言者符号那样所指清晰明确。声音符号是以非直接的、抽象的方式传递品牌信息,作为一种感性符号,其更多的是在强化品牌听觉方面的个性特征以及与消费者之间的情感共鸣。

四、品牌包装符号

包装是指放置产品的容器或包裹物,是品牌符号构成元素之一。作为单纯的容器或包裹物,包装只需考虑便利使用,阻燃防潮,运输安全,材质环保等硬件功能即可,但是包装本身也是一种符号。所谓品牌包装符号是指包装的尺寸、形状、颜色、文字和图案等软件成分,这些软件成分与其他品牌符号元素共同构筑品牌符号意义。因为,消费者往往是从产品包装开始认识品牌的,比如,可口可乐的红色弧形瓶,各种各样的星巴克咖啡杯,独具一格的"绝对牌"伏特加酒酒瓶。这些与产品共一体的包装是品牌符号不可或缺的重要元素,甚至有时候就是品牌成为品牌的重要原因。

品牌包装符号的功能如下。

品牌识别:通过包装区别同类产品,建立感性印象。比如方便面特有的圆桶形包装,膨化食品特有的真空塑料袋包装,药品特有的小盒和板式包装,瓶装饮用水的透明塑料瓶包装等这些包装都显示着其产品品类属性,或者其本身就是其产品品类的一种特有符号。

吸引注意:在卖场或货架上,通过独特的包装或醒目的颜色,突出和展示产品,在最后一秒钟影响顾客消费选择。

品牌定位:包装可以展示一个品牌的价值定位,是奢侈品类还是快消品类,通过包装一目了然。奢华品牌一定有奢华的形式,比如礼品类、首饰、名表等,包装繁复以彰显尊贵奢华,相反,超市中的日用品类常规包装从简以显其实用性。

五、品牌故事符号

品牌故事符号是指围绕着品牌发生的各种轶事、传说、典故和事迹等。品牌和一个人一样,世事的磨炼是成长中必不可少的,凡是成功的品牌都是"有故事的"。"讲故事"的过程就是不断地赋予品牌丰富意义和内涵的过程,也是塑造品牌个性的过程。品牌正是在这个过程中从一个个单薄的名称、标志变成了一个个血肉丰满的意义符号。

在众多品牌故事中,可口可乐品牌故事无疑是最为人津津乐道的。故事一般会从1886年的美国佐治亚州亚特兰大市的一个洒满阳光的午后花园讲起,药剂师约翰·潘伯顿正在自家花园内捣鼓药水,他将碳酸水、糖、古柯叶和可拉果等原料混合在一个三脚壶里,没想到清凉、舒畅的神奇魔水"可口可乐"就这样诞生了！当然,潘伯顿不愿独享这美味,他把它送到附近药房贩卖,不经意间开启了"可口可乐"的传奇。

至于"可口可乐"的名字则来自潘伯顿的合伙人会计师法兰克·鲁滨孙,起初潘伯顿是用"古柯"(Coca)和"可拉"(Kola)两种原料名组合在一起命名的,但是鲁滨孙觉得两个"C"字母合在一起比"K"更好看,便把"K"改成了

"C"，于是有了一个新词"Coca-Cola"，当然它不仅是一个新词，如今它更是一个多年排名全球第一的最有价值品牌。

这是一段关于可口可乐品牌的最著名的故事，但是他完全是真实的吗？还是就是一段传说或者演绎？实际是不是真实并不重要了，重要的是作为品牌故事符号，它以文本叙事的符号方式丰富了可口可乐的传奇内涵。

如今，几乎所有的机构组织都有自己的品牌档案室或资料室，如"积家""轩尼诗""香奈儿""劳斯莱斯""海尔""华为""阿里巴巴""同仁堂"和"胡庆余堂"等。像可口可乐这样历史悠久的大品牌还有自己的档案馆，档案馆中保存着可口可乐品牌100多年来的各种资料，历年的产品、配方、包装、照片、海报、设计、广告片、文案资料、市场营销活动和公共关系活动史料等，搜集和保存这些资料其实都是在丰富品牌故事符号。

附文3:品牌与符号的故事

"山寨""搭便车"与"青出于蓝"

提起"大白兔""六个核桃""奥利奥""洽洽香瓜子""士力架""康师傅""蜜雪冰城",相信大家都很熟悉,其中有些几十年的老牌子早已融入中国消费者的日常生活并成为百姓生活的特殊记忆。但是如果告诉你实际上你吃的很有可能是"大白免""大个核桃""粤利粤""治治香瓜子""土力架""唐师傅""蜜冰雪城",想必你也只能是"呵呵"了!

人红是非多,品牌红则"山寨"多。"山寨"品牌往往是在商品包装、品牌名称、商标设计、近似字体和谐音等方面给消费者设局挖坑,其"创意"大胆直接,却令人防不胜防。(如图 3-19)

图 3-19 "奥利奥"与"粤利粤""洽洽"与"治治"

这类粗暴蛮横又令人哭笑不得的"山寨"货多出现在乡镇集市上,乡村红白喜事的宴席餐桌上经常会看到,如果大家不那么较真儿或者彼此心照不宣似乎也无伤大雅,所以此类"山寨"货竟也能占据广阔的乡镇农村市场并拥有可观的销售额。此类"山寨"对象多集中于价格不高的饮料、零食、服饰、鞋帽和日用品等产品上,这些产品中的"名牌"往往是"山寨"牌子的重灾区。比如"六个核桃",常见的"山寨"款有"大个核桃""六仁核桃""六颗核桃""七个核桃""八个核桃""九个核桃"等。再比如"特仑苏",如同其著名的广告语所说"不是所有的牛奶都叫特仑苏",它还叫"特伦苏""特浓苏""特仑特""特仑苏""特仑舒",这些似是而非的名字,加上近似的包装设计,直叫人傻傻分不清。由于这些"山寨"产品大多经济实惠,东西也能吃能用,一般人也睁只眼闭只眼懒得去深究,但是此类做法终究是恶意竞争扰乱市场的不法行为,原品牌主一旦诉诸法律"山寨"方肯定是要吃官司的。

相比这些小打小闹甚至有些"恶搞"的"山寨"牌子,还有一类"山寨"就显得比较高级而且在市场销售上也相当成功。近年来引起较大关注的几个"大品牌"有"阿迪王""乔丹体育"和"永和大王",一望而知"阿迪王"模仿的是"阿迪达斯","乔丹体育"依傍的是"Michael Jordan","永和大王"借势的是"永和豆浆"。须知这三家公司开得风生水起,各自在全国拥有数百家连锁店,根本不像是一个"山寨"牌子,更像是一个真正的大品牌甚或行业翘楚。

"阿迪王"在巅峰时期曾一度进军国际广告市场,在 NBA、西甲联赛甚至伦敦奥运会等大型赛事上都曾看到它的身影,其年销售额更是达到数亿元人民币。明明只是个"山寨"品牌,却异常高调,规模已经如此大了,却完全不打算摘下"山寨"标签,终于阿迪达斯于 2008 年一纸诉状将阿迪王告上法庭,官司足足持续五年,最终以"阿迪王"中文商标和品牌标志无偿转让给阿迪达斯而告终,事实就是"阿迪王"消失了。

图 3-20 "乔丹"和"Jordan"

很多人穿了多年的"乔丹"运动鞋都以为自己穿的是"Jordan"篮球鞋,事实上,"Jordan"是"耐克"旗下的专为"飞人乔丹"打造并命名的一款专业篮球鞋品牌"Air Jordan"(见图 3-20),而"乔丹"则是福建晋江的一家名为"乔丹体育"的体育用品公司的运动鞋品牌,二者风马牛不相及。如果告诉你"乔丹体育"最初名叫"福建省晋江陈埭溪边日用品二厂",你肯定会觉得这个名字很"Low",但是这确实就是它的原名。2000 年改名"乔丹体育"之后,这个乡镇小厂就如同黄袍加身,开了挂一般。第一年营业额就超过了 1 亿元,2010 年营业额竟高达 29 亿元,成为国内排名第六的运动品牌。2011 年,在"乔丹体育"踌躇满志准备上市之时,该来的还是来了,"耐克"和迈克尔·乔丹本人一起出手,将"乔丹体育"告上法庭,诉其侵害商标权、肖像权和姓名权等。官司并不顺利,断断续续近十年,随着官司的进行,"乔丹商标案"也成了媒体关注的焦点。虽然"乔丹"和"Jordan"的品牌名称和商标剪影符号一看便知此"乔丹"即彼"Jordan",但是"乔丹体育"就是咬死不承认,辩称其"乔丹"意指为"南方的乔木",还煞有介事地举证中国有 4200 多个叫"乔丹"的人。"乔丹体育"的这波操作着实荒唐,不过最后还是应了那句老话"出来混迟早是要还的",法院宣判"乔丹体育"公司的中文"乔丹"商标侵权,但好歹保留了"乔丹体育"的公司名称。然而"乔丹体育"从"飞人乔丹"那里攫取的符号声誉再也回不来了,"乔丹体育"上市计划也一再流产,原本给其带来丰厚利润的"乔丹"符号也已蜕变为其品牌符号负资产。如今的"乔丹体育"业绩与十年前已不可同日而语,与曾经的竞争对手李宁、安踏相比已经远远掉队。

面对"失落的十年","乔丹体育"痛定思痛,开启了艰难的"去乔丹化"进程,不仅放弃了中文"乔丹"商标,还主动将公司品牌名称"乔丹体育"改为"中乔体育",只是那个原本即属于迈克尔·乔丹的单手持球的标志性剪影符号标志依然保留。看来,"去乔丹化"不仅是一个"艰难的决定",更是一个漫长的过程。"乔丹体育"警醒人们反思"山寨"和创新的关系,"山寨"或许可以迅速获得短期市场效益,但是创新和长程投入才是品牌的成功密钥。

说起"永和豆浆"人们都觉得亲切,品牌符号名称使人自然想起传统老字号品牌名称命名特色,永恒永远,和气生财。实际"永和"这个名字源于一个地名,即台湾省新北市永和区。20 世纪 50 年代,一批台湾退役老兵迫于生计,聚集在台北与永和间的永和中正桥畔,搭起经营快餐早点的小棚,磨豆浆、烤烧饼、炸油条,渐渐形成了一片供应早餐的摊铺。因为这些老兵手艺地道,磨出的豆浆新鲜营养香浓可口,做出的烧饼油条色泽金黄松软酥脆,以致以豆浆为代表的永和地区的各种小吃店盛名远播,传遍台湾全岛。这些早餐铺并没有名号,经营者也没有如今的品牌管理概念,于是,人们便以地名来笼统地称呼其为"永和豆浆"。

然而,由于这些传统小吃全部都是手工作坊式生产,随着老兵们的相继离去,后来的产品常常出现名不副实的现象,虽然岛内各地自称源自永和地区的早餐店越开越多,但永和豆浆的影响却日渐式微。

当时有一位叫林炳生的中介从业者,很有品牌意识,他为区别于市面上五花八门打着各种招牌的豆浆产品,真正重焕永和老兵豆浆的声名,决定以"永和"为品牌来开创他的豆浆事业。1985 年,他在台湾取得"永和"豆浆类商品的注册商标,同年设立食品厂成立弘奇公司,开始机械化批量生产各种浓缩的、袋装的、罐装的"永和"豆浆。由半自动化生产到全自动化生产,产量逐日上升,最终"永和"豆浆几乎遍布全岛各地的豆浆店、学校、超市、便利店、卖场,"永和"成了全台湾家喻户晓的大品牌。接着林炳生又把目光投向国际市场,短短数年,"永和"豆浆连续进入日本、美国、加拿大、泰国等 20 余个国家和地区并广受当地消费者欢迎,发展成为国际品牌。至此,"永和豆浆"作为弘奇公司的品牌事业,全然超越当初永和老兵的街头小店,俨然成为中华传统美食的代名词并走向世界。

1995 年 2 月经国家商标局核准,弘奇公司注册了由"永和"中文文字、"YON HO"拼音字母以及戴草帽的"豆宝"图形三部分组成的图文组合商标(见图 3-21),国际类别为第 30 类(商品类)。1999 年"永和豆浆"正式进入中国大陆,第一家永和豆浆店开在上海浦东,如今,在大陆已经拥有数百家加盟连锁店。

图 3-21　"永和豆浆"商标　　　　　　图 3-22　"永和大王"商标

不仅如此,"永和"的价值还以另一种出乎创办人林炳生意料的形式展现出来。1995 年,上海永和豆浆大王餐饮有限公司成立,并于次年将名称相似的"永和大王"成功注册商标(见图 3-22),国际类别为第 42 类(餐厅服务类),而且和"永和豆浆"一样是经营豆浆、油条类的快餐店。"永和大王"借"永和"之名顺风顺水,迅速发展,短短几年便在全国开出了数百家加盟连锁店。当然,其中"永和"的名称符号价值被其生生地"侵占"了。如今"永和大王"已成

"快乐峰餐饮集团"旗下主打品牌,同样地"永和大王"也引来了"永和豆浆"的诉讼官司,但是和"阿迪王""乔丹体育"的官司结果截然不同,"永和大王"完全保住了它的品牌名称、品牌商标等,因"永和大王"商标注册类别为"第 42 类,餐厅服务类"不同于"永和豆浆"商标注册的"第 30 类,商品类",故有完全的商标法保障。

　　事实上,"阿迪王""乔丹体育"和"永和大王"的做法都属于营销大师艾·里斯和杰克·特劳特所谓的经典定位方法之"比附定位",亦即品牌主将新出品牌"攀比""附着"在某个强大的成功品牌之上,使新出品牌沾上"大品牌"的光,借上"大品牌"的势。正如"阿迪王"比附于"阿迪达斯","乔丹体育"比附于"迈克尔·乔丹","永和大王"比附于"永和豆浆",易言之就是"搭便车"。那么,同样是"搭便车"为什么"阿迪王"和"乔丹体育"输了官司而"永和大王"却赢了官司呢?其中关键之处还是在于"阿迪王"和"乔丹体育"侵害了"阿迪达斯"和"Air Jordan"的商标权(姓名权、肖像权),且本质上仍是"山寨",只是"山寨"的稍微高级一些而已。而"永和大王"除了在注册商标中获得了完全的商标法保障之外,特别重要的是与其说"永和大王"搭乘了"永和豆浆"的便车,不如说"永和大王"和"永和豆浆"都是搭乘了"永和"的便车,而"永和"只是一个地名。

　　"永和"品牌的价值不只是弘奇公司的一个品牌符号,它还是作为豆浆原产地的一个纪念性的地名符号,因此它代表了一种传统和信誉,这个传统和信誉由"永和"而融入到豆浆之中,成为"永和豆浆"品质和信誉的象征。因此"永和"并不需要借助于师傅的手艺或豆浆的口味,而只需借助"永和"的名字即可完成品牌符号价值传承,所以,"永和"才可以由台湾而行走世界。因此,本质上应该说"永和大王"和"永和豆浆"都是搭乘了"永和"的便车,或者说"永和大王"从未搭乘"永和豆浆"的便车,当然就更没有"山寨""永和豆浆"了。

　　"搭便车"和"山寨"之别仅在一念之间,失之毫厘,谬以千里。有人说王勃《滕王阁序》中"落霞与孤鹜齐飞,秋水共长天一色",套自北周诗人庾信《马射赋》中"落花与芝盖同飞,杨柳共春旗一色"。但是从未听人说王勃"山寨"了庾信,人们只说王勃"青出于蓝"。不是吗?庾信诗句落花、芝盖、杨柳、春旗,华林园中,无病呻吟。王勃诗句落霞、孤鹜、秋水、长天,恢弘大度、气象万千,意境高远,"青出于蓝"!

第四章 品牌符号结构

第一节 品牌符号系统观

一、符号是一个系统

索绪尔语言符号学研究,首先将符号系统和非符号系统(文化、社会、政治等)分开,进而将符号系统二分为语言符号系统和其它符号系统。当然,索绪尔研究的是语言符号系统,于是对语言符号系统进一步二分为语言和言语,索绪尔认为语言的研究比言语更能解释和反映语言发展的内在规律,因此,索绪尔语言符号学重点在于语言的研究。紧接着索绪尔继续将语言研究二分为共时性与历时性,并且指出传统语言学侧重历时研究,实际上对于作为系统的语言来讲,存在着方向性的问题,索绪尔将研究转向共时性研究,并且在共时性的研究中,将语言的结构系统二分为组合与选择,将语言符号构成二分为能指和所指。

索绪尔的语言符号学思想对 20 世纪哲学及相关人文科学的发展产生了重大影响。具体来说索绪尔语言学提出的四对语言学范畴,语言与言语、共时性与历时性、能指与所指和组合与选择,将语言学同时也将符号学的研究带到了一个新的高度。为语言学和符号学的研究提供了一个巨大的思想宝库,其中最具思想性的观念是:语言符号的价值、地位或作用不取决于自身,而取决于它在语言符号系统里的位置,取决于语言的系统性语言符号系统如此,其它符号系统亦如此,这种系统性的思想适用于所有符号系统。

语言符号系统是一个整体的结构,系统中的结构关系是一个完整的体系,每一个要素都在系统结构中与其它要素一起共同组成系统,语言符号自身并没有意义,语言符号只有在系统中才能决定自身的意义。那么在整个语言中就存在一个编码系统,就像一个象棋子"马"之所以成为"马",跟它的材质、形状、颜色等等无关,也就是说跟它自身无关。它在棋局中成为"马"的原因有两个:首先是它在系统内必须和其它要素有差异,即可区分;其次就是它在系统中承担"马"的位置和走法,那么它就是"马",它成为"马"的原因不是因为它自身,原因在于它在系统中的位置和与其它棋子的关系,比如它在棋局中承担"马"的角色。

语言符号是一个系统,所有符号都是一个系统,当然,品牌符号也是一个系统。

二、品牌符号系统特征

品牌符号是按照一定秩序和内在规则联系组合而成的具有结构性有机联系的系统。品牌符号系统特征如下。

(一)系统性

索绪尔认为:"观念唤起的不是一个形式,而是整个潜在的系统,有了这个系统,人们才能获得构成符号所必须的对立"。① 在索绪尔的研究中,每一种语言都是一个系统,语言符号在系统内遵循系统内在的规则和结构关系而产生意义,实现沟通交流。

品牌符合系统有其底层逻辑,如同体育运动中的竞赛规则,比如一场 4×100 米接力赛,一般竞赛规则要求每队需由 4 人参赛,4 人以序各自完成 100 米并按规则交接棒。比如某次运动会赛前第三棒选手忽然受伤了,怎么办呢?比赛不能进行了吗? 显然不是,因为教练员还有机会另外选派一名替补选手顶替第三棒选手,丝毫不影响比赛。这个例子告诉人们选手是谁并不重要,重要的是系统,即 4 人以序各自完成 100 米并按规则交接棒。品牌符号的系统性集中体现在品牌符号的组合关系和联想关系中,也体现在品牌符号构成的能指和所指关系中。

---

① 　[瑞士]费尔迪南·德·索绪尔.普通语言学教程[M].高明凯,译.北京:商务印书馆,1980:180.

(二)共时性

索绪尔语言符号"共时性"概念的提出是对语言学研究的重大贡献。所谓共时性研究是指着眼于某一时刻的语言状态,显然其是针对传统的历时性研究而提出的。品牌符号系统的共时性研究是将品牌符号各组成部分作为一个结构化的整体加以研究,重点研究其构成规律和各成分在结构中的关系。

关于共时与历时的区分,一直有一些争论。列维·斯特劳斯在《结构人类学》中举交响乐为例,说一首交响乐是共时与历时配合而成,某个瞬间的和声与配乐,是共时性的,整场演奏是历时性的,巴特说西餐中一道道上菜是历时性的。赵毅衡则指出两位大师错把符号系统的空间展开和时间展开,误作为共时性和历时性了。有的符号文本在空间中展开(例如壁画、建筑),有的符号文本在时间中展开(例如电影、仪式)。在时间中展开的文本,虽然有时间性,但其符号文本仍然是共时性的。[①]

所以,区分共时性与历时性,不是以符号文本的时空展开方式,当符号组合被看成一个文本时,或一个系统时,它们就是共时性的。这正是系统的意义。

(三)透义性

"透义性"(transparency to meaning)是指语言符号作为由音响形象和概念构成的"双面体",在能指和所指之间是完全"通透"的,二者之间没有任何障碍存在。因此,在交流传播中,语言是最直接和便利的,不再需要任何其他中介或符号转译。可以想象一个场景:在实际交往中,只要不是说话人的口音难懂或发音奇怪,作为听者的一方根本不会去注意和理会说话人的发音,即不会注意到能指层面的存在,听者直接反应的就是说话人的所指,这就是所谓的"透义性"。如果这个场景中说话人的口音很重或语无伦次,那么,作为听者会很容易被其口音或表达所干扰,即会很容易注意到语言的能指层面,这样就"不透义"了。

品牌符号的能指和所指之间虽然不具备这种天然的"透义性",一般需要经过转译解读,才能沟通传播。但是强势的品牌符号在经由长期社会文化传播之后,逐渐具备强大的抽象能力,高度概括所指的能力,并且使所指高度精

---

① 赵毅衡.符号学:原理与推演[M].南京:南京大学出版社,2016:69.

确因而最终也会形成相当的"透义性",如同各种文化符号、象征符号、交通指示符号那样一目了然。

（四）稳定性

稳定性,是指个体不能改变品牌符号的能指和所指关系,也不能改变品牌符号的组合关系和联想关系所构成的符号要素关系,更不可改变符号规则。

品牌符号的能指和所指之间没有必然的联系,也就是说二者之间的结合是"不可论证的"。正如莎士比亚说:"玫瑰不叫玫瑰,依然芳香。"品牌符号的任意性,究其实质是一种约定性,这种约定性使得品牌符号一旦形成便相对稳定,正是由于这种稳定性使得品牌符号传播得以便利实现。

但是,必须看到这种稳定性也是相对的,一般意义上品牌名称符号、品牌声音符号、品牌域名符号长期稳定,品牌标志符号、品牌代言者符号、品牌包装符号常有微调,品牌口号符号、品牌故事符号经常与时俱进。

第二节　品牌符号结构模型

一、符号"三元关系"

皮尔斯称:"我所谓的'符号学'是一门研究有关各种可能的符号过程（semiosis）之本质特性及其基本种类的学说（doctrine）。"[①]皮尔斯符号观突出表现为符号"三元关系",作为逻辑学家的皮尔斯在其符号学研究中揭示了一系列的三元关系,比如符号构成三元关系:符号再现体、符号对象和符号解释项;符号对象分类三元关系:像似符号、指示符号和规约符号;符号再现体三元关系:质符、单符和型符;符号解释项三元关系:呈符、述符和议符等。其中以前两种三元关系影响和贡献最大。

（一）符号三元构成

皮尔斯符号学提出任何一个符号都由三项构成,第一项再现体（repre-

_____

① ［美］查尔斯·桑德斯·皮尔斯. 皮尔斯:论符号［M］. 赵星植,译. 成都:四川大学出版社,2014:1.

sentamen)，亦即符形，有时候也称为符号，即某物替代另一物是为符号；第二项即对象(object)，它是再现体即符号形体所对应的所指物。第三项叫做"解释项"(interpretant)是符号的使用者对符号从社会、语境、个人因素等方面做出的评价和反应。皮尔斯指出：

> 符号是某物 A，它把某物 B，也即 A 的解释项(而符号被 B 所决定、所创造)带入与它同样相对应的某物 C(也即其对象)，亦即 A 的对象，由此，A 自身就代替了 C……而所谓符号过程……是一个包含三个主要构件——符号、符号的对象、符号的解释项——的合作过程。而这种三元相互关系式的影响，在任何情况下都不可能被拆分为二元一组的活动过程。①

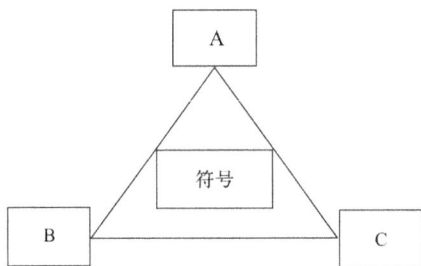

图 4-1　皮尔斯符号"三元关系"图示

这个符号过程及其三元关系(如图 4-1)，可以举例说明如下。比如文字符号"猫"是"再现体"，或者是英文"cat"，与再现体相对应的是客观世界里的所指物，即符号对象——一种"喵喵"叫的小动物。与此同时，每一个人对"猫"或"cat"不同的解释和反应就是解释项，如有的人会想到小时候奶奶家院子里出没的小野猫，有的人会想到小时候姥姥养的一只懒洋洋的大肥猫，有的人会想到"高冷"，有的人会想到"狡猾"或者是"黑猫警长"等。这里可以看到符号过程的复杂性，三元关系中解释项的极其不确定性和阐释的无限性。

(二)释义

皮尔斯把符号可感知的部分，称为再现体，类比于索绪尔的能指，但是索绪尔的所指，在皮尔斯这里分成了两项：对象，符号所代替的；解释项，符号引

---

① ［美］查尔斯·桑德斯·皮尔斯.皮尔斯：论符号［M］.赵星植，译.成都：四川大学出版社，2014：33-34.

发的心理思想。针对这个三元关系,皮尔斯提出符号认识是一个三元之间互涉影响的过程,"符号过程"的认识明确了三元关系是一个合作过程,互相影响,不可拆分,产生符号意义。这样,皮尔斯的三分式,不仅比索绪尔二分法多了一元,更强调了符号过程的表意潜力。正如皮尔斯所说:

> [符号]是任何一种事物,它可以使别的东西(它的解释项)去指称一个对象,并且这个符号自身也可以用同样的方式去指涉(它的对象);解释项不停地变成(新的)符号,如此延绵以致无穷。①

这样,皮尔斯的符号三角就演变成了一个无限释义的开放过程,解释项是符号的意义,解释项本身又是一个新的符号,指向一个新的对象,释义成了"无限衍义"。所以释义是皮尔斯符号学三元关系中最大的贡献,使得符号学从由索绪尔提出能指概念以后侧重于对形式的研究,发展到对意义的研究,符号学研究领域也随之扩大,意义研究成为符号研究重要内容。

二、"三位一体"结构

品牌作为经济社会中最重要的符号之一,作为消费时代的一种特殊文化符号,已经不再是一个单纯的标记,它已经发展成为一个由名称或标志,品牌主提供的产品或服务等以及品牌主的理念表达和受众的主观感受共同组合而成的一个"三位一体"的统一体符号,此三要素结合而成完整品牌符号。品牌不只是指称对象即商品或服务而存在的一个标志符号,同时它还必然蕴含了品牌主的理念表达和受众的主观感受,即解释项意义,"三位一体",缺一不可。如图 4-2。

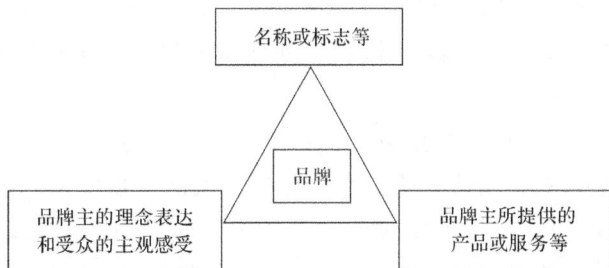

图 4-2 "三位一体"的品牌符号结构模型

---

① [美]查尔斯·桑德斯·皮尔斯.皮尔斯:论符号[M]. 赵星植,译.成都:四川大学出版社,2014:32.

"三位一体"品牌表征模型以皮尔斯符号构成三元关系对应阐释如下:"品牌"即"符号","名称或标志等"即"符号再现体","品牌主所提供的产品或服务等"即"符号对象","品牌主的理念表达和受众的主观感受"即"符号解释项"。比如"海尔"品牌"三位一体"结构模型。如图4-3。

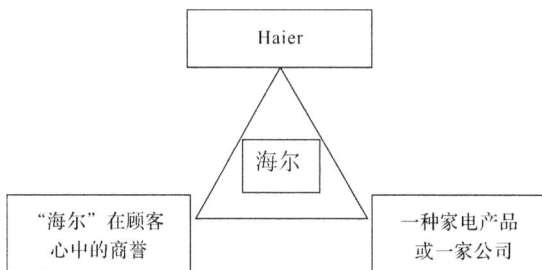

图 4-3 "海尔"品牌"三位一体"表征模型

将品牌符号系统观思想运用在品牌符号识别中,建立品牌符号识别系统已成为品牌战略管理的共识。完整的品牌识别系统(Brand Identity System,BIS),包括理念识别(Mind Identity,简称 MI)、行为识别(Behavior Identity,简称 BI)、视觉识别(Visual Identity,简称 VI)三个部分。其中视觉识别(VI)是最先传递给消费者的,是品牌形象具体化、视觉化的表达形式,因此,往往会构成消费者对品牌的第一印象,第一认知。同时,视觉识别符号也是最具符号传播力和符号价值,最容易被认知、被记忆和被联想的对象符号。比如阿里巴巴的"天猫"标志,京东的"金属狗",联想公司的"Lenovo"英文名称等图像和文字符号设计等。那么,从"三位一体"的品牌结构模型来看,"品牌视觉识别"是什么呢? 或者更进一步地说"品牌视觉识别"与"品牌视觉形象"是一个什么关系呢?

"品牌视觉识别"核心价值是如何让一个产品、服务或组织机构明确区隔自身与他者,它旨在让消费者或公众在乱花迷人的市场中发现并找到自己。"品牌视觉形象"更多的是在"识别"的基础上,通过"识别"进一步地彰显自身的禀赋与优势,具体讲就是品牌主希望它的受众群体在看到或想到该品牌时,能够产生围绕着该品牌的积极联想与美好感受,也可以理解为就是该品牌的"商誉"、"信誉"或"美誉"等。

从符号传播层面来看,品牌视觉识别是多种符号资源的整合,包括品牌名称符号、品牌标志符号、品牌代言者符号、品牌包装符号、品牌口号符号、品牌声音符号和品牌故事符号等。事实上，运用多种符号资源传播企业或机构本身愿景价值观，不仅可以强烈地影响到外界社会对自身的观感，还可以培育先进的组织文化，为组织吸引更多优秀人才。

运用"三位一体"品牌结构模型可以清晰地将"品牌视觉识别""品牌视觉形象"与组织或机构的关系对应如下（如图 4-4），并最终形成品牌形象识别（BI）。"三位一体"的品牌形象识别符号结构图示如下：

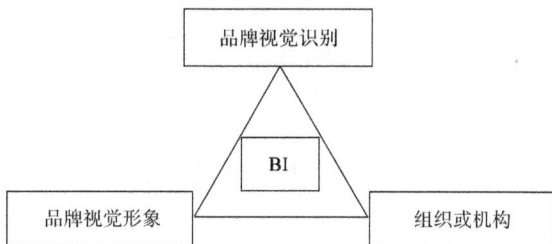

图 4-4 "三位一体"品牌形象识别"BI"三元模型

品牌形象识别是一种特别的视觉语言手段，基于皮尔斯符号三元关系理论，完成"三位一体"的品牌三元模型。一个完整的品牌概念，包括有形的对象客体即组织或机构，无形的解释项即品牌视觉形象，而品牌视觉识别则是引出形象联想的可感知的符号即再现体。这三者构成完整的品牌形象识别符号，沉淀于受众心智而融为一体成为组织或机构的识别符号，其中品牌再现体既可以代表有形的品牌对象，也可以象征无形的品牌释义。

三、品牌符号模型

依据索绪尔符号学的系统结构理论，可知品牌符号也有一套属于自己的话语系统，或者说是"语言"，这套"语言"就是品牌符号系统，根据皮尔斯符号构成三元关系理论，结合品牌符号构成诸元素，设计品牌符号模型如下。如图 4-5。

品牌符号模型完整地呈现了一个品牌符号的系统结构，完整的品牌符号结构是一个两层级、多元素符号构成的系统。所谓两层级是指品牌符号由两个层级组成，第一层级即如图 4-5 中的深色部分，是普通意义上的符号总体表征，一般表现为品牌名称或品牌标志。品牌符号其他元素诸如图 4-5 中的白底色部分包括品牌名称符号、品牌标志符号、品牌代言者符号、品牌域名符号、品牌口号符号、品牌声音符号、品牌包装符号和品牌故事符号等，这些品牌符

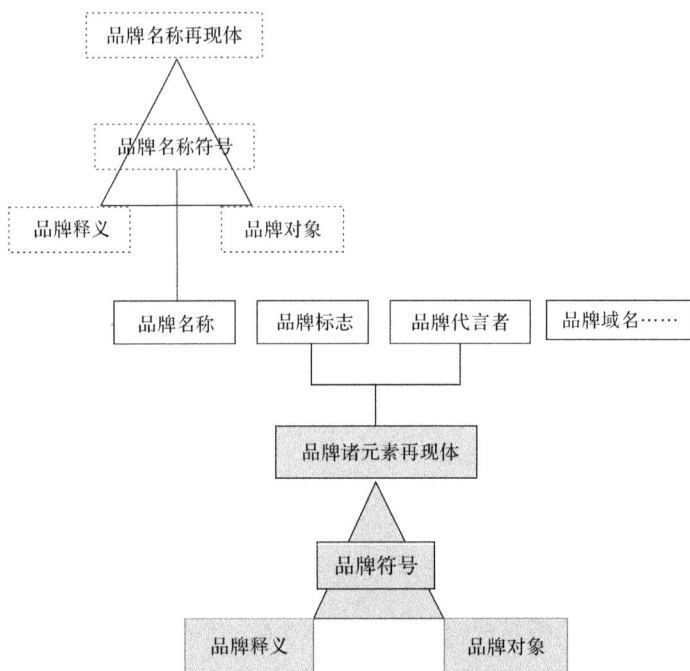

图 4-5　品牌符号模型

号表现为一种隐形地存在,即表面是看不到的;第二层级即前述所谓品牌符号诸元素,这诸种元素潜在地存在于品牌总体表征背后。每一个品牌元素又都是一个独立的符号,依据皮尔斯符号三分法,同样是由再现体、符号对象和符号释义组成,如图 4-5 中虚线部分所示内容。为展示清晰图 4-5 中仅显示了品牌名称符号结构,其它如品牌标志符号、品牌代言者符号等同样表现为此种结构,共同组成品牌符号结构模型的第二层级。品牌二级符号结构系统性地构成着品牌一级符号结构,最终形成完整的品牌符号结构。

比如"OPPO"品牌符号模型如下(如图 4-6)。

打造品牌形象的过程就是符号再现体、符号对象和符号解释项的结构整合,首先品牌主将产品、服务或组织机构的愿景价值观做符号化呈现,而受众所感知的品牌形象联想,则是针对这种符号化呈现的释义。在这一过程中,所有的品牌符号结构元素都积极参与其中,共同指向或者解读品牌符号的意义联想从而形成受众心中的品牌形象。

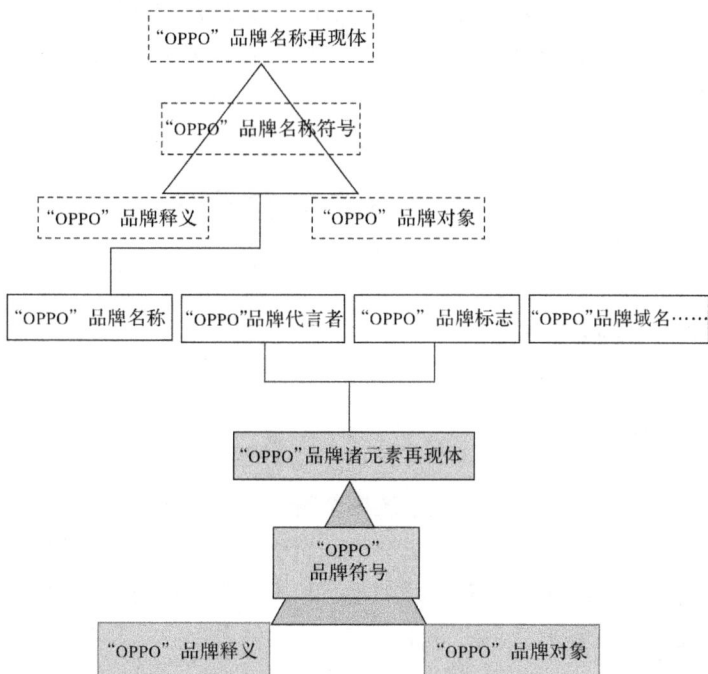

图 4-6　"OPPO"品牌符号模型

　　比如大大小小的奶茶品牌,"喜茶""一点点""CoCo""黑泷堂""张阿姨""快乐柠檬"等,每年每个城市都有多种奶茶品牌如雨后春笋般地不断涌现,有些持久经年,站稳脚跟,但是更多的却是昙花一现,过眼云烟。其中有一款较老的内地品牌"蜜雪冰城",不温不火,始终没有过多地炒作话题和广告推广,但是大江南北,不知不觉已是遍地开花。20 年来"蜜雪冰城"从一家街边小店,自主创业,发展为有着全国连锁规模的冷饮品牌,形成了自己的品牌效应。其发展之初并没有品牌管理介入指导,仅仅是凭着过硬的品质、物美价廉和便利,在饮者顾客的口耳相传中,渐渐地把冰激凌饮品的口感美味映射到了"蜜雪冰城"的品牌名称符号上来,从而在顾客受众群体中越来越认同"蜜雪冰城"的产品,越来越信服"蜜雪冰城"的牌子。近年来随着"蜜雪冰城"主题曲、"雪王"IP 代言、社会公益活动和统一店面设计等现代品牌战略管理手段引入,"蜜雪冰城"最终被抽象化、符号化、象征化,它逐渐取代了背后的对象饮品,可以独立作为一种品牌而存在。正因如此,当它走向全国建立连锁时,品牌效益迅速实现。

品牌识别和品牌形象的确立,必然基于上述的逻辑发展规则,无论是主动的品牌战略管理实施,还是不自觉地品牌创立实践,都是经由这样一种品牌符号逻辑发展规律而实现的。

第三节　品牌符号结构路径

一、"组合与选择"

(一)组合

索绪尔语言符号学指出语言系统围绕着两个不同维度构成,一个是"句段关系",也称连接关系、水平关系、组合轴和组合关系;一个是"联想关系",也称垂直关系、聚合关系、聚合轴和选择关系。组合与选择也是索绪尔语言符号学中最具生命力和阐释力的一对概念。

组合关系是指由不同位置的语言要素在言语现实中形成的关系,是语言要素之间的组合模式。索绪尔说:

> 一方面,在话语中,各个词,由于它们是连接在一起的,彼此结成了以语言的线条特性为基础的关系,排除了同时发出两个要素的可能性……这些要素一个挨着一个排列在言语的链条上面。这些以长度为支柱的结合可以称为句段……一个要素在句段中只是由于它跟前一个或后一个,或前后两个要素相对立才取得它的价值。①

组合关系的特性有以下三点。

1. 邻接性

一系列语言要素排列在一起,在时间或空间上延展,这种延展是线性且不可逆的。比如:"小王爱唱粤语歌"是一个句段,其中的要素就是一个线性的排列,在说话时就是以顺序说出,"小王—爱唱—粤语歌",这就是时间上的延展性,也是不可逆性,这一线性连接即邻接性。

---

① ［瑞士］费尔迪南·德·索绪尔.普通语言学教程［M］.高明凯,译.北京:商务印书馆,1980:118.

2.差异性

每个要素即词语都与其前后要素相对立，才有差异，这样才产生了一句话的意义。如果互相之间没有对立或差异性，就无从产生意义。比如我们可以把上面句子中的三个要素改成互相毫无差异的同一个要素，比如都改为"语"，那么就成为"语语语语语语语"，那么这句话就不知所云了，对立或差异性是符号意义产生的不可或缺的内在关键之一。

3.在场性

组合关系中诸要素均需在场，才能表达完整意义。比如"小王爱唱粤语歌"，每个要素都需要显性在场，缺一不可，否则造成意义缺失，比如"小王"略去，那么就剩下"爱唱粤语歌"了，原来的意义完全改变或者直接说原来的意义完全缺失。

（二）选择

选择关系是指言语活动中具有共同特征或类似特征的要素在心理联想中形成的关系。索绪尔说：

> 另一方面，在话语之外，各个有某种共同点的词会在人们的记忆里联合起来，构成具有各种关系的集合……这些配合跟前一种完全不同。它们不是以长度为支柱的；它们的所在地是在人们的脑子里。它们是属于每个人的语言内部宝藏的一部分。我们管它们叫联想关系。①

与组合关系相对应，选择关系的特性有以下三点。

1.选择性

比如"小王爱唱粤语歌"这句话，其中的每个要素都有相同或类似的要素，可以供选择，比如相对应的可以举出下面一些例子：

小王爱唱粤语歌
小李爱听闽南歌
小张爱读英语歌
詹姆斯爱学京剧

---

① ［瑞士］费尔迪南·德·索绪尔.普通语言学教程［M］.高明凯，译.北京：商务印书馆，1980：118.

上述例句中与第一句相对应的要素,存在于话语行为时的心理活动中,它们可以与相同位置的要素形成联想关系。比如"小王"可以联想到"小李","粤语歌"可以联想到"京剧",这种联想性也决定了这些同一位置的要素可以替代,如果我们替代了句段中的某个或某些要素,这句话的意思也就不一样了。比如"小王"改为"小李","爱唱"改为"爱听","粤语歌"改为"京剧",那就变成"小李爱听京剧"了。

2. 相似性

选择关系是通过心里联想在言语活动中起作用的,这种心理联想是基于句段中某一位置的要素所引起的共同特性或类似性而联想到的,这种共同特性或类似性,即指选择关系的相似性。比如"闽南歌"与"粤语歌"的相似性,才引起"闽南歌"的联想,"爱听"和"爱唱"的相似性,引起"爱听"的联想。但是,必须明确的是,一个选择关系就是一组总体上具有相似性的要素,但是,每个要素都必须与其他要素相互区别才能具有意义。也就是说,其意义是由它与同一联想关系中未被选出的其他要素的关系而界定的。

3. 不在场性

仍然以前面例句为例,其中与"小王爱唱粤语歌"相同位置的要素都是话语行为中的心理活动,"小李""爱听""京剧"这些联想关系都是隐性的,不在场的。虽然不在场,但是它们通过人们的心理活动起作用。索绪尔说:

> 从这个双重的观点看,一个语言单位可以比作一座建筑物的某一部分,例如一根柱子。柱子一方面跟它所支撑的轩檐有某种关系,这两个同样在空间出现的单位的排列会使人想起句段关系。另一方面,如果这柱子是多里亚式的,它就会引起人们在心中把它跟其他式的(如伊奥尼亚式、科林斯式等等)相比,这些都不是在空间出现的要素:它们的关系就是联想关系。①

如果以 X—Y—Z；X1—Y1—Z1；X2—Y2—Z2；X3—Y3—Z3 和 Xn—Yn—Zn 表示语言符号系统的组合关系,以 X、X1、X2、X3……Xn；Y、Y1、Y2、Y3……Yn 和 Z、Z1、Z2、Z3……Zn 来表示语言符号系统的选择关系。那么就可以表示如下:

---

① ［瑞士］费尔迪南·德·索绪尔. 普通语言学教程［M］. 高明凯,译. 北京:商务印书馆,1980:171.

$$X \quad -\!- \quad Y \quad -\!- \quad Z$$

X1	Y1	Z1
X2	Y2	Z2
X3	Y3	Z3
Xn	Yn	Zn

图 4-7　组合与选择关系

从图 4-7 中可以直观看到索绪尔组合关系与选择关系所体现的语言符号的系统性。此图也可被理解为语言符号的横组合轴与纵选择轴的双轴关系。

二、选择轴路径

品牌符号构成结构也是沿此组合与选择关系确定的。品牌战略管理者在完成品牌符号选用时究竟应该怎么去探寻确定选择轴？确定了选择轴的符号后又怎么将其组合在一起从而确定组合轴？这显然与品牌主期望达成的愿景价值观有关系，同时不可忽视的是也与受众认知接受有关系。为了论述的方便，现将选择轴结构路径和组合轴结构路径分开讨论。

选择轴路径就是在意义密切相关的符号谱系中拣选出最能表现品牌主题的相关符号。比如药品类品牌，一般药品类都会表现"生命和关爱"这样的主题，那么与此主题密切相关的符号都进入到选择轴中成为待选符号谱系。具体有自然符号谱系：阳光、雨露、火焰、森林、原野、花朵等，社会符号谱系：哺乳、家庭、亲子、运动、绿色等；如果选用了自然符号"花朵"，那么"花朵"还会衍生出新的相应的符号谱系，比如"花朵"品种符号谱系：玉兰、玫瑰、荷花、菊花、牡丹等；"花朵"状态符号谱系：花苞、花蕊、花瓣，初始、绽放、盛开；还有"花朵"色彩符号谱系：红色、黄色、白色，甚至红色还可划分粉红、玫红、猩红等符号谱系。选择轴就好比是一个符号库，品牌符号选择轴符号谱系纷繁复杂，精准地把握文化语境从繁杂的符号谱系中拣选出最合适的符号，是提炼品牌符号的第一步。

品牌符号选择轴结构路径可以归纳为以下五个驱动点。

（一）品牌业务驱动

品牌业务性质反映组织或机构最核心信息，也是品牌主想要传达给公众的最重要的内容，迅速完整地传递品牌业务性质，可以令受众或顾客在接触品牌时第一时间就能了解品牌所提供的商品或服务等信息，无疑这种信息是最为实在的第一信息,它不同于一般的品牌形象信息那样抽象和更具象征意味。其主要目的就是令顾客看到品牌就能知悉或确定是不是自己需要的目标产品或服务,特别典型的如文化教育行业往往会以图书、文具或博士帽等作为选择轴的首选素材;大型体育运动会经常以运动元素作为首选素材;地方旅游经济开发一般会将本地最具特色的旅游产品作为选择轴的首选符号资源加以开发利用等。

需要注意的是品牌业务驱动,虽然可以很好地建立沟通,令公众迅速快捷地了解品牌提供的商品或服务信息,但是因为品牌业务性质符号呈现过于具体也容易形成今后品牌拓展受限的风险。比如图书、文具或博士帽的符号意义过于具体显著,只能表现文化教育行业,如果将来品牌主有跨行业的经营发展,那么就会受到很大限制。"娃哈哈"的品牌名称和标志均源于其作为儿童饮品最初的经营性质,当它后来延伸出一系列非儿童食品饮料时,原来的这个"娃哈哈"名称和憨笑的小童头像标志无论如何都影响了它的品牌拓展,虽然"娃哈哈"已然是国内饮料市场最重要的品牌之一。

(二)品牌名称驱动

通常受众用来记忆品牌信息的最主要的线索就是品牌名称,市场营销学中称为"指名购买"。无论品牌名称本身是否体现品牌愿景价值观,或者名称本身是否具有显著意义,名称符号元素都会成为设计者首选的符号资源。常见做法是对品牌名称符号进行字形的变形化处理,使其成为一种类似标志的表达样式,既能传递文字本身丰富的内涵意义,又突出了识别性特征,常常会有不同凡响的视觉传达效果,是一种最为经济的品牌推广方法。

传统品牌标志中很多商家会采用篆字处理品牌名称,特别是大篆,因形立意,古拙多变,装饰意味浓厚。比如"六必居""全聚德""胡庆余堂"的招牌设计,显示传统时代人们对汉字视觉表达在传播功能上的充分理解和运用。随着现代品牌管理理念深入人心,相关运用越来越成熟并受到更多设计者的关注,即使有些品牌不以文字名称做标志,品牌设计也会在标志中嵌入关联文字、偏旁部首或汉语拼音等强化辨识度。比如"永久"牌自行车的标志,将汉字"永久"变形处理为自行车的形象,"李宁"品牌中对"L"的变形处理,将"李"的汉语拼音首写字母处理为一面迎风招展的旗帜,"ofo"小黄车别出心裁地将品牌名称英文字母组合为自行车的形状,在共享单车的激烈竞争中一战成名,说明关于象形造字理念确是汉语世界的共同文化记忆。

值得注意的是很多时候品牌名称本身过长,特别不利于符号能指层面的设计表达,那么利用品牌名称简称来替代全称是最常见的做法,一旦使用简称那么品牌名称驱动也应该选择简称中的文字或拼音首写字母等。比如"中国航天科技集团有限公司",品牌名称选择就是"中国航天"和"CASC","北京京东贸易世纪有限公司",品牌名称选择就是"京东","华润怡宝饮料(中国)有限公司",品牌名称选择就是"怡宝","巴伐利亚发动机制造厂股份有限公司(BayerischeMotorenWerke AG)",品牌名称选择就是"BMW"或者"BM",中文简称"宝马","中国第一汽车集团公司",品牌名称选择就是"一汽"。所以,此类选择的第一步就是确定通用简称,通用简称因其简洁、上口、易记,所以更具传播性。

(三)品牌内涵驱动

品牌内涵驱动就是从品牌内涵意义即品牌符号所指去选择相关性意指符号,建立关于品牌的指称和意指,具体而言就是围绕着品牌符号所指意义去选择恰当的符号能指作为构成品牌符号结构的要素。比如"百度"的品牌符号标志"熊掌印"图形能指,就暗合着"百度"品牌所指的"搜索""探寻"的指意,其实在"搜索"的这一选择轴上还有很多符号可供使用,比如"迷宫格""路标箭头""航标灯""指南针""放大镜""探照灯"等。

从能指和所指关系来看,品牌内涵意义本身就是系统结构的一部分,所谓符号的一体两面之所指面。沿着这种思路去完成品牌符号选择是设计者最便利表达品牌形象与定位的做法,然而在具体实践中,也要特别留意这种选择路径还需考虑到更具包容力的象征意义,不至于因为过度限制识别性的认知而影响了品牌延伸能力。比如上述"百度"的识别符号"熊掌印",虽然很好地完成了品牌符号所指的意义表达,但是也有过于拘泥之嫌,将来品牌延伸或许会有影响。

(四)品牌象征驱动

品牌象征驱动是选择轴路径的内在圭臬,通过选取原本即具有深厚文化内涵的强势符号,能够更准确地建立品牌符号象征意义。

2022年杭州亚运会会徽"潮涌",由"钱塘江""钱江潮头""扇面""互联网信号""赛道"及"太阳"六个符号元素组成,其中"钱塘江"符号、"钱江潮头"符号是最能代表杭州人"勇立潮头"精神的杭州地理特色符号,"扇面"符号、"互联网信号"符号分别象征着杭州的历史和现代,此四种符号即是最能代表举办地杭州的强势符号,其符号本身蕴含的自然属性、历史文化和时代特色均直指杭州;而"赛道"符号、"太阳"符号则是代表了会徽的主题——运动和会徽的主体——亚细亚。六种符号均为本身既具有深厚文化内涵的强势符号,品牌符号象征意义显著。如图4-8。

图 4-8 "杭州 2022 亚运会"会徽

三、组合轴路径

通过品牌符号选择轴结构路径选择出相关符号之后,接着就要将这些选择轴产生的符号组合在一起,开启符号组合轴路径工作。实际上选择和组合并没有如此清晰地先后顺序之分,有些时候在组合工作进行过程中也会重置选择轴符号,就如同那个著名的故事"春风又绿江南岸"所叙述的那样,诗人是在确定了组合之后,在"绿"字的选择轴上列出了"到""过""入""满"等选项,最后选择了"绿"。

比如品牌主要表达一种"青春活力"的愿景价值观时,可以从"绿树、青草、旭日、春潮、姑娘、小伙、阳光沙滩、冲浪运动、摩托赛艇"等选择轴符号谱系中挑选一种或几种符号来呈现;如果选择"绿树",它则成为一类可以继续深入细分拣选的选择轴符号谱系:"青松""翠柏""白杨""绿柳"各种不同的"绿树"符号呈现。也就是说当设计者选择一种概念后,就会在自己的经验认知中去搜罗相关符号谱系,去精挑细选最适合表现自己概念语意的符号,反复对比,在这一过程中设计者考虑得越多、越充分,则挖掘的符号谱系就越大。比如这里只是选择了不同的树种,如果考虑到如何更突出地表现"青春"这一概念时,那么肯定还要考虑树的姿态,即姿态符号谱系:"挺拔""婀娜""婆娑""苍劲"等,那么这又是一个新的选择轴符号谱系的开发。

实践中上述品牌选择轴符号谱系的拣选过程和组合轴符号的组合过程是密不可分的，或者说是同步进行的。比如关于"青春活力"的概念，最后选择"挺拔的白杨"、"健壮的小伙"和"越野摩托"组成最后的组合轴，完成品牌符号的"语法结构"，组合为一个完整的符号来表达"青春活力"的主题。

结合品牌符号系统结构原则和品牌符号结构模型，品牌符号组合轴路径细分为如下两个层面。

（一）立体组合

品牌符号结构实质上是符号能指与所指间的呼应，但是由于品牌符号是一个复合式的符号系统，其表达面的构成就包含多种符号元素。比如品牌名称符号、品牌标志符号、品牌代言者符号、品牌域名符号、品牌声音符号、品牌包装符号和品牌故事符号等，而每一符号元素本身又由符号再现体、符号对象和符号解释项组成，最终组合为一种多元、二级的立体结构。因而品牌符号组合轴结构一定要确立立体组合的理念，才能在多元符号、二级结构的复杂能指中，整合诸种元素符号的多元意义，拆解多重能指，协调符号三元关系，最终指向共同所指。

（二）系统结构

作为一个完整的系统结构，品牌符号系统性特点遵循二层级、独立性和整体关系原则，二层级是指品牌符号结构是一个二级结构，独立性是指每个符号元素都可以是单个独立存在，整体关系是指这些独立的符号元素经由二级结构和三元关系最终形成一个完整的品牌符号系统。

为表述方便在此建立品牌符号选择轴和组合轴结构过程三维模型图示如下（见图4-9）。

其中"1、2、3、4、5……系列"分别表示品牌符号结构诸元素，比如品牌名称符号、品牌标志符号、品牌代言者符号、品牌域名符号、品牌声音符号、品牌包装符号和品牌故事符号等。诸符号元素中"1-1、1-2、1-3、……1-n"选项为品牌符号元素选择轴中的备选符号元素，品牌管理就是从这里拣选需要的诸种品牌符号元素并加以组合，这里反映的是品牌符号选择轴的构成和选择过程。"A系列"为以上品牌符号元素选中后组合而成为"品牌符号再现体"，品牌符号再现体"A-n"选项，就是不同的品牌符号再现体最终组合形式，比如"1-1"、

"2-1"和"3、4、5……-1"组合而成为"A-1";"1-2"、"2-2"和"3、4、5……-2"组合而成为"A-2";"1-3"、"2-3"和"3、4、5……-3"组合而成为"A-3";"1-n"、"2-n"和"3、4、5……-n"组合而成为"A-n"。这里反映的是品牌符号组合轴的构成和组合过程。

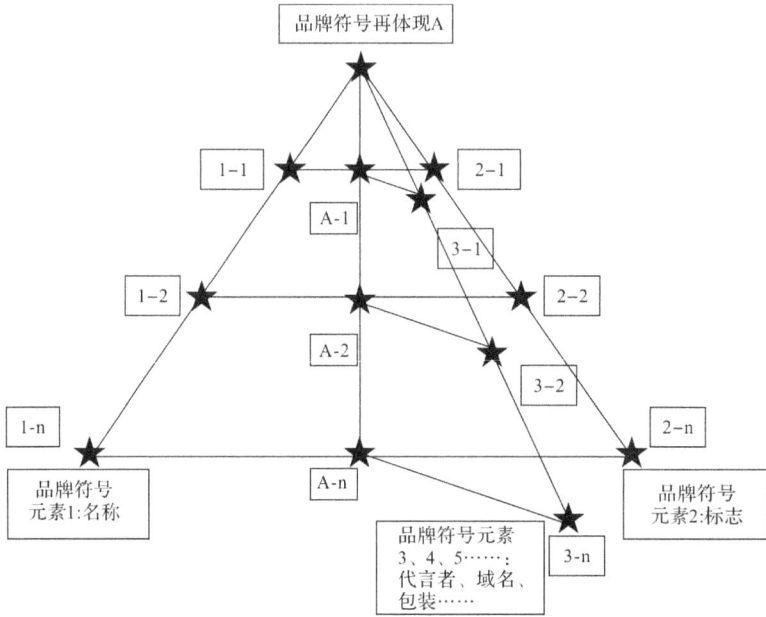

图 4-9 品牌符号选择轴和组合轴结构过程三维模型

附文4:品牌与符号的故事

表情符号":-)"真的很可爱

"表情符号(emoticon)"一词是由含有"感情"之意的英文"emotion"和含有"形象"之意的英文"icon"两字合并创造出来的单词。人们在使用即时通信工具时,由于不是面对面交流,使得许多表情、手势和姿态信息无法传递,造成交流的障碍。为了能够传递和补足文字不能表达的表情、手势和姿态信息,人们借用计算机输入法中的字符符号、字母符号和数字符号等相互组合构成多种类似人脸情绪表情的像似符号,以传达更丰富的说话者的态度或情绪。比如开心、尴尬、害羞、鄙视、发愁和发呆等文字不能表现的情感状态。可以想象为在看不到对方的情况下,借助这些组合符号模仿自己的表情,并呈现给对方。

那么是谁发明了表情符号呢?

1982年9月19日上午11点左右,美国卡耐基-梅隆大学的斯科特·法尔曼(匹兹堡计算机科学教授)在电子公告板中讨论着关于幽默的底线的话题,在思索良久之后,大概在11点44分输入了这样一串 ASCII 字符:":-)"(微笑符号,顺时针旋转90度可看,或者歪着头看),人类历史上第一张表情符号"笑脸"就此诞生。早期的表情符号只有这样的笑脸,所以一度称之为"smiley",也称为最初的"数字微笑革命"。不过此后人们迅速地发现了这种俏皮的数字微笑符号,在枯燥乏味的文字聊天中的妙用,于是,极富创造力的互联网世界潮水般涌出各种意义丰富的表情符号。从此,网络表情符号在互联网世界风行,为社会广泛接受。

这种表情符号传到东方后,东方人使用他们更加丰富的字符让此类文字变得愈发丰富多彩,而且东方化的表情符号不再需要偏转 90 度角就能阅读,并且符号表意也不再仅仅只局限于描绘人的面部表情,更能描绘出人的动作或者动物的样貌等。后来这类表情符号被称为"颜文字",专指通过各种字符、数字、符号所组成的,用以表达话语者的心情与表情的字符画。

比如常用的颜文字符号有:

-D 开心;:-(不悦;:-P 吐舌头;:- * 亲吻 ;;-) 眨眼 ;:-x 闭嘴 ;<※ 花束;:-O 惊讶;$_$ 见钱眼开;@_@ 困惑;>_<抓狂;T_T 哭泣 ;= =b 冒冷汗;>3< 亲亲;≧◇≦ 感动;=_=♯ 生气;(×_×) 晕倒 ;(╰╯) 不满;(=ˆ_ˆ=) 喵喵……

事实上,如今互联网聊天中人们已经很少用到上面这类颜文字表情符号了。今天人们更多地用的是一种更为直观生动的表情符号,人们称之为"Emoji","Emoji"来自日语词汇"绘文字",起源于日本互联网即时通信,"Emoji"的含义是"绘(e =图片)文(mo =写)字(ji=字符)"。最早由日本人栗田穰崇(Shigetaka Kurita)于 1995 年创作,据称他是从幼时常看的儿童漫画读物中得到启示,创作出 Emoji 表情符号这样的既可爱有趣又生动形象的多种符号,让人们在打字时,也能做到如同面对面一样传递丰富的面部表情和肢体语言进行交流。如图 4-10。

图 4-10 表情符号

Emoji 表情以拟人化的生动形象,超越国界与文化,已经成为当下最流行的网络表情。很多人相信,这套表情成了货真价实的"世界语",如今我们已经完全离不开它了。不在文字信息的结尾加上一个笑哭脸,是不是总感觉少了些什么呢？

上面是人们今天常用的微信"绘文字"表情符号，事实上微信、微博、QQ、Facebook 和 Twitter 也都有自己专属的表情符号，当然它们之间大同小异，也有很多是重复的。

表情包是表情符号发展的第三个阶段，所谓"表情包"一般是指以流行的明星、语录、动漫、影视甚至身边生活为素材截图，配上一系列相匹配的文字，在沟通中表达特定情感的一种图像符号。

表情包本质上属于一种流行文化，依托于社交网络发展起来，人们之间交流方式由最早的单纯文字沟通到开始使用一些简单的符号、Emoji 表情、表情包，逐步演变为日益多元化的表情文化，使用一些自制的、流行元素图片来进行沟通。这类图片以搞笑居多，且构图夸张，通过收藏和分享此类图片，人们可以获得更多聊天的趣味，同时展现自己的藏图，可以得到人们认可，实现某种心理上的满足。

起初最火的表情包三大巨头是"金馆长"、"姚明脸"和"兵库北"（见图 4-11、4-12）。这三个表情包被网友大量用来"斗图"，如今表情包发展蔚为大观，而且随着社会热点变化也会不断有最新的表情包出现。事实上，今天的表情包的使用已经大大超越了最初的搞笑、娱乐的功用。

著名的"金馆长表情包"，眉毛往下耷拉，嘴角夸张的张开，露出白花花的大白牙，开心中又带着耐人寻味的无奈。出自韩国电影《金馆长对金馆长对金馆长》中的主人公金馆长。

图 4-11　金馆长表情包、姚明表情包

而"姚明表情包"来自一场火箭队的赛后新闻发布会（季后赛火箭队对湖人队），当时在比赛中，罗恩·阿泰斯特为了救球冲到了观众席上。赛后记者提问："你为了救球冲到观众席上，感觉怎么样？"（此处映射阿泰斯特"奥本山宫"打架事件),阿泰斯特的回答很机智:"观众席上,我以前已经去过了,并且他们给了我一杯啤酒,只不过这次是递过来的。"(当初"奥本山宫"打架事件就是因为观众向阿泰斯特扔了一杯啤酒而激怒了阿泰)。这句话引发了在场的姚明的笑点,被摄影师捕捉到而传遍各大媒体,2010 年 7 月 11 日,Reddit 用户 Downlow 上传了一系列全新的原创暴走漫画脸,其中最流行的就是这张"姚明表情包"。

图 4-12　兵库北表情包

"兵库北的微笑"出自 2012 年某日本综艺节目。在该节目中,著名声优花泽香菜不知何故露出了无比带感的笑容(如图 4-12),画面上正在同步滚动的日本各地天气预报刚好滚动到了"兵库北·雨·19℃·60%/40%",屏幕上还有"美女声优·花泽香菜"字样。这一"美丽"的微笑吸引了大量香菜黑和香菜厨的眼球,使得"兵库北的微笑"名气大增,甚至超越了金馆长的笑。

不过相信中国网民中使用最多的表情包还是这个"熊猫头"。它有各种各样的变体,却万变不离其宗,深受广大网民热爱,几乎可以用以传达人们想要传达的任何情感,喜怒哀乐,苦辣酸甜,人称"万能表情包"。如图 4-13。

熊猫头一统表情界!

图 4-13　"熊猫头"表情包

从 1982 年第一个表情符号问世以来,表情符号经过几次升级换代,已经成为互联网时代人们日常交流中不可或缺的"语言",有人说:离开表情符号就不会聊天了。也有人说:看你用什么表情符号,就知道你是什么人。那么,未来的表情符号会是什么样子呢?因为新一代的表情符号已经会动了,互联网即时通信高度发达的今天,表情符号如何在文字符号的世界中大行其道,令人期待。事实上,有很多品牌代言者符号已经是以表情包的形式出现了。

第五章　品牌符号理据机制

第一节　理据性：像似符号和指示符号

一、理据性之一：肖似性

理据性是指符号再现体和符号对象、符号解释项之间，存在着基于推理依据的内在共生性和逻辑性关联。理据性可细分为肖似性、因果性和邻近性，像似符号和指示符号均为理据性符号，规约符号则为任意性（非理据性）符号。

肖似性是像似符号的指称方式，指符号再现体与它所指称的符号对象之间的共有特性具有某种肖似性。比如写实油画、雕塑均为典型的像似符号，照片更是如此，符号再现体完全复制了符号对象。根据皮尔斯"符号过程"认识机制，符号意义是在符号三元关系的互相影响过程中确立的，因此，符号认识主体和符号语境均参与到符号意义的实现，所以，像似符号的符号再现体和符号对象之间存在着先天的理据性关系。

首先，认识主体受自身身份、性格和知识结构等多方面制约，在面对同一外在符号形象时会有不同的肖似性认知。农民看到绿油油的麦苗会心生喜悦，因为绿油油的麦苗喻示着沉甸甸的麦穗和来年的丰收，而一个城市长大的孩子则可能会把它当成韭菜，全然没有一般农民的反应。所以主体面对同一对象也不一定能引起共同的肖似性认知，如面对一张纸上画的一条直线或者一个圆，谁也不能确定作者的本意所指是什么，也可能这个圆是指一个面饼，也可能是指一个汽车轱辘；这条直线是指一条路，或者一个标记。对于一个受过专业盲文训练的人来说，触摸到一个盲文文字，会认识其意义，而对于一个普通人来说，完全会把这几个点当做无规则的"凸点"而已。

其次,符号语境也会影响肖似性的确立,符号语境是符号使用的具体时间、地点、场合等情境,属于符号学家莫里斯称的符用学的范畴。比如人们说"及时雨",如果是在雨天的情境,那么这个"及时雨"当然是指这场雨下得非常及时。但是,这个"及时"具体是指解除了旱情呢? 还是解除了"暑气"呢? 这还需要当时的情境才能知晓。如果是在听评书"水浒传"的时候听到"及时雨",那么听众都明白"及时雨"说的就是"宋江"了,完全和雨没有关系。

最后,肖似性还表现为符号再现体和符号对象之间内在逻辑联系,即再现体和对象之间不存在外形的肖似,而是存在着内在的可推理、有依据的关系。比如前面所说"及时雨"和"宋江"之间外在形象没有丝毫相同之处,雨水,或者是"湿漉漉"的形象,或者是"一丝丝"的形象,这些和一个"粗黑"外表的"宋押司"没有任何肖似之处。那么,它们之间是怎么联系在一起的呢? 这就是符号再现体和符号对象之间内在逻辑联系在起作用,因为宋江仗义疏财,行走江湖常助人于危难,故人称"及时雨","及时雨"描摹的不是宋江的外形而是其为人的品行。所以,肖似性不仅是指符号再现体与符号对象之间的外形、声音和色彩等物理上的像似关系,肖似性还包括符号再现体与符号对象之间内在认知的逻辑性关联。

二、像似符号分类

像似符号是指符号再现体与符号对象之间存在着形状、声音或色彩等的外在特征肖似或内在逻辑关联肖似的符号,符号再现体通过写实、模仿或推理来指称对象。

肖似性是像似符号的指称方式,也就是说像似符号中符号再现体和符号对象之间是基于肖似性关联机制成为一个符号的,因为肖似性不但是符号再现体与符号对象之间的外在形象的肖似,还包括内在共性特质和逻辑关联,同时又受到主体认识和符号语境等的共同影响,所以像似符号分类也要考虑这些因素的作用。基于此,像似符号可以分为感知形象像似符号和认知逻辑像似符号。

(一)感知形象像似符号

感知形象像似符号是指符号再现体与符号对象之间表现为外部形象、状态、色彩、声音、气味和重量等物理属性的肖似,外在肖似特征显著,一般通过感觉系统即可感知。分为视觉像似和听觉像似。

1.视觉像似符号

视觉像似符号是指基于视觉感知的符号再现体与符号对象呈肖似性的符号,绘画、雕塑、照片、舞蹈、图标设计和各种模型等,均属于视觉像似符号。比如证件照,符号再现体照片影像就是某人的脸部特写,是对符号对象的完全写实;杨丽萍的《孔雀舞》,符号再现体即杨丽萍的舞蹈动作,舞台上的杨丽萍对自然界的孔雀开屏、戏水、觅食等动作的模仿,表现了符号再现体与符号对象的高度形似;视觉像似符号是感知形象像似符号中最基本的形式,也是最常见的形式。象形字也属此类,比如,"人""手""山""门""口"等。

2.听觉像似符号

听觉像似符号是指基于听觉感知的符号再现体与符号对象呈肖似性的符号,主要有音乐和拟声词、谐音等。比如音乐的激越、舒缓给人不同的听觉感知,贝多芬《命运交响曲》中"命运敲门声"的高亢激昂,小提琴协奏曲《梁祝》的低回婉转;语言中大量的拟声词如"窸窸窣窣""滴滴答答"等对自然声音的模仿,用"汪汪"来指称"狗",用"哞哞"来指称"牛"等;谐音词就更多了,网红词很多都是谐音词,悲剧——杯具,微博——围脖,我爱你——520 等;此外广告和品牌传播中也是一个谐音词盛行之地,比如,热水器广告:"随心所浴"("随心所欲"),棉被广告:"有被无患"("有备无患"),止咳药广告:"咳不容缓"("刻不容缓"),电熨斗广告:"百衣百顺"("百依百顺"),痔疮药广告:"痔在必得"("志在必得")等等。

(二)认知逻辑像似符号

认知逻辑像似符号是指符号再现体与符号对象之间存在认知上的逻辑肖似性的符号。它不像感知形象像似符号那样容易认识,感知形象像似符号一般通过视、听等感觉即可直接识别,认知逻辑像似符号要求主体需要相应的社会文化背景才能进行识别,对主体认知能力有一定要求。

认知逻辑像似符号中符号再现体与符号对象之间没有外在形象和结构的类似性,但是二者有内在的联系,这种联系通过认识主体推理、联想等认知行为来实现。认知逻辑像似符号的符号对象一般为认识主体的情感思想等抽象内容,而符号再现体则凭借具体的直观事物,将抽象的对象符号化为具象的呈现。比如人们形容一件事情很着急时会说"火烧眉毛",这里符号对象是指说话人的一种心理感受"很着急",通过"火烧眉毛"这个符号再现体把这种原本抽象的"很着急"的心理感受具象化了,"火都烧着眉毛了",所以当事人肯定

"很着急",这是一个可推理、有依据的联想关系。

认知逻辑像似符号中符号再现体与符号对象之间的肖似性本质上源自二者之间某些心理特性相近的符号。这种心理特性相近可以将某些符号联系起来,比如人们形容一个人力气很大会说"力大如牛",这里"牛"就是符号再现体,"力气大"就是符号对象,这里面就是一种联想关系的像似符号在起作用。就是想象这个人像牛一样,牛的特性之一就是"力气大",这个人的特性之一也是"力气大",通过联想类比将二者联系起来,完成认知逻辑像似符号构成。比如洗衣液广告,经常会用到家庭主妇来饰演主角,药品广告经常会出现女性或母亲的角色,这里"家庭主妇"、"女性"和"母亲"都是符号再现体,分别来意指洗衣液的"家庭"特性和药品的"关爱"特性,并通过这种特性将符号再现体与符号对象统一起来。

此外,汉字中的会意字也属此类,比如"掰",符号再现体即"掰",符号对象是"双手分开某物","掰"字很容易联想到它所指称的对象。"休""尖""尘"等会意字,其所指意一目了然。

三、理据性之二:因果性和邻近性

因果性和邻近性是指示符号的指称方式,也是符号理据性表现方式之一。如果说像似符号是符号再现体与符号对象之间因肖似而产生联系,那么,指示符号的符号再现体与符号对象之间的联系就在于因果性和邻近性。因果性是指符号再现体与符号对象之间具有某种因果关系,邻近性是指符号再现体与符号对象之间具有时间和空间上的互邻接近关系。指示符号与像似符号、规约符号之间的区别也在于此,即指称方式不同。

指示符号的符号再现体与符号对象之间不具有像似性,但是它们之间具有确定的关系,这种关系不是偶然发生的,这种关系表现为因果邻近关系,这是一种可解释的关系。指示符号应该与那些自动发生的事情区别开来,自动发生的事情只受自然规律的约束,与人无关,符号解释项不发生作用,因此不能称为指示符号。比如温度计和供热系统,供热增加则温度计指数提高,但如果仅仅只有这两项存在,那么这个事情就只是一个自然规律,温度计不能称为符号,因为解释项不存在,温度计和供热系统的关系无从阐释。只有当解释项进入,温度计才能成为供热计量和标识的符号,并且这是一种因果关系的指示符号,符号再现体温度计和符号对象温度之间是一种因果关系。

指示符号不是单纯的自然现象,自然的因果邻近关系转变为具有确定意义的指示符号,其中符号的解释项发挥着不可或缺的重要作用。因果性和邻近性是指示符号解释项得以介入的前提。

（一）因果性

因果性是指指示符号中符号再现体与符号对象之间是一种结果和原因的关系,也就是说在这对关系中,符号再现体是结果,符号对象是原因。

比如看到某处冒烟了,就会知道那里一定有火,此时"烟"即是"火"的符号,"烟"是符号再现体,"火"是符号对象,显然,这里"烟"是"火"的结果,"火"是"烟"的原因。清晨早起看到湿漉漉的庭院,应该就知道昨夜下雨了,"湿漉漉的痕迹"是符号再现体,指称昨夜下雨的符号对象。正如诗人说:"夜来风雨声,花落知多少","落花"是"风雨"的结果即符号再现体,"风雨"是"落花"的原因即符号对象。

（二）邻近性

邻近性是指指示符号中符号再现体与符号对象之间是一种时间和空间上的邻近关系,在时间上表现为先后顺序关系,在空间上表现为相邻关系,有时候也表现为部分与整体的关系。

比如前面举例"烟"和"火"从逻辑关系看是一种因果性,如果从时间先后顺序看则是一种邻近性,先有"火",然后有"烟"。另外从空间位置来看,"烟"与"火"是紧密地在一起的,空间上是不可区分的,二者是一种典型的相邻关系。另外电视新闻中出现清华园的牌楼校门,知道是在说清华大学,即以部分指示整体,符号再现体是清华园的"牌楼校门",其实它的符号对象是清华大学。

肖似性是像似符号的内在理据性,因果性和邻近性是指示符号的内在理据性,指示符号的符号再现体与符号对象之间是通过二者的因果关系和邻近关系联系在一起的,不是凭空任意的。

四、指示符号分类

指示符号是指符号再现体与符号对象之间构成某种因果关系或者时空中的邻接关系的符号,符号再现体通过这种因果或邻接关系来指称符号对象。

根据指示符号中符号再现体与符号对象之间因果性和邻近性,指示符号分为自然因果类、时间邻近类、空间邻近类和直接指示类。

（一）自然因果类

自然因果类指示符号是指指示符号中符号再现体与符号对象之间的因果关系是自然的而非人为约定的，也就是说符号再现体能够指称符号对象是基于后者是前者的自然原因，前者是后者的自然结果。这种原因和结果基本源自人们日常生活的经验，因而是一种不用约定的共识，比如民谚"云往南大雨漂起船"，"云往南飘移"就是"大雨要来了"的自然因果类指示符号；"瑞雪兆丰年"中"瑞雪"就是"丰年"的自然因果类指示符号。

自然因果类指示符号除上述自然界现象外，也包括人类社会的发展规律和现象，比如股民看到股票市场"区块链"概念股一枝独秀，就是科技股牛股的自然因果类指示符号；新闻报道说今冬大部地区雾霾天数明显下降，就是近年来国家针对高污染排放企业治理有效的自然因果类指示符号。

此外，生理和心理现象的自然反应也属自然因果类指示符号范畴，比如有人因紧张而出汗，那么这里"出汗"就是"紧张"的生理反应，前者就是后者的自然因果类指示符号；不自信的人在说话时眼神飘忽不定，不敢直视对方眼睛，这里"眼神游离"就是"不自信"的心理反应，前者也是后者的自然因果类指示符号。

必须明确的是，指示符号一定要有解释项的介入，否则自然发生的事情只能是外在的自然性的，与符号无关。自然发生的事情经由人类观察总结而发现其内在因果关系，人类运用这种发现去指示某种事情的发生时符号意义才出现。比如"云往南大雨漂起船"，"云往南"就会"下大雨"，这只是一种自然现象，只有当人们总结并运用这一自然现象把它当成一种气象规律时，它才成为所谓的自然因果类指示符号。

（二）时间邻近类

时间邻近类指示符号是指指示符号中符号再现体与符号对象之间的邻近关系是时间上的，即符号再现体与符号对象是依时间先后顺序出场的。

比如《红楼梦》中写王熙凤出场，未见其人先闻其声，"其声"是"其人"时间邻近性指示符号，符号对象"其人"紧随符号再现体"其声"出场，符号再现体"其声"指称着符号对象"其人"。

再如民谚"燕子低飞虫过道，大雨马上就来到"。符号再现体"燕子低飞虫过道"的符号对象是"大雨马上就来到"，符号再现体总是先于符号对象出现并指称着符号对象。但是二者虽然在时间线上先后出现，但并没有因果关系，只是人们在长期的生产生活中观察到的生活经验，是对自然现象的一种总结，不过这种总结可以确定地拿来作为指示天气的一种符号，是一种典型的时间邻近类指示符号。

（三）空间邻近类

空间邻近类指示符号是指指示符号中符号再现体与符号对象之间的邻近关系是空间上的，空间邻近类指示符号分为两种具体情形——空间位置的邻近和部分与整体的关系。

比如驱车行驶在公路上的司机看到符号再现体——"前方有学校"的交通标志符号，驾驶员知道其符号对象就是指公路"前方某学校"，二者之间就表现为空间位置上的邻近性。如果这个"前方有学校"的交通符号出现在一个垃圾场或者是库房里，那么人们也就知道它并不指称"前方某学校"，它只是被废弃了，或者存放在仓库中。

部分与整体的关系是指用作符号再现体的是整体的一部分，以此一部分指称整体，也就是说符号再现体是"部分"，符号对象是"整体"，类似修辞学中的"借代"，"以部分代整体"，是一种特殊的邻近关系。比如新闻照片经常用"紫禁城一角"来指称"紫禁城"，以"埃菲尔铁塔"来指称"巴黎"，以"儿童滑梯"来指称"幼儿园"。

（四）直接指示类

直接指示类指示符号是指指示符号中符号再现体与符号对象之间是一种直接指称的关系，中间没有因果、邻近等关系。赵毅衡说"指示符号的作用，就是把解释者的注意力引到对象上"。[①] 皮尔斯举例的指示符号如手指指点、名字、专有名词、物主代词、关系代词、人称代词和指示代词等都属于本书所讨论的直接指示类指示符号。比如人们在特别强调或有所指的时候会说"瞧这儿""那里""就是你"，或者"敲黑板"以示意"划重点"，"举手"以示意"在这里"等。

---

① 赵毅衡. 符号学原理与推演[M]. 南京：南京大学出版社，2016：80.

第二节　品牌符号理据性指称机制

一、肖似性机制

像似符号中符号再现体指称符号对象是通过二者之间的肖似性发生作用的,肖似性不但是符号再现体与符号对象之间的外在形象的肖似,还包括内在共性特质和逻辑关联的肖似,肖似性机制作为品牌符号理据性机制之一,主要体现在像似符号的形成中。比如中国文化中习惯于用"兰草"寄寓"气节"、"白杨"寄寓"挺拔",显然这是外形肖似在起作用,但是"韭菜"和"兰草"外形也很肖似,为什么不用"韭菜"来喻指"气节"呢? 实际上股市中常说"割韭菜"是指庄家通吃散户的情形,此处"韭菜"指称的是股市中的那些"散户"。显然将符号再现体与符号对象联系起来的除了外形的肖似,还有其他的因素,这种因素就是符号再现体与符号对象之间联系的内在肖似性。那么,在品牌符号化过程中这种内在肖似性机制是如何发生作用的呢?

（一）心理共通性机制

心理共通性机制,是指品牌符号再现体与品牌符号对象之间指称的肖似性是基于人类共通的心理认知而确立,而这种心理认知本身具有建构形象的能力。

心理学家发现,人在感知认识外部事物时,并不是去看、去听、去感觉外在事物的形象,而是通过心理认知在建构形象。正如人们所知道的那样,人们在观看时,光线触及眼睛后方的视网膜后所呈现的原始影像是倒置的,其实不仅影像是倒置的,而且影像模糊、非立体。人们之所以看到正常的、清晰的、立体的影像是人们心理认知能力在发生作用,心理认知能力会重新整合这些影像,这就是心理认知建构形象的作用。

心理学上有一种叫做"视错觉"的现象,也能很好说明这个问题。"视错觉"现象源自这样一个实验,实验者戴上特制的眼镜,能够让视网膜上的影像颠倒回正,实验者在用眼镜时,心理认知仍然是把影像颠倒过来,导致实验者看到的是颠倒的影像;实验者坚持戴着特制眼镜生活几天之后,心理认知又把影像转正,实验者又看到了正常的影像。可以想象,当实验者结束实验摘下眼镜后,所有影像会重新颠倒,直到慢慢恢复。

这种"视错觉"直接影响着符号认知过程,比如图 5-1"视错觉"图示:

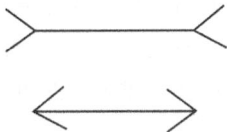

图 5-1 "视错觉"图示

图中的两条线一样长吗?答案是一样长,但是"视错觉"总是在告诉你上面的那条线要长一些。

再比如:"君问有能愁多几,似恰水春江一东向流"。这个原本是混乱无意的句子,在心理认知的建构下,一下子就被建构成了那首著名的词句:"问君能有几多愁,恰似一江春水向东流"。

肖似性机制发生的前提就是人类认知心理共通性的这种形象建构能力。

(二)文化共同性机制

符号理据性是指符号再现体和符号对象、符号解释项之间,存在着某种内在的文化共同性特质,文化共同性是肖似性的另一种重要表现形式。文化共同性机制是指品牌符号再现体指称符号对象的内在文化机制,其本质表现为符号创造者和符号使用者始终共享同一种文化。这一共享文化包括历史的、民族的、地域的共同文化等。如果说心理共通性机制主要解决了品牌符号的能指区隔识别性,那么,文化共同性机制解决的就是品牌符号的所指意义的实现。

1.历史的

历史的文化共同性机制,主要表现为品牌符号再现体与品牌符号对象在指称的理据性上是基于共同的历史文化,历史形成的共同的政治、经济和文化传承。此类符号在国产白酒类品牌中特别集中,如"杜康""太白""白云边""孔府家酒""孔府宴酒""景阳冈酒"等。这些符号都是共同的历史文化积淀,其含义几乎是"透明"的。比如"杜康",人人皆知是中国古代传说中的"酿酒始祖",后世将杜康尊为酒神,甚至以"杜康"指代酒,所以才有曹操千古绝唱"慨当以慷,忧思难忘。何以解忧,惟有杜康"之句。"白云边"酒则是出自李白诗句"南湖秋水夜无烟,耐可乘流直上天,且就洞庭赊月色,将船买酒白云边",八百里洞庭湖畔的松滋城,自此以"白云边"酒而扬名。"太白"当然是指"诗仙太白","提起"诗仙太白"当然就会想起"李白斗酒诗百篇"的那个"酒仙"。不管是"孔府家酒"还是"孔府宴酒"沾上了"孔府"自然就沾上了"文化",酒已不再是普通的酒,而是和"大成至圣先师"并列出场。至于"景阳冈",那是中国人耳熟能详的大英雄醉酒打虎的地方,有打虎英雄武二郎的背书,饮者就有了更多的"英雄气"。

2.民族的

民族的文化共同性机制,主要表现为品牌符号再现体与品牌符号对象在指称的理据性上是基于共同的民族身份和民族认同。共同的民族共享着共同的风俗习惯、文学艺术、宗教信仰甚至道德观念,比如"八卦图""中国结"等符号,都具有强烈的民族性。

图 5-2　中国联通品牌符号

中国联通的品牌符号再现体是由"中国结"中吉祥图形"盘长"纹样演变而来(如图 5-2)。"中国结"是一种源远流长的传统民间文化符号,其源头可以追溯到旧石器时代的缝衣打结,商周时期贵族随身佩玉就以"中国结"为装饰,战国时代的铜器上也有"中国结"的图案,后世"中国结"长期流行于民间。"中国结"有双钱结、纽扣结、琵琶结、团锦结、十字结、吉祥结、万字结、盘长结、藻井结、双联结、锦囊结等多种,以结饰样式和取名谐音寓意丰富。比如"盘长结"寓意"相依相随,永无终止",就是因为绳结的形状连绵不断,没有开头和结尾,佛教中也有用此种绳结作为佛教法器的,称为"盘长",寓意"长久永恒,佛法无边"。

中国联通品牌符号再现体化用深受国人喜爱的"盘长结"符号,回环贯通的线条,象征着中国联通作为现代电信企业的井然有序、迅达畅通,以及联通事业的无以穷尽,日久天长。标志造型有两个明显的上下相连的"心",形象地展示了中国联通的通信、通心的服务宗旨。

3.地域的

地域的文化共同性机制,主要表现为品牌符号再现体与品牌对象在指称的理据性上是基于共同的地域和地理环境,不同的地域和地理环境影响着不同的政治、经济和文化发展,共同的地域和地理环境形塑着共同的文化心理。比如在中国,南方人和北方人,东部和西部,沿海和内地,无论是在习俗、方言、服饰和饮食等很多方面都有较大差异,这种差异同样表现在符号认知上。如关于节庆符号和美食符号的认知,南北方差异就非常大,大年三十除夕夜,南方人打年糕而北方人包饺子;正月十五元宵节,南方人吃"汤圆"而北方人吃"元宵";五月端午节,南方人吃咸、甜粽子而北方人只吃甜粽子。也因为此,一些地域特色特别明显的品牌常常受地域的影响限制而未能走向更大的市场,如福建漳州著名中药老字号"片仔癀"、浙江嘉兴"五芳斋"肉粽、河南周口"逍遥津"胡辣汤等,都囿于产地、习俗和口味等,始终摆脱不了地方性概念。

地域特色浓厚的品牌,在品牌战略推广上既受到地域符号的限制,但是地域符号也可以变为品牌进入更大市场的符号优势。有着强大地域概念优势的地域符号常常会被品牌推广借势利用,比如陕西面食"biàngbiàng 面"。

图5-3 "biàngbiàng 面"符号标志

西北多面食,陕西尤甚,"biàngbiàng 面"原为陕西常见的一种面条,所谓陕西"八大怪"之一"面条像裤带",其实就是一种特别宽厚的油泼辣子面,但是它有一个难写难念的名字(见图5-3),读做"biàng",看着像是一个字,其实它不是一个字,是一个由笔画构成的图形,所有字、词典中均未收录,是一个地域特色极为浓厚的文化符号,该字或称符号共有笔画简写 42 画,繁写 57 画。

如此难写难念甚至都不是一个字的地域文化符号,如今却成为各类西北面食特别是陕西面食走向全国的一个标志性符号,无论走到哪里,只要是陕西面馆都会挂出这个招牌。就如同"担担面"之于成都,"热干面"之于武汉,"片儿川"之于杭州,"羊肉烩面"之于郑州,"牛肉拉面"之于兰州一样,成为一个地区或城市的代表性面食符号。"越是民族的越是世界的",地域特色浓厚的文化符号有时正是品牌符号传播中需要借助的"势"。

品牌符号内在肖似性机制是经由心理共通性机制和文化共同性机制实现的。

二、因果邻近性机制

指示符号的符号再现体指称符号对象是基于二者之间的因果性和邻近性机制而实现的,这种因果性和邻近性是指示符号发生指称作用的内在理据性,因此,因果邻近性机制是品牌符号的又一重要理据性,主要体现在指示符号形成过程中。但是如前所述,符号再现体和符号对象之间也不是自然地就具有指称作用,即因果性和邻近性并不是自然指向符号对象的,因果性和邻近性必须有解释项的参与才发生作用,也就是说符号再现体必须经过解释项才能指称符号对象。因此,品牌符号再现体指称品牌符号对象的理据性机制,亦即因果性和邻近性也不是自然指称品牌对象的,其指称机制即品牌符号化过程需要经过解释项的阐释才能实现。因此,品牌符号的因果邻近性机制可以概括为以下两种形式:完型心理机制和社会心理影响机制。

(一)完形心理机制

完型心理学又称格式塔心理学,是现代心理学的主要理论流派之一,其理论在符号、标志、摄影和设计中广泛运用。简单讲完形心理是指人类识别外物时有一种先在的倾向,就是完整地看待事物,比如人们看一个人的特写照片,虽然这张特写里面有这个人的眼睛、鼻子、嘴巴、头发和耳朵等,但是人们直接看到的就是这个人的整个一张脸,而不是先看到眼睛、鼻子、嘴巴、头发和耳朵,然后再把这些组合成一张脸。这就是完形心理学最重要的概念"整体不等于个体的总合",人们是直接观察到"脸"这个"整体",而不是一个个器官的"个体的总合"。

视觉心理学中,完形心理有以下特征直接影响到人们的符号阅读和认知。

1. 近似性

人们会倾向于把类似的符号视为一类,从而对类似符号自动归类。比如色彩符号的运用,人们觉得超市冰柜货架上总是摆满了可口可乐,实际上可口可乐可能和其他饮料摆放的一样多,只是因为可口可乐的大红包装色彩单一而醒目,而其他饮料色彩相对杂多,色彩的近似性,让人们产生可口可乐特别多的心里印象。

2. 封闭性

人们在观察事物的时候,倾向于将许多个独立的元素,视为一个封闭的图案。人们的大脑会自动填补元素和元素间的空白部分,形成一段不存在的线段。比如人们可以将一连串的圆点组成的圆看成一个较大的圆环,也可以将一个不连续的线段组成的圆看成一个完整的圆,这种视觉特性称为封闭性。这些视觉特征在品牌符号标志设计中均有非常好的实践。

3. 规律性

人们倾向于将所见到的繁杂的外部世界和事物,朝着单纯的有规律的特性去整合。人们大脑心智趋向简一和有规律,特别是对于图形符号,图形符号复杂又多变,人们会在阅读图形符号时,对其二次加工,做出简单有规律的意义解读。这一点,对于符号能指与所指的组合意义尤为重要。

在品牌符号阅读中,透过完形心理人们足以感知符号与周围事物的差异,如果能看出这种差异,完形心理自然就会将符号归为一类,在归类的过程中,对感觉到的信息产生认知,但是这种认知仅仅是视觉符号中的能指的差异,鲜有深入到符号所指意义的层面。不过,如果人们在热闹的街市,或是在迅速浏览电脑、手机页面,面对海量信息,如果能留意或记得某个品牌符号就已经非常难得。如果品牌符号能够让人们第一次感知就注意或记得,也就是说能够辨识其能指,实际就已经完成符号传播的初衷了,进一步阐释所指是以后的事情。

完形心理在品牌符号设计和传播中,扮演着重要的区隔识别角色,人们借助完形心理的作用,区隔和识别不同的品牌符号和标志等。这种区隔性的识别起着符号最原始的作用,只是能指的区别,并不涉及符号所指意义,只是告诉人们,这是一个品牌,那是另一个品牌。完形心理的整体性印象制造了每一种品牌符号的独立性,独立性越显著,则识别性就越强。相反,不同的品牌符号之间符号元素越雷同,则人们越容易把它们放在一起去归类,有些品牌延伸策略就是很好地运用了这一点,当然,有些抄袭剽窃者也尝到了其中的"甜头"。

完型心理机制在品牌名称符号命名、品牌标志符号选用、品牌口号文案创意中均起到显著的指称性,这种指称性经符号解释项的作用将品牌符号再现体指向品牌对象,完型心理机制在品牌符号再现体指称品牌符号对象的符号化过程中起着因果联想和邻近暗示的作用。

比如中药品牌符号是一类特色鲜明的符号类别,在品牌名称符号中常常会用"某某堂"来指称,如"同仁堂""方回春堂""胡庆余堂""九芝堂""敬修堂""本草堂"等,这些中药店品牌都是百年老字号,有些甚至有数百年的历史传承。如果新开中药店以"某某堂"来命名,就会有非常好的传播力,因为"某某堂"在中医药文化语境经验中就是悠久历史传承的中药店名号,人们会很轻易地将百年老字号的联想加诸其上。

中药品牌符号在品牌标志图形选用上也非常重视完型心理机制的运用,中药品牌标志图形常用草本植物类,颜色多以绿色或红色为主,也是因为中药多源自草本植物的根茎或叶子、花卉等,其中自然内涵完型心理机制的作用。比如"云南白药"的品牌标志符号采用了极具云南地方色彩的"宝相花","宝相花"图案融合了牡丹、芍药、菊花等中国多种传统名花的特点,加之云南本是植物王国,花卉的王国,云南白药的地理起源,"宝相花"体现了鲜明的地域特色,反映出云南白药作为一家百年企业所具有的丰富历史内涵。标志图案中部为葫芦造型,蕴含"悬壶济世"的意义,传统时代中医、中药店门前,都会悬挂一个葫芦作为治病救人的标志符号。主体标志顶部为一粒灵丹,寓意出伤科圣药、舍我其谁的勇气与担当。主体标志图案的色彩运用,借鉴了云南当地少数民族服饰中经常采用的色彩,很好地表达了云南地方民族特色,具有极强的视觉冲击力。如图5-4。

图 5-4 "云南白药"符号标志

云南白药品牌标志中的符号,构成"宝相花"的诸种草本植物"牡丹""芍药""菊花"都是中药材重要原材料,"葫芦"和"灵丹"在传统中药文化中是重要的中药文化符号——悬壶济世和灵丹妙药。传统中医药文化语境中,邻近暗示作用得以充分展示。试想,如果用一些与中医药无关的符号比如"江""河""湖""海",怎么也不能有这样的因果联想,如果用一些非云南地方的地域符号,如用西北的"羊肚毛巾"或江南的"小桥流水",也无从体现邻近暗示的作用。

(二)社会心理影响机制

社会心理影响机制是指示符号的符号再现体与符号对象之间的指称关系不是盲目的,而是由一定的社会心理影响形成的。社会心理影响机制是指不同的时代、不同的社会环境和不同的人口构成都直接影响到品牌符号认知过程,在品牌符号再现体指称品牌符号对象的指示性上表现为高度的时代性、统一性。

共同时代的符号认知具有鲜明的时代性特色,比如"小姐"这一符号再现体,其指称的符号对象随时代变迁而变化,"小姐"原是对于未出阁的大家闺秀的称呼,改革开放之初受西方风气熏染渐渐演变成了对年轻女子的通称,20世纪90年代以后则变成了对一些娱乐场所从业女性的专称。而有考证说其实"小姐"一词,在历史上就有多次类似的词义演变,这种演变以符号学的理论来看,就是符号再现体指称符号对象的鲜明时代性特点,即同一个符号再现体在不同时代其指称的符号对象是不同的。比如:20世纪60年代的绿军装、80年代的喇叭裤,都是流行一时的时尚符号,时过境迁,其流行的社会心理不存在了,那么,流行符号也就不流行了。所以在品牌名称符号中,时代性的特色尤为显著,比如,"解放""东风""红旗"等名称,一看便知是20世纪80年代之前的品牌,而"雅戈尔""纳爱斯""马可波罗"则处处透着"改革开放"之后西风东渐的气息。

社会心理影响还表现为符号认知的统一性,即相同的社会文化背景下,人们对同一符号再现体的指称对象认知是共同的,比如中国人对"黄河"这一符号再现体的认知,无一例外把它当做"母亲河"的象征,虽然,把黄河当做"母亲河"的喻指应该是现代中国才发生的,现代之前或者说民国之前并没有此种喻指存在。1990年北京亚运会的吉祥物"盼盼"、2008年北京奥运会的吉祥物"晶晶"和2022年北京冬奥会的吉祥物"冰墩墩","熊猫"承担了三代吉祥物的重任,可见"熊猫"在当代中国社会文化审美心理中的重要地位,而事实上,"熊猫"成为中国人共同审美对象,是迟至最近几十年的事情。

"天平"指称"公正"也是如此,因为"天平"本来就是人们心中最公正的衡器,想想为什么不用箱子指称"公正"呢?相反会用箱子指称"不公正",喻指"暗箱操作",这是"箱子"本来的社会心理基础——"黑箱子""秘密"等在起作用,本质上是指示符号的心理推理在起作用。

　　社会心理影响机制在品牌符号的符号化过程中也是以因果联想和邻近暗示指称着品牌对象。国内饮用水市场自 20 世纪 80 年代末引入瓶装水开始,纯净水、矿泉水、蒸馏水、矿物质水等品类纷至沓来,原来最普通的商品——水,一下子变身为一种稀罕物件儿,从水市场的分类中也能看到竞争的激烈程度,每年都有新的概念被拿来炒作。比如,纯净、微量元素、健康、自然、产地等等。近年食品行业品牌"今麦郎"集团推出自己的瓶装饮用水品牌,命名为"凉白开"(如图 5-5),成功地开创了一个新的饮用水

图 5-5　今麦郎"凉白开"

品类——熟水,并获"熟水品类开创者"荣誉。中国传统饮食保健文化中有"生水"和"熟水"之分,所谓"生水"就是未经煮开的水,"熟水"就是煮开之后的水,中国人不像西方人那样有直接饮用"生水"的习惯,中国人向来是要把"生水"煮开后变为"熟水"才饮用。但是,经过这么多年的瓶装饮用水的市场开拓,实际上大部分的中国人都已经适应和接受直接饮用"生水"的习惯了,或者说大部分中国市场消费者已经忘记了传统时代的"生水"和"熟水"之分。"今麦郎"集团极具创意地以"凉白开"之名重新将"生水"和"熟水"的概念从往日的记忆中拉回现实,以"CBA 联赛"赞助商的身份,借势篮球明星易建联为品牌代言人,提出"解渴"的概念,因为传统时代人们认为"生水"不解渴,"熟水"才解渴,所以以前人们会把煮开的水放凉以备口渴时饮用,这种煮开后放凉的水就叫"凉白开",这是一个有着极强社会心理基础的大创意。"凉白开"这一品牌符号其中既有传统饮食保健文化的经验总结,同时也是一种社会心理的文化认同,也就是人们经常使用的生活经验又强化了人们的认识和思维模式,所以其品牌口号符号"喝熟水,真解渴"一下子就为消费者广泛接受和认可了,其中正是社会心理影响机制在起作用。而且"凉白开"作为一个新品牌符号,几乎没有任何符号理解的障碍,其品牌符号再现体就是一个社会俗语,其中的强大的社会心理影响机制就是因果邻近性机制的内在动因。

　　品牌符号因果邻近性机制是经由完型心理机制和社会心理影响机制实现的。

第三节　中文品牌命名理据性

一、语言与文字符号

品牌符号构成诸元素中,品牌名称符号最为重要,一般狭义地关于品牌的理解大多是专指品牌名称符号,其次才是品牌标志符号、品牌代言者符号、品牌口号符号和品牌包装符号等。品牌名称包括声音和文字两种符号形式,因而可以说品牌名称符号是由语言符号和文字符号共同组成。基于汉语言文字符号的表音和造字的独特性,本节专门讨论有别于英文的中文品牌名称符号,即是在强调其牵涉语言和文字两种符号类型的讨论。

人类社会发展历史中,先有口头语言后有书面文字,语言符号是先于文字符号的。文字是记录口头语言的书写符号系统,作为一种符号,文字是记录语言符号的符号,通称被认为是二级符号。

(一)语言符号

人类符号世界中,语言符号占据着特殊而重要的地位,符号学发展史上,语言符号也同样占据着极为重要的地位,现代符号学思想的首要来源就是语言学理论。索绪尔关于语言符号的重要论述能指和所指二元关系,是现代符号学重要源头之一,这种关于语言符号的二元关系被广泛运用于所有类型符号的讨论,其中能指即"音响形象",所指即"概念",这里的能指"音响形象"即语言符号。

语言符号是一个复杂的符号系统,分为音位、词、句和文本四个平面。音位是语言系统中最为基础的平面,是在语言中能够区别意义的最简单的语音形式,音位本身与意义无涉,属于前意义平面。由于音位不涉及意义,因而可以进行纯粹的符号再现体描述,由于它是前意义平面,能够同体现意义的词平面相联系,成为体现意义的不可或缺的物质实体,对于研究能指和所指的关系具有重要意义。词是最小的能够独立运用的有意义的语言形式,所谓最小的有意义的语言形式,就说明它是一个整体且不可再分解,如果再分解,它就不是有意义的语言形式了。因为词可以独立运用,它可以成为句平面的组成部分,词是把意义引入语言形式的最为基础的平面,是用以联结音位平面和句平面的中间层。句子是能够表达完整意义的语言形式,句平面是组合轴上的完整单位,因而也是语言系统的核心层次。句子的意义是由组成句子的词的意义和词与词结合的语法意义共同体现的。文本是由句子组成的话语单位,是比句子更为完整的意义表达平面,文本成立的基本条件是信息的连续性,更多地涉及说话主体和语境,因而形式规定较为宽松,判断"规范文本"的标准不像句法那样是"正确"还是"错误",而是"适当"或者"不适当"。语言符号系统主要由音位、词、句和文本四大平面构成,但是相邻的两个平面之间,常常存在中间更细分的平面,如音位与词之间有语素,词与句之间有短语,句与文本之间有句群等。①

(二)文字符号

文字是记录语言的书写符号系统,是书面语言的载体。必须强调的是语言是声音或听觉符号,文字在记录语言的时候,是一个把听觉符号转化为视觉符号的过程,声音或听觉符号的载体是声波,视觉符号的载体则有多种形式,凡是能够书写、印刷、雕刻等呈现文字的媒介都可以成为文字符号的载体。

作为一种符号,语言有能指和所指两个"面"构成,能指面"音响形象"和所指面"概念"。同理,作为一种符号,文字也是由能指和所指两个"面"构成,那么,文字的能指和所指又分别是什么呢? 文字是记录语言符号的符号,作为一个完整的符号构成,文字是字形、字音和字义三者的统一体,其中能指就是字形亦即文字符号的符号再现体,所指就是字音和字义,亦即文字符号的解释(包括怎么发音和文字的意义)。意思就是说人们看到一个文字符号,这个文字符号的再现体(字形)即它的能指,这个能指所指称的发音和意义即是所指。如果把语言符号和文字符号对应起来则如表 5-1 所示:

表 5-1 语言符号与文字符号的能指所指关系

语言符号	文字符号
能指:音响形象;所指:概念	能指:字形;所指:字音+字义

文字符号记录下语言符号,实际上是同时记录下来语言符号的能指和所指,所以字音和字义都成了文字符号的所指,其中字音记录的是语言符号的能指即音响形象,字义记录的是语言符号的所指即概念。

---

① 陈宗明.汉字符号学[M].北京:东方出版中心,2016:5-6.

文字是记录语言符号的符号,但它又是一个独立的符号系统。因为文字是记录语言符号的符号,所以文字又是一个二级符号系统,但是文字符号在人类文明史上的重要性却大大超越了作为口语形式的语言符号。索绪尔专门讨论过文字凌驾于口语形式的四点原因:(1)词的书写形式是让人感受到它的永恒性和稳固性,比语音更持久地构成语言的统一性,因为语音会轻易地改变。(2)大多数情况下,视觉印象比听觉印象更为清晰和持久,听觉印象因发音的不准确或口音等问题更容易引出歧义,因此,人们更相信视觉印象。(3)语言受到一种人人必须遵守的法规——正字法的约束和规范,而文字语言还受到自己独享的词典和语法的规范,使得文字语言更增加了一种重要性和权威性。(4)如果语言和正字法产生龃龉,语言学家并不能判定孰对孰错,一般以书写规范要求为准。①

文字符号体系分为两大类,一类是表音文字,一类是表意文字。表音文字是一种使用少量的字母记录语言中的语音,从而记录语言的文字,世界上大多数国家的文字都是表音文字。表意文字是一种用象征性书写符号记录词或词素的文字体系,不直接或不单纯表示语音。表意文字的图形符号只代表语素,不代表音节。汉字属于表意文字。必须指出的是索绪尔的研究只限于表音文字体系,所以它提出语言符号的任意性和文字符号的任意性,例如字母和它表示的声音之间没有任何关系,索绪尔语言符号学指出任意性是符号学的本质属性。但是作为表意文字体系的中文符号,即汉语符号和汉字符号有着与表音文字迥异的特质。

二、汉语与汉字符号

(一)汉语符号

汉语属汉藏语系,是汉民族语言,也是世界上最丰富、最发达的语言之一,是现今世界上使用人口最多的语言。现代汉民族的共同语是以北京语音为标准音,以北方方言为基础方言,以典型的现代白话文著作为语法规范的普通话。

汉语符号具有语言符号的一般特征,由能指和所指构成双面体,由组合关系和选择关系构成双轴关系,由音位、词、句和文本等构成多平面的符号系统。

---

① 陈宗明.汉字符号学[M].北京:东方出版中心,2016:8.

但是作为汉藏语系的主要语言,它与其他语系的语言,如属于印欧语系的英语、法语、德语等相比,汉语符号有着显著不同。

在音位平面上,汉语普通话共有 10 个元音音位和 22 个辅音音位,英语则有 20 个元音单位和 28 个辅音单位,普通话还有 4 个声调音位:阴平、阳平、上声和去声,除阴平、阳平之外,上声和去声都有音位变体,汉语音位平面和英语音位平面有很大不同。在词平面上,古汉语中绝大多数是单音节词,现代汉语一般是单音节的实语素与实语素构成的合成词,它们不像印欧语系那样很多词是由词根加上前缀、后缀之类构成,当然,汉语里也有一些词,如"猴子""老虎"之类,亦有前缀或后缀,但为数不多。此外,汉语词缺乏印欧语系里的名词、动词、形容词的性、数、格、时、人称的变化。在句平面上,汉语也不象印欧语系那样,词类和句子成分之间有一种简单的对应关系,如印欧语系里名词同主语、宾语相对应,形容词同定语相对应;而汉语的名词可以充当主语和宾语,也可以充当其他成分。形容词可以充当定语,同样可以充当其他成分。此外,汉语的语序是表达句法意义的重要手段。

(二)汉字符号

汉字符号是记录汉民族口语的书写符号系统,是世界上历史最悠久的文字之一,也是当今世界使用人口最多的文字,汉字符号特征具有唯一性。

1.方块字

汉字符号最显著的特征是方块形,所以,汉字又称"方块字"。印欧语系文字一般为线性的拼音文字,由一个个字母顺序组合而成,而汉字则是方块形状的文字,由不同的笔画组成。因此,二者在能指层面截然不同,拼音文字的能指,是把听觉上声音的前后相继转换为视觉上字母的线条形状,而汉字属于非字母书写系统,汉字的能指是由笔画组合而成独体字或部件,部件再按照一定的规则组成合体字,如大量的形声字。笔画、部件和它们的组合规则,构成汉字独特的编码系统。

2.表意性文字

汉字符号最本质的特征是表意性,事实上方块形状的字形并非汉字独有,朝鲜文字也呈方块形,但是朝鲜文字是方块表音文字。汉字准确地说应该是方块表意文字,表音文字的特点是把词中一连串的声音摹写出来,它有时是音节的,有时是字母的,而汉字作为表意文字,每一个汉字都能表达一个意思。正是这一点显示了汉字独特的魅力,有象形、有会意、有形声等。汉字与语音不发生直接的联系，但是不是说它们之间没有任何关系，汉字首先是能读，通过读音确定所表示的相应的汉字，并理解其字义。但是，汉字的读音不像拉丁语那样来自对语音的直接摹写，所以不是表音文字，汉字虽然有大量的形声字，其中"声旁"也具有表音符号作用，但是这个表音符号本身最初也是表意符号，如"沦""论""轮""纶"等，其声旁"仑"本身是由含义的，所以这几个形声字除了都从"仑"声之外，还都含有"仑"的意思，就是都具有条理、伦次的意思。归根结底，仍然是个表意字，与语音不发生直接联系。

3. 非任意性和任意性的统一

表音文字符号能指与所指关系是任意性的，如"A""B""C"等字母形体，同它们所表示的声音之间没有任何关系，比如也可以将其写成"a""b""c"，发音并不改变。但是，作为表意文字的汉字符号就不同了，汉字的每一个符形都有它的来源，符形（部件）一般是唯一和确定的，比如左"女"右"子"为"好"，左边如果写作"亻"，就成了"仔"了，右边如果写作"口"，就成了"如"了。这就是汉字符号的非任意性，也可以理解为汉字符号的理据性，这种理据性是汉字"造字六法"的核心。但是，汉字作为表意文字，其符形也会呈现出任意性的特征，比如"男"字，从田从力，"言男用力于田也"，是一个典型的会意字，虽然有理据，但是也不具有必然性和唯一性，比如如果写作"从土从力"似乎也可以，只是造字时没有这样约定罢了。另外"男"字也有解为"从甲从刀"的，如果以会意来理解当然也说得通。所以说，汉字符号是非任意性和任意性的统一。

（三）汉字"造字六法"

汉字属于表意文字，汉字特殊的不同于表音文字的造字法表现出强烈的理据性特征，汉字的字形与字义、字音之间均有着多种情形的内在联系，亦即汉字的能指与所指之间有着程度不同的非任意性的关系，这一点与索绪尔基于表音文字研究的语言符号学的任意性特征是截然不同的。

汉字"造字六法"通常是指，象形、指事、会意、形声、假借和转注，从"造字六法"中可以清晰地看到汉字造字过程的内在理据性。许慎《说文解字·叙》："周礼八岁入小学，保氏教国子，先以六书"。"六书"指的就是汉字"造字六法"，汉字"造字六法"在《说文解字》中具体阐释如下。

1. 象形

"象形者，画成其物，随体诘诎，日月是也"。意思是说象形字是按照物体的形状把它描画下来，并随着物体的外形曲折变化临摹出它的样貌特征，"日"

字和"月"字就是这样造出来的,"日"即太阳,太阳是圆的,画出它的轮廓,中间加一点,以示和圆环的区别。"月"因为缺时居多,所以以半月临摹,画出一个半月形,中间加两点示之。符号再现体指称符号对象是基于形状的肖似为理据的。

2. 指事

"指事者,视而可识,察而见意,上下是也"。意思是说指事字看上去就能认识大概,继续观察就可以发现它的意义,"上"字和"下"字就是这样造出来的。"上"字表示的是方位,一个横线表示一个平面,平面之上有两笔画,观察分析可以知道表示的是空间方位,应该是上方的意思。"下"字也是一样,只是在表示平面的横线之下加两笔画,观察分析可知表示下方的意思。充分展现了汉字造字中符号再现体指称符号对象的空间关系的理据性特征。

3. 会意

"会意者,比类合谊,以见指㧑,武信是也"。意思是说会意字是用两个或两个以上现成的字符组合在一起,汇合它们相关的意思以构成一个新字,"武"字和"信"字就是这样造出来的。许慎以《左传·宣公十二年》楚庄王"止戈为武"之说为据,"止"和"戈"二字组合一起为"武"字,"武"乃制止干戈之意。许慎认为,人言必须诚实,而"信"的本意即诚实,所以"人"和"言"二字合而为"信"。其中符号再现体指称符号对象是基于内在推理而得出的。

象形字和指事字均为独体字,会意字使独体字走向了合体字的发展道路,大大拓展了汉字造字的手段。

4. 形声

"形声者,以事为名,取譬相成,江河是也"。意思是说形声字是用事物类的名称作为形符,用同音或近音的字作为声符,组合而成一个新字,"江"字和"河"字就是这样造出来的。因为"江""河"都是流水,因此以"三点水"为形符,分别以"工"声和"可"声为声符,二者以形符和声符组合而成一个新字,所以形声字的符号再现体指称符号对象的理据性表现在声音和同类两个方面。

形声字和会意字一样,都是合体字,而且形声字引进了表音的声符,是汉字造字的一次飞跃,形声字占汉字的绝对多数,汉字中高达 90% 以上的都是形声字。

5.转注

"转注者,建类一首,同意相受,考老是也"。意思是说同一个部首的字之间可以互相注解,"考"字和"老"字即属此类。"建类一首"是指同一个部首;"同意相受"是指同一部首的字可以互相注解。"考"和"老"的部首都属于"老"字部首,因而可以互相注解或训释,所谓"老,考也"、"考,老也",符号再现体指称符号对象的理据性表现为同形和同意。不过此类造字法更像是注解法,似乎没有造出新字,此说有争论,在此不赘议。

6.假借

"假借者,本无其字,依声托事,令长是也"。意思是说在没有表示某个词的专字时,借一个和这个词声音相同或相近的字来寄托这个词的含义,"令"字和"长"字就是这样的。也就是说,口语里有这个词,但是书面表达却没有这个字,于是就借一个同音或近音字来书写口语里的这个词。比如县级行政长官口语里有相关的词,但是书面语里没有这个字,于是就借用了"令"字和"长"字,即书写为"县令"和"县长",其中符号再现体指称符号对象的理据性是声音的相同或相近。仔细推敲假借字实际上是扩展了字的用途,从这个意义上说也并没有造出新字。

传统的"造字六法"对于认识汉字符号编码体系有重要意义,但是关于具体的造字方法始终存在一些争论。陈宗明在《汉字符号学》中从符号学的角度对汉字"六书"进行了较为完整的汉字编码体系梳理,将其分为三大类:"以形表意编码:象形字,指事字,会意字;形声结合编码:形声字;零编码:转注字,假借字"。[①] 每类下面细分子项,就减少了重复和模糊。另外,提出零编码的概念,因为零也是一个数字,那么,零编码也是一种编码方式,就非常好地回答了转注字和假借字并不在形式上造出新字的这个问题。这种先分类再分层的方法不失为一种值得借鉴的符号学性质的思考,很好地揭示了汉字符号理据性规律。

(四)汉字编码特征

汉字作为一种独特的表意文字符号,与表音文字不同,有着自己独有的编码系统,这种编码系统对于品牌名称符号化机制有着特别的作用,所以在此有必要讨论汉字编码系统的原理特征。汉字编码系统与表音文字相比有以下主

---

① 陈宗明.汉字符号学[M].北京:东方出版中心,2016:54.

要特征。

汉字编码是以形表意编码。汉字造字法中的象形、指事和会意编码,都是直接以形表意编码,比如象形字"日",圆圈中加一点,很像太阳形状,"月"字,很像一弯新月的样子;指事字"上""下",在一条横线之上加两笔或在一条横线之下加两笔,从而指出上方和下方的意思,来表示上和下;会意字"尖",形状如上"小"下"大"意为"尖"的意思,再如"休"字,一个人依靠在树旁,意为"歇息"的意思。形声字如前所述,除形符表意外,声符原来也是个以形表意的文字,比如"招",其中声符"召",原来也是一个表意的文字,只是在这个形声字中仅表示声符作用了。汉字独特的以形表意编码方式使得汉字符号具备了超越语音的特点,汉语文字系统的使用者,无论使用什么样的方言,都可以通过汉字符号来彼此交流,这也是汉语方言高度发达但是文字始终统一的一个原因。

汉字编码是语音和图形的双重编码。汉字是表意文字,如前所述是以形表意,但是文字是用来记录口语的书写符号,所以文字也表示其读音,作为汉字来说就是汉字首先是要能读,需要通过读音来确定它所表达之意。比如"休"字,就包括了一个人靠在树旁两个形象,并通过这两个形象组合而成一个会意字,表示"歇息"之意,但是它还要通过"xiū"的发音来表示它的声音;在占据汉字最大比例的形声字中,汉字更是由声符来提示读音,形符来提示图形,所以,作为表意文字的汉字,其总是表现出语音和图形的双重编码。这种双重编码的特征,是汉字最为重要的编码优越性。[①]

汉字的图像性有助于人类的认知和记忆功能——最近神经心理学家的研究结果证明,汉字是以声音和图形两种编码方式同时进入大脑神经的,左半球储存语音编码,右半球储存图形编码,两种编码都与字义相联。因此汉字是一种"双脑文字",他使左右两半球的脑功能同时发挥作用,在利用脑的潜力方面超过了"单脑文字"(拼音文字只有左脑的作用,缺乏右脑图像编码的协同工作)。[②]

这种语音图形的双重编码功能,在表音文字中是不存在的,这使得汉字符号在符号化过程中有着不同于一般表音文字如印欧语系文字的特殊机制。所以,有必要从语音符号和文字符号即发音和字义双重层面认识中文品牌符号理据性机制。

---

① 陈宗明.汉字符号学[M].北京:东方出版中心,2016:16.
② 喻云根.英汉对比语言学[M].北京:北京工业大学出版社,1994:22.

三、音义双解

表音文字和表意文字是两种截然不同的符号系统,表音文字是纯粹规约性的,也就是任意性的,但是作为表意文字就不一样了,汉语言文字符号除任意性之外,还有显著的理据性,而这种理据性又往往是同时和表音与表意有关联的。因此,在解读和认识中文品牌名称符号时必须从语言发音与文字表意同时入手,也就是这里所指的音义双解才能完整发现中文品牌名称符号的理据性机制,音义双解也是中文品牌名称符号独有的特征。

中文品牌名称符号化过程中理据性机制的本质即为汉语言文字修辞格在中文品牌名称符号化过程中的运用,所以依据汉语言的修辞特点和汉字造字的特殊方式讨论中文品牌名称符号理据性机制实在是一种简明的办法。汉语言文字的修辞格多达数十种,几乎每种修辞格在中文品牌名称符号化过程中均有运用,在此,本书仅举几种常见的有代表性的修辞格运用归纳总结,作为中文品牌名称符号理据性机制的代表类型。

(一)比喻理据

比喻就是"打比方",一般是用熟悉的事物来类比另一事物,是最常用的修辞格。中文品牌名称符号化过程中也经常运用比喻修辞机制,一般是将喻体直接化作品牌名称符号或者添加一、二关联字以作修饰,相当于喻词。

比喻修辞(见表5-2):

表 5-2　比喻修辞关系示例

喻体	比喻品牌名称	修饰字
星河	星河湾(地产)	湾
桂花	碧桂园(地产)	碧、园
威尼斯花园	威尼斯花园(地产)	无修饰字
鸽子	飞鸽(自行车)	飞
雪海	香雪海(冰箱)	香
雪花	雪花(冰柜)	无修饰字
黄金	黄金叶(烟草)	叶
师傅	康师傅(食品)	康

续表

喻体	比喻品牌名称	修饰字
锤子	锤子(科技)	无修饰字
外婆	外婆家(餐饮)	家
海底	海底捞(餐饮)	捞
嫦娥	嫦娥(航天科技)	无修饰字
脑白金	脑白金(保健品)	无修饰字
鱼	闲鱼(电商)	闲
西西弗	西西弗(书店)	无修饰字
风松	风入松(书店)	入
红豆	红豆(服装)	无修饰字
长城	长城(酒店)	无修饰字

　　根据有无修饰字,即喻词,可以将其分为两类,明喻修辞机制和暗喻修辞机制。有修饰字,有喻体的称之为明喻,比如"康师傅"的"康"字,有添加了"健康"的寓意,"海底捞"的"捞"生动地呈现了食客们吃火锅时的姿态。无修饰字,只有喻体的称之为暗喻,虽不直接点明喻义,但其中喻义一目了然,比如"脑白金",喻义保健品之重要和昂贵,"锤子"以代表工人手工,喻义"工匠精神","嫦娥"是中国民间传说"嫦娥奔月"的女主人公,命名中国探月工程并将绕月卫星命名为"嫦娥",喻义清晰,无须多做解释。

(二)双关理据

　　一语同时兼顾到两种事物的修辞方式,包括字义的兼指、语义的暗示和字音的谐音,都可以称为双关修辞机制。音义的双关让品牌名称一次传播就拥有双重表达的优势,是一种非常高效的品牌名称符号。一般分为字音双关和词义双关两类情形。

　　字音双关修辞(见表5-3):

表 5-3　字音双关修辞关系示例

产品(店铺或公司)	双关品牌名称	修饰字
服饰店	百衣百顺	"衣"谐音"依"
理发店	大发师	"发"谐音"法"
小吃店	肯德鸡	"鸡"谐音"基"
快递公司	佳吉	"佳吉"谐音"加急"
快递公司	韵达	"韵"谐音"运"

字义双关修辞(见表 5-4)：

表 5-4　字义双关修辞关系示例

产品(公司)	双关品牌名称	修饰意义
成人纸尿布	包大人	名词变动词,包裹成年人的意思
保险公司	太平洋	取专有名词"太平洋"中的"太平"之意
制冷设备	北极熊	以北极熊暗示极寒之意
移动支付	花呗	含有口语"花呗儿"的意思
牙刷	铁公鸡	取"铁公鸡——一毛不拔"之意

(三)仿词理据

仿词是对现成词语的模仿,可以模仿已有的词、语、句、段甚至篇等,创造出极具新意的词语,仿词从形式上分为谐音仿、相类仿和反义仿。为了让品牌名称以顾客或公众相对熟悉的符形出现和更容易引起相关联想,仿词修辞机制在品牌名称符号化过程中常被使用。如有冷饮企业把"贩冰冰"注册了商标名称,当然是想借大明星"范冰冰"的光,还有药品名为"泻停封"的,不管谢霆锋会怎么想,这款新药的药品名称想必会有相当的市场反响,这种类似"戏仿"的仿词运用有时以一种亚文化的方式存在着,也有其出人意料的市场效果。

基于品牌符号传播的内驱力,模仿名人和名牌的新造仿词最多,因为这类模仿的传播沟通能力更显著,熟悉的名字总是能使顾客或公众更易接受也更具联想力。

名人仿词修辞(见表 5-5)：

表 5-5　名人仿词修辞关系示例

仿词对象	仿词品牌名称	模仿或直接借用
赵本山	赵本衫(衬衫)	模仿
村上春树	村上春墅(地产)	模仿
谢霆锋	泻停封(药品)	模仿
莫文蔚	莫闻味(腌菜)	模仿
冼星海	星海(钢琴)	直接借用
李太白	太白(白酒)	直接借用
杜康	杜康(白酒)	直接借用
鲁班	鲁班(制造类)	直接借用
孔明	孔明(锁具)	直接借用
马可·波罗	马可波罗(瓷砖)	直接借用

名牌仿词修辞(见表 5-6):

表 5-6　名牌仿词修辞关系示例

仿词对象	仿词品牌名称	模仿或直接借用
西游记	洗游记(洗车行)	模仿
三国演义	三国杀(网游)	模仿
诚品书店	都会澄品(地产)	模仿
伊莎贝尔	e 莎贝尔(食品)	模仿
孔府家酒	孔府宴酒(白酒)	模仿
哈佛	小哈佛(学前教育)	直接借用
中国科学院	中国科学院大学(大学)	直接借用
西湖	西湖大学(大学)	直接借用
水立方	水立方(白酒)	直接引用

　　仿词修辞机制在品牌名称符号化过程中有非常好的表现,对于新产品进入市场和赢得顾客或公众信任起着积极作用,同时,因为是仿造新词,所以常常也会有诙谐、幽默等出其不意的表现。但是,有些时候运用不慎也会对品牌联想起到负面作用,比如有治疗便秘的药品命名为"流得滑",谐音仿香港明星

"刘德华",创意显得粗俗低级,对于品牌形象就有较为负面的影响。所以,仿词格修辞机制在制造新词时一定考虑社会文化规范,符合社会公序良俗要求。

(四)兼格理据

在实际的品牌名称符号化过程中,汉语言文字修辞机制的使用是多种多样的,除典型的比喻、双关、仿词,还有夸张、借音、对偶等。另外,还呈现出多种修辞格共同使用的情形,即一个品牌名称符号化过程中同时有多种修辞格共用,即称之为兼格修辞机制。

兼格修辞(见表5-7):

表 5-7　兼格修辞关系示例

修辞类型	兼格修辞品牌名称
仿词(普罗旺斯)+谐音("世"和"斯")	普罗旺世(地产)
仿词(资本家)+谐音("知"和"资")	知本家(地产)
仿词(四合院)+谐音("和"和"合")	四和院(地产)
引用("黄金海岸"原为一地名,此处引用)+比喻(以"黄金"般的"海岸"地段作比喻)	黄金海岸(地产)
引用("顺"为"顺德"的"顺"字)+谐音双关(顺风)	顺丰(快递)
仿词(西游记)+谐音("洗"和"西")	洗游记(洗车行)
叠字(陌陌)+仿词(摸摸)	陌陌(社交软件)
仿词(加急)+谐音双关("佳吉"和"加急")	佳吉(快递)
仿词(霍元甲)+谐音("货园甲"和"霍元甲")+比喻暗示"货"即"货物","园"即"校园"或"货源","甲"即"第一")	货园甲(校园二手交易平台)
仿词(赶集)+比喻(以乡村"赶集"喻义电子商务像农村集市一样)	赶集网(电子商务)
引用(引用"孔夫子"原名词)+比喻(以"孔夫子"喻义旧书)	孔夫子(二手书店)
谐音("豪享"和"好想")+仿词("好想来")	豪享来(牛排店)

(五)析字理据

析字,即根据字的形、音、义,进行化形、谐音、衍义等的汉字修辞手法,主要方式有离合、增损字形和借音等。

离合式:就是用离合字形或者叫拆合字形的方式,将字的部件分离或组合的一种符形修辞手法。如李白《永王东巡歌》诗句"海动山倾古月摧",就是运用离合式将"胡"字析为"古""月"二字。有人在交流中用"言寸身"来指称"谢"字,用"身寸"来代指"射"字等。还有人们常说的"木子李""弓长张""耳东陈"和"丘八(兵)"等,均属此类。

比如"西贝莜面村"品牌符号,其中"西贝"即源于创始人贾国龙姓氏的"贾"字,"贾"析字即为"西贝",所谓"西贝贾"。再如"木子李女装"品牌,广东阳江"十八子菜刀"等"木子"和"十八子"都是创始人姓氏"李"字的析字。

增损字形:利用增加或减少字符的笔画或部件来实现汉字修辞的手法。鲁迅杂文集名《且介亭杂文》,其中"且介"是"租界"二字的损形,每个字去掉半边,意为"半租界",因为有一段时间,鲁迅先生住在上海闸北殖民者越界筑路的区域,这个地区有"半租界"之称。因此将"租界"二字各取一半,成"且介"。宋代词人吴文英的《唐多令·惜别》中有词曰:"何处合成愁?离人心上秋","心"上一"秋",意为"愁"。

单纯的析字修辞手法并不完全适合品牌名称命名,但是经由析字法的离合和增损路径结合造字部件的偏旁部首设计品牌标志,重新构成新"字"的做法,却大有用武之地。比如新锐潮流眼镜品牌"木九十",将"木""九""十"三个汉字,分作单个偏旁部首组合为一个新的"汉字",并用该新造字完成品牌标志符号设计。其中"木、九、十",分别寓意着"木"——产品镜架材质源于竹木,"九"——谐音"久",产品持久品质,"十"——产品工艺完美,品牌符号意义丰富,表达清晰。如图5-6。

图5-6 "木九十"品牌符号

汉服品牌"十三余"将"十""三""余"三个汉字重新组合成全新的上下结构合体字,同样创造出一个专属于"十三余"的视觉文字符号,并将其作为品牌标志,标志字体柔软挺拔,淡雅精致,与"中国浪漫新汉服"的品牌定位深度吻合。如图5-7。

借音:亦称谐音,是以谐音来析字的方法,可分为单纯谐音析字和利用反切来切音析字。谐音析字,主要利用汉字同音或近音的条件,用其同音或近音

SHI SAN YU

图 5-7　"十三余"品牌符号

字来代替本字,产生辞趣。如网络词语"美眉"代"妹妹"、"帅锅"代"帅哥"、"围脖"代"微博"等。切音析字,用反切法来析字,反切是古人注音的一种方法,其基本规则是用两个汉字相拼给一个字注音,切上字取声母,切下字取韵母和声调。如"冬,都宗切","刊,苦寒切",所以称"孔"为"窟窿",便是反切法析字所为。

　　实践中谐音析字比较多见,如连锁酒店名称"麒御",即运用了谐音析字修辞"奇遇"的谐音,河蟹烧烤店取名"蟹蟹侬"、理发店取名"高等发院"以仿词修辞机制来看都属于谐音仿。这类仿词名称还有很多,如街边冷饮店取名"兵工厂",谐音"冰工厂"之意,再如地产品牌名称命名常用词"尚品""臻藏",其中"尚"和"臻"均属谐音析字,"尚"源于谐音"上","臻"源于谐音"珍"等。

附文 5:品牌与符号的故事

山,就在那里

第一位登上世界之巅珠穆朗玛峰的人,也许不是有记录的 1953 年 5 月 29 日成功登顶珠峰的新西兰著名登山家埃德蒙·希拉里,而是 1924 年 6 月 8 日在第二次冲顶珠峰时不幸遇难的英国著名登山家乔治·马洛里。马洛里出发前记者问他"为什么要攀登珠穆朗玛峰",他回答:"因为,山,就在那里!"这句话不仅体现了人类勇于挑战自我的精神,更是真挚地传达了人类应有的对大自然的敬畏之心。

"山,就在那里",人们最早是怎么用文字来表示"山"的呢?几千年前的中国人和苏美尔人几乎不约而同地都想到了用"画"的方法,就是画一个像"山"一样形状的符号,峰峰相连就是山,高高隆起就是山,一个类似正三角形的符号就是山,这种方法就是人们现在说的象形文字最初的造字法。

事实上,苏美尔人表示"山"的符号是水平线上画一个隆起的半圆,像是一个山丘形状。当然,正三角形也更像是一个山的样子,古代中国人在创造象形文字的时候,就是连着画三个尖端朝上的三角形,一般是把两边的三角形画得低矮一些,中间的三角形画得更高一些,这种姿态显示出一种稳定的感觉,也更像是一座高耸的山峰,而不是山丘的样子。今天,汉字"山"仍然完整地表现出其造字之初的印记,只是三个相连的山峰形状的小三角形,逐渐演变成了汉字笔画的三笔"竖画"和下面的一笔"横画"。

正三角形因其"稳定"的感觉,也常用来喻指"男性",因此,倒三角形的形状一般喻指女性,有时候为了强调这一喻指还会在倒三角形中间再加一个圆点,用来指代女性。在原始宗教中,三角形具有多重含义,具体来说,正三角形除了代表"男性""山"之外,还代表"火"等,倒三角形除代表"女性"之外,还代表"洞穴""水"等意思。古代人思维中认为正三角形含有"突出"、"上升"和"力量"的意思,而倒三角形则有"进入"、"下降"和"入口"的意思。

中世纪的炼金术士在记录炼金术时,会将火标识为正三角形,就像是火苗上窜的形状,将水标识为倒三角形,就像是水滴将要滴下时瞬间形成的倒三角形状。

"三点成面"是人们熟知的几何常识,如果我们在空间画出一个三角形时,这个三角形就在一个平面上。但是如果在平面中往上下、左右、前后三个方向延伸,就可以构成现实中的三度空间。古埃及人在建造金字塔时就很好地运用了这个概念,人们今天看到的金字塔无论从哪个方向看过去都是一个完整的正三角形,稳定而永恒,就像一座山。必须强调的是,一般人们会想当然地以为金字塔是三个面或四个面,即三个三角形形成的立面或是四个三角形形成的立面,其实,金字塔是八个三角形形成的八个立面,只是因为金字塔太大了,一般摄影照片无法全景展示它的八个巨大三角形状的立面,可以想象八个巨大三角形状组合的结构会是多么稳定啊!

三角形符号能够传达出稳定、和谐和力量的感觉,就像汉字"山"一样,也像金字塔一样。历史文化的积淀厚重绵延,今天许多公司机构组织也特别喜爱三角形符号,经常会用它来作为自己的品牌标志,以表达自身特别的品牌内涵和精神品质。

比如"AIA"(American International Assurance;美国友邦人寿)品牌标志中三个英文字母就是从一座白雪皑皑的高耸的山峰演化而来,寓意着美国友邦人寿公司对顾客永恒不变的承诺与信赖感,这就是当人们看到三角形时会产生的那种感觉:稳定的、永恒的、力量的和有保障的。如图 5-8。

图 5-8　美国友邦人寿 源自"山"的符号元素

德国安联保险公司(Allianz)最早的商标是一个站立侧视的鹰,1999 年公司将这只鹰夸张地变形为三根并排而立的柱子,鹰被虚化和抽离了,但鹰的形象被隐藏在这三根柱子中,既传承了原有的符号元素,又与时俱进以一种更为简洁抽象的符号来传递品牌精神,三根柱子内涵了一个三角形的山形图案,保险公司的信赖感、安全感油然而生。如图 5-9。

图 5-9　德国安联保险 源自"鹰"的符号元素被抽象为"山"的样子

韩国现代集团也用三角形作为品牌符号,其商标图形是两个重叠的正三角形,前面的是一个绿色正三角形,后面叠放着一个金黄色的正三角形。根据现代集团的说法,三角形寓意着人类建筑的登峰造极之作——金字塔,金三角和绿三角代表着永恒和繁荣昌盛。但是相信如果没有这种解释,人们看到这两个叠放的三角形时,会不会想到金三角和绿三角代表的永恒和繁荣昌盛,实在是存疑的,不过不管有没有这种解释,人们看到这两个三角形时,一定会感受到前述所谓的山一般的稳定感和力量感,因为三角形太容易让人们联想到山了。如图 5-10。

图 5-10　韩国现代集团品牌符号中两个叠放的绿黄三角形,山的形状

日本"三菱商事株式会社",其品牌标志是由三个菱形组合而成的一个三角形符号。三菱商事株式会社(Mitsubishi Corporation)是由原先日本三菱财阀解体后的公司共同组成的一个现代化的综合商社。三菱的标志是岩崎家族的家族标志"三段菱"和土佐藩主山内家族的家族标志"三柏菱"的结合,后经发展演变于 1910 年形成如今的三菱标志,标志由三个红色的菱形钻石组成一个正三角形,像山一样稳重,又如菱角一样轻灵,三枚菱形钻石则意味钻石品格,如此传递着三角形所蕴含的"三位一体"意义。如图 5-11。

图 5-11　"三菱商事株式会社"品牌符号

　　"郴江幸自绕郴山,为谁流下潇湘去"。逝者如斯,山却永恒,也许正如马洛里所说"山,就在那里",所以才有那么多三角形符号成为经典品牌符号标志。

第六章　品牌符号规约机制

第一节　规约性:规约符号

一、规约性

规约符号是指符号再现体与符号对象之间的关系是社会人为约定的,符号再现体与符号对象之间看不出像似或指示的关系,规约符号的意义完全由社会人为约定。

"烟"是"火"的自然因果类指示符号,因为二者是自然形成的,无须人为约定。但是周幽王烽火台燃起的"烟"作为"敌军来犯"的符号时,就不是自然的而是约定的了,符号再现体"烟"的符号对象是"敌军来犯",二者本来并没有指称关系,是因为约定而产生了指称关系。至于"周幽王烽火戏诸侯"的故事,是因为约定被篡改后,符号再现体"烟"不再指称符号对象"敌军来犯"了,所以当敌军真的来犯时,周幽王燃起的狼烟再也不能号令天下诸侯救驾勤王了。

所以,规约符号的核心是预先约定,跟符号再现体与符号对象之间的真正关系无涉,比如"一声干咳"是一个符号再现体,其符号对象是"我来了"、"这里有人"、"有病"、"装病"和"嗓子不舒服"甚至是"接头暗号"等。这里有多种可能性,到底是哪一种呢? 就需要事先约定才能明确,比如约定为"接头暗号",这个容易理解。那么像"我来了"、"这里有人"、"装病"和"嗓子不舒服"等,这些是怎么约定的呢? 其实这是依靠情境约定的,比如某人来访,在办公室门外"干咳一声"实际是指示主人"我到了";卫生间隔间外面有人推门时,里面的人也会"干咳一声"指示"这里有人";装病的人,会一边使眼色一边"干咳",这个就是"装病";真正"嗓子不舒服"的人,会抑制不住地"咳嗽"下去,所以这种种情境也是我们生活经验的约定。因此,规约符号的符号再现体与符号对象之间联系千变万化,核心是预先约定,只要预先约定,符号再现体就可以指称符号对象。反之,如果没有预先约定,或者预先约定遭篡改,那么符号再现体就无法指称符号对象。比如,仅仅是"一声干咳",没有具体情境和有意约定,我们就无法确知其所指,是"我来了","这里有人","有病","装病","嗓子不舒服"还是"接头暗号"呢? 完全不知所云。

规约符号的本质即规约性,规约性具有如下特征。

(一)指称的任意性

规约符号中符号再现体与符号对象之间的关系是任意的,或者说是无理据的。就是规约符号在创造时是人为任意约定的,不是必然的。比如语言符号创造时的发音形式和指称对象之间没有任何必然联系,完全是人为约定的。

(二)规约的社会性

因为规约符号是社会文化发展的产物,因而其规约性的形成不可避免地有着社会文化的痕迹,那么,这种规约性就又表现出社会性,或者说规约符号不完全是任意的。比如有些规约符号的社会规约是依据符号再现体和符号对象的某些属性类似,比如以"老虎"指称"大王",以"海燕"指称"自由翱翔",虽是规约,但是符号再现体和符号对象在品质上的相同、近似是显而易见的。再比如汉字造字"六书"也是如此,虽是规约,但是其中的造字方法即原则是有理据的,不是任意约定的。

(三)释义的强制性

强制性是指规约符号的释义是强制的,像似符号和指示符号的表意都会有或然性,而规约符号不存在或然性,它的符号表意功能直接、高效而且确定。所以,像似符号或指示符号在表意不足时,会用规约符号比如语言文字来做补充。此外,规约符号一旦确定,即为全社会所遵守,个体或组织都不得随意废止或修改,其意义所指具有确定的强制性。比如常见的交通标志符号其所指即具有强制性。如图 6-1。

图 6-1　禁止通行

181

二、规约符号分类

规约符号的符号再现体指称符号对象是基于二者之间的社会人为约定而实现的,根据规约符号的约定方式,可以把规约符号的符号再现体指称符号对象的指称机制分为无因规约指称和有因规约指称。

(一)无因规约指称

无因规约指称是指规约符号中符号再现体和符号对象之间的约定是完全任意的,不存在任何肖似性或因果邻近性的关系,简单说就是无原因的。诸如,语言符号,数理符号,化学符号,标点符号,计算机语言符号等,还有旗语、盲文等约定均属完全任意性的、无因的。

无因规约指称具有专指性和稳定性的特点,一般来说无因规约符号的符号对象是具有专一所指的,比如"海尔"的品牌符号其指称对象就是唯一的,除了指称在地青岛的一家电器公司和其产品,再没有任何别的对象所指;此外,无因规约符号在约定之后,基本上会在社会上长期使用,具有相当的稳定性。

(二)有因规约指称

有因规约指称是指规约符号中符号再现体和符号对象之间的约定具有内在动因性,并不是完全任意的。比如,以"牡丹"称"富贵",以"龟"喻"寿"等,都有其符号生成的内在动因,即牡丹雍容华贵,乌龟长命等,此种类型也可以理解为符号再现体指称符号对象的约定是基于部分理据性前提而达成的。

有因规约指称具有象征性和多义性的特点。比如西式婚礼新娘一定要穿白色婚纱,以此来象征新娘的纯洁无瑕,而中式婚礼新娘一般着大红颜色婚服,以示喜庆。"洁白"与"纯洁","大红色"与"喜庆热烈",有社会文化心理的共通性,这些都属有因规约指称的象征性。多义性则表现在同一个符号再现体会指称不同的符号对象,也就是说意义会不同,比如"龟"这一符号再现体经常在传统书画中指称"寿",但是,现实生活中骂人也常说"龟儿子"、"乌龟王八蛋",意义在此出现了巨大的改变,这就是有因规约指称的多义性。

三、符号统筹

像似符号、指示符号和规约符号,其间的分类有时并不是那么清晰,理据性和规约性在符号创造中也不是泾渭分明的,如前所述有因规约其中就内含着某种约定的理据性,所以一个具体的符号,无论是分类还是性质都多少表现为你中有我、我中有你的特性,这种特性就是符号统筹。符号统筹具体表现为符号类别的交叉和符号性质的重叠。比如交通标志符号。如图 6-2。

图 6-2　交通标志符号

这些符号中既有像似符号、指示符号也有规约符号,既有理据性符号也有任意性符号;具体到某一个具体符号分析,既有单独类的符号,比如像似类、指示类或规约类,也有合成类的符号,比如"行人经过斑马线"符号,其中既有像似符号——行人,又有指示符号——线条,还有规约符号——三角形(三角形在此类符号表意中一般约定为"提醒")起到警示的作用。

图 6-3　施工标志符号

施工标志符号分析(如图 6-3):

表 6-1　施工标志符号分析

符号再现体	符号对象
像似符号:人、铁锹和堆积物剪影	人、铁锹和堆积物
指示符号:人在处理堆积物剪影	施工现场
规约符号:黑色三角形、黄色背景	提醒注意

在这一个符号中集中了像似符号、指示符号和规约符号,任意性和约定性都在发生作用,虽然像似性表现了人和堆积物,但是其施工现场的表意和提醒注意的表意,是需要指示符号和规约符号来传递的,指示符号在这里就是以部分指称整体,一个人、一把铁锹和一处堆积物指称了整个施工现场,黑色三角形和黄色打底图标一般在社会约定中是提醒注意的意思。指示符号、规约符号很好地补充和确定了像似符号的表意,形成一个完整的符号表意系统,如表6-1。

一个完整的品牌符号构成,几乎都是通过符号统筹来表现的,也就是说在一个品牌符号构成中,往往同时运用像似符号、指示符号和规约符号,整合多种符号资源实现品牌传播效果的最大化。

图 6-3　"西贝莜面村"品牌符号

"西贝莜面村"品牌符号(如图6-3)典型地体现了符号统筹的运用,其中符号性质既有理据性也有规约性,既有像似符号、指示符号也有规约符号。"西贝莜面村"品牌名称符号中的理据性即"西贝"与"西北"的谐音,寓指其菜品西北特色,而"西贝"比"西北"平添了许多时尚意味。当然,"西贝"还源于创始人贾国龙的姓氏,如前所说"贾"按照析字法即为"西贝",这是该品牌名称命名的另一个理据性源头。规约性主要体现在其文字符号的运用上,以西北面食为主营。"I♥莜(yóu)"中"心形"显然是像似符号,"莜"即"莜面"是规约符号,同时也有谐音英语"You"的内涵,此处即为指示符号。整个品牌符号文本组合中,理据性和规约性整合统筹,理据性是品牌符号化的意义前提,规约性确保品牌符号化蕴意准确,指向唯一。

第二节　品牌符号规约性指称机制

一、无因规约性机制

品牌符号规约性指称机制是指品牌符号再现体与品牌符号对象之间通过建立约定而完成品牌符号化过程。根据规约符号的约定方式分类，规约符号分为无因规约和有因规约。因此，品牌符号规约性指称机制中符号再现体指称符号对象的指称机制也分为无因规约性机制和有因规约性机制。

品牌符号无因规约性机制是指品牌规约符号中符号再现体和符号对象之间的约定是完全任意的，无原因的，品牌符号化过程中无因规约性机制主要表现在以下三个方面。

（一）强制约定

规约机制往往被称为人为约定或社会约定，一般是通过某社会群体所有成员长期使用而约定俗成，为整个社会群体共同发出和享有，它不是某个个体或组织的单独行为，一般呈现出协商约定的特征。比如语言符号的产生和发展，就是符号使用者全体成员共同协商约定俗成的结果。但是社会生活中的规约符号也存在着另一种情形，即约定是由权威组织或个人强制颁布的，要求社会成员无条件接受和遵守，比如国旗、国徽的符号约定，一旦确立和颁布，便具备至高无上的权威性和强制意义，这类约定可以称为是"强制约定"。

品牌符号无因规约性机制强调的是品牌符号再现体与对象之间的联系是约定的，但是这种约定并不是社会协商的约定，而是品牌主强制性作出的，它并不考虑社会成员是否接受和认同，或者说它要求社会成员无条件接受和认同，它是品牌主单方面强加于社会成员的约定，亦即上述所谓的"强制约定"。而且品牌主一旦完成品牌符号商标注册，那么其强制性更多了一层法律意义的权威保障，因此品牌符号不是一般性地通过"社会约定"机制实现的，而是通过"强制约定"实现的，这就是品牌符号化过程的强制约定机制。

比如用"京东"名称来指称在地北京的一家电子商务公司，用一只"金属狗"符号来作为"京东"的品牌标志，品牌主无须和任何社会成员做事先的商约，品牌主只要颁布或经过商标注册即可，而整个社会成员不管是否理解或者喜欢这个名称和这只"金属狗"都得接受。

(二)专指唯一

一般意义上,规约机制中符号再现体与符号对象的指称关系虽是社会成员集体约定俗成的,但是一个符号再现体可以指称一个对象,也可以指称几个对象,比如绿色常用来指称健康、环保、生命、原生态,甚至是伊斯兰教宗教符号中常用的色彩;此外,几个符号再现体共同指称一个符号对象的情况也常常存在,比如白色婚纱和红色凤冠霞帔都可以指称婚礼中的新娘。

品牌符号无因规约性机制中符号再现体指称品牌符号对象具有专指唯一性,不存在一个品牌符号再现体指称多个品牌对象或是几个品牌符号再现体指称一个品牌对象的情况,品牌符号再现体与品牌对象的指称关系是一一对应关系,这就是品牌符号规约性机制中的专指唯一性。

比如手机品牌"苹果","苹果"作为普通名词出现时是一个语言文字符号,其指称一种甜味水果。改革开放以来中国人还自创了平安夜吃"苹果"寓意平安之意,此处实际上是取"苹"与"平"的谐音联想,西方文化中并无平安夜吃"苹果"的习俗,在西方文化中"苹果"除了代指一种水果之外,"苹果"还指称伊甸园的"禁果"的含义,总之,"苹果"作为符号再现体指称着多种符号对象和意义。但是,当它作为乔布斯"苹果公司"的品牌符号再现体的时候,其品牌符号对象所指则是专指的和唯一的,仅指称"苹果公司(Apple Inc.)"——总部位于美国加利福尼亚州库比蒂诺的一家高科技公司。这是品牌符号规约性机制中专指唯一作用的第一种表现形式

但是,"苹果"作为一个普通名词符号,不具有专属性,所以在世界各地存在着多种其他"苹果"品牌。比如,"美国苹果集团",也是以"苹果"命名,专营服饰、鞋业、皮具等,其中最著名的服饰品牌即"苹果(Apple)"和"爱曼普(Aemape)"(见图6-4)。即使是同类产品中如服饰类,也还有其他以"苹果"命名的情况,如"苹果"牌("Texwood")牛仔裤(见图6-5),也是一家和"Levi's""Lee"等相类似的牛仔裤品牌。

这些"苹果"虽名称为同一符号再现体,但是因为品牌符号除名称符号之外还有标志符号等构成元素共同组成,因此这些同名品牌很容易以其他品牌符号构成元素而互相区别,人们并不会混淆此"苹果"和彼"苹果"。比如这里所讨论的三个苹果,"被咬了一口的苹果"、"五星苹果"和"穿牛仔裤的苹果",各有其专一指称的品牌对象,这是品牌符号规约性机制中专指唯一作用的第

图 6-4　"爱曼普（Aemape）"，因为标志中的五颗星，也称为"五星苹果"

图6-5　"苹果牌""Texwood"牛仔裤符号标志

二种表现形式。

（三）随俗雅化

规约机制中符号再现体与符号对象的指称关系在长期的社会生活中约定俗成，并在人们的使用中变为固定的规约符号，要求人们在规定的符号表征或指称关系上使用这些规约符号，因此规约符号的约定呈现出长期稳定性的特点。如果符号使用者违背了社会约定，就会造成正常交际传播活动的障碍，而且难以得到社会集体成员的认可。

品牌符号因为其承载着市场开拓品牌商誉及溢价等作用，在与顾客或公众交流沟通中常常需要与时俱进以迎合流行审美和社会风尚，因此品牌符号基于品牌主的强制约定性而表现出一种可改变的能力，也就是说品牌主需要根据社会经济文化发展，不断地调整或修改品牌符号构成元素，包括名称符号、标志符号、口号符号和包装符号等。这种品牌符号特有的可改变能力，就是品牌符号规约性机制中的随俗雅化机制。

百年品牌中品牌符号随俗雅化是一种常态，没有或很少有品牌符号构成

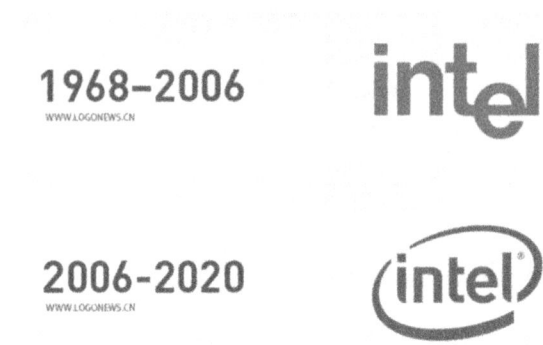

图 6-6 "Intel"品牌符号标志演变

元素是恒久不变的。在品牌符号构成元素中,品牌名称符号一般不会轻易改变,除非是大品牌之间的企业合并,比如两家品牌企业合并,原有品牌名称价值巨大难以割舍,会采用"桥梁式命名"结合两家名称合二为一,"ExxonMobil"就是如此,"埃克森"和"美孚"两大石油巨头原有品牌名称价值都是业内数一数二顶级品牌,合并后难以取舍,就采用了合二为一的方法。

品牌符号的其它构成元素如标志符号、代言者符号、包装符号和口号符号等会常用常新,如图 6-6 所示"Intel"品牌符号几十年来的标志变化,体现的正是一种与时俱进的精神追求。每一种品牌符号的演变史都蕴含着社会文化的痕迹,品牌符号就像是一个有生命的对象,具有自我生长的能力。这种能力在标志符号的演变中表现为越来越简单和抽象,在代言者符号的演变中表现为越来越多元化,在包装符号的演变中表现为越来越实用和人性化设计,在口号符号的演变中表现为越来越呈现出更多的口语化和网络语言的运用。

二、有因规约性机制

品牌符号有因规约性机制是指品牌规约符号中符号再现体和符号对象之间的约定具有内在动因性,二者之间的指称关系并不是完全任意的而是部分任意的,或者说是有一定原因或理据的。品牌符号化过程中有因规约性机制主要作用表现在以下三个方面。

(一)理据前提

一般意义上规约符号中符号再现体指称符号对象是完全任意的,但是在品牌规约符号中存在大量的有理据性前提的规约符号。比如"蜀先生麻辣火锅"品牌名称符号,其品牌符号再现体与品牌对象是约定性的规约符号,即"蜀先生"的命名,但是为什么起名叫"蜀先生",显然没有姓"蜀"的先生,这是一个臆造的姓氏,是一个规约符号。那么,为什么没有起名叫"王先生"或"张先生"呢?不言而喻,起名"蜀"是有其理据性的,就是"蜀地"、"四川"之意,指称该"麻辣火锅"店之正宗,如此该品牌符号名称命名的规约性就是有理据前提的。或者起名叫"巴先生麻辣火锅"也有异曲同工之妙,因为"巴"亦指称四川。

品牌符号中的此类运用在名称符号中非常普遍,比如餐饮品牌"巴奴毛肚火锅",其中取名"巴"是有确定的理据前提的;再如"外婆家"为什么不叫"外公家"?"大娘水饺"为什么不叫"大爷水饺"? 当然都是有其社会文化影响内因的。

(二)再度理据

品牌符号的文本组合确立之后,原本规约性的品牌符号会被二次理据化,品牌符号再现体与品牌对象之间具有了超出任意性的联系,这个就是品牌符号有因规约机制的重要作用形式——再度理据。这种情况也可以理解为品牌符号在长期的使用过程中,其内涵由原来的约定慢慢转化成新的固定意义,或者说是顾客或公众的长期使用赋予了品牌符号新的规约意义,就像传统京剧表演中只要"一个圆场""一场趟马"就可以赋予舞台表演中"人行千里路""马过万重山"的意义。

"马可波罗"是广东唯美陶瓷有限公司主打品牌,该品牌诞生于1996年,是国内最早品牌化的建陶品牌。"马可波罗"品牌名称符号约定显然是有理据前提的,其命名源自写过《马可·波罗游记》的那位13世纪著名的威尼斯商人和旅行家,马可·波罗在中国享有盛名,因此唯美公司推出"马可波罗"品牌命名时似有"搭便车"之嫌,在最初推出这一品牌名称时,人们总是会想起那位伟大的旅行家,这对于一个刚刚进入市场的新品牌来说,有着极为积极的品牌推广作用。但是在20多年的品牌推广和历练之后,"马可波罗"这一符号被成功再度理据化,它已然摆脱了那位意大利人"马可·波罗"的"阴影",而蜕变成中国最著名建陶品牌代表之一。如今,人们在看到"马可波罗"品牌名称时,比如在电视体育转播中看到CBA联赛中的"马可波罗队",当然知道这是东莞的生产建陶的那家"马可波罗",而不是威尼斯的那位旅行家马可·波罗,其中起作用的正是再度理据机制。

（三）理据复现

有因规约机制符号化过程中有一类常见的现象，即多义性和象征性特点。即同一个符号再现体常依据不同的理据内涵被用来指称不同的符号对象，理据性会随着不同的符用语境而指向不同的意义。但是随着符号被社会化的反复使用，其又会逐渐形成为一种带有某种固定意义的象征。品牌符号化过程中理据复现机制就是指品牌符号一再复现使用逐渐形成明确的统一意义，从而建构品牌有因规约符号指称机制的唯一性。

品牌符号文本因其是多种符号元素组合在一起，诸如品牌名称符号、品牌标志符号、品牌口号符号、品牌包装符号等，所以在不同的符号元素构成中均有不同程度的理据性存在，这些理据性的指向可能是一致的，也可能是有歧义的，特别是在品牌符号的使用过程中，还有再度理据性的可能。因此，品牌符号必须通过理据复现机制，才能确保品牌符号所指的唯一性或确定性。比如，著名的中式餐饮连锁品牌"真功夫"。见图 6-7。

图 6-7 "真功夫"品牌符号

"真功夫餐饮管理有限公司"，是国内最早的实现全国连锁发展的中式快餐企业，是中国快餐行业前五强中唯一的本土品牌。"真功夫"品牌符号文本组合元素有：品牌名称符号"真功夫"，品牌标志符号"身着黄色紧身衣的酷似李小龙的功夫男子"，品牌口号符号"营养还是蒸的好"，品牌包装符号为统一的门店装潢和餐具包装。这里的品牌符号名称"真功夫"中之"功夫"是有其理据性的，但是其理据性内涵是多义的，比如"功夫"有"中国功夫"之意，也有技艺高超之意，还有努力、用功之意；品牌符号名称的"真"也谐音品牌定位的"蒸"，同时也还有"纯正""纯真"中餐之意。那么这些理据性最终都还须在理据复现机制的同一作用下才能准确指称品牌符号对象,如果没有这种理据复现机制作用,那么"真功夫"就会出现多种歧义了。

事实上,"真功夫"品牌标志符号中的"功夫男子"的理据性本身即是多义的,可以表征是"中国的",也可以表征是"功夫的",特别是其衣着款式和颜色以及剪影肖像酷似功夫巨星李小龙,如果没有品牌口号符号"营养还是蒸的好",人们只看品牌符号标志恐怕很容易误以为是一个"武术馆"的品牌标志。这里品牌口号符号在整个品牌符号文本组合中就起到一个重要的理据复现指向作用,这种品牌符号文本组合经过长期的社会化一再复现使用,最终将"功夫男子"符号指向"中式餐饮"的明确符号表征。

第三节　品牌命名规约法

一、"臆造法"

汉语言文字独特的表音和表意方法,在中文品牌名称符号规约机制中也表现出独具特色的规约形式。本书总结出以下四种常用的规约方法:臆造法、随意法、暗示法和描述法,分述如下。

"臆造法"即臆造品牌,是指利用生造的文字或词语组成品牌名称。所用的品牌名称词语从未在词典中出现过,因此没有任何现成含义。臆造品牌与其所指称的商品或服务没有任何字面关联意义,其之所以能够指称某一商品或服务,完全是通过品牌主的强制约定,所以臆造品牌的规约机制表现为强烈的强制约定性。所谓"臆造"意图单一直接,生造某个原本并不存在的词语,其目的只有一个,那就是将其作为品牌名称来特指某一商品或服务等,这类名称符号常具有非常显著的识别性。比如:电器品牌"容声"和"海信",互联网品牌"哔哩哔哩"("bilibili")和"抖音"等,这些词语在汉语词典中原本均不存在,将其组合成为一个词语使用,源自该品牌主的强制约定行为,其强制约定指向一个唯一所指,即某个电器品牌或某个互联网平台。此外,再无所指。

臆造品牌与其所指称的商品或服务等之间本来毫无关系,经过品牌主的品牌推广、市场营销、公关活动等,市场和受众会接受或赋予臆造词语以意义,从而形成所指商品或服务的解释项含义。这种含义的获得一方面有赖于品牌主的市场推广,另一方面也是市场接受的一个反应。

上述所谓"臆造"或"没有任何现成含义"的说法,是指品牌符号创造之时是"臆造"的和"没有任何现成含义"的,但是当品牌创造完成即规约之后,从符号学的角度而言,在现有社会文化体系中,任何词语、文字、标志、颜色和发音等都是所谓"携带意义的感知",无任何含义的文字词语和标记都是不存在的。例如前面举例电器品牌"海信",是一个臆造词语,组词后没有任何意义,但是"海"字本身是有意义的,"信"字本身也是有意义的,"海"有"大海""宽广""无限"之意,"信"有"信用""书信""诚信"之意,而且这种意义很快就会被赋予在该品牌符号的"符号解释项"之中,并且为品牌主所利用,迅速于社会或受众中达成品牌愿景价值观理念,"海信"被赋予了"海纳百川,信誉为上"的意义。再如"哔哩哔哩"作为"上海宽娱数码科技有限公司"的品牌名称,无论是它的汉语词语还是汉语拼音组合,都没有任何意义,与"科技""视频""娱乐""网络"都无关联,但是进入市场之后,上述概念"科技""视频""娱乐""网络"等意义都被赋予在了"哔哩哔哩"之上,人们提到"哔哩哔哩"一定而且唯一的联想就是那家著名的以视频播放为主的互联网平台。事实上,正是因为"臆造品牌"是臆造的,其品牌的独特性和唯一性才得到最大保障,而独特性和唯一性天然的是品牌识别性最重要品质。

二、"随意法"

"随意法"即随意品牌,一般是指利用常用词构成品牌名称,但是该常用词跟商品或服务等并无关系,只是经品牌主约定被用来指称某商品或服务等。随意品牌和臆造品牌不同,臆造品牌是杜撰生造的词语,而随意品牌是用现成的原本有自身含义的但是与商品或服务等无关的词语来加以新的约定并使用的。比如"快手"原来是形容某人动作麻利做事快,现在是中国知名短视频平台,"宫灯"在中文语境中原意是指"宫廷花灯",现在是一款颇受欢迎的美容护肤品牌,"吉利"原本是生活中互道祝福"吉祥顺利"之意,现在则被"浙江吉利控股集团有限公司"用作公司和产品名称。这些都是典型的随意品牌。

随意品牌一般并不显示与其指称的商品或服务等有直接关联,比如"吉利"与"汽车","快手"与"短视频平台"等。但是随意品牌相比臆造品牌会较多地反映出品牌名称本身的一些含义,也就是说臆造品牌在其诞生之前,并不存在这样一个词语或称谓,那么其是从无到有,品牌名称诞生之后其唯一性、独特性都是天然的,标识性极强,那么其作为商标的法律保护性也就是最高等级的,其他商品或服务绝对不能使用该称谓,否则即是侵权。随意品牌则不然,很多随意品牌被不同的企业使用在不同的商品或服务上,这种情况中外品牌均不鲜见,比如"苹果"作为品牌名称被不同的企业用在电脑或服饰上,即"苹果"牌电脑、手机或"苹果"牌牛仔裤都是全球著名品牌。"鳄鱼"作为品牌命名使用时也是如此,国外、香港和内地均有以"鳄鱼"命名的服饰品牌。这种情况在法律保护中反映出随意品牌的保护力较弱,随意品牌即使成为了知名品牌,在市场竞争中也很难保持其指称的唯一性。

随意品牌从符号学和心理学的角度去理解会发现,虽然其品牌名称并不直接描述商品或服务等,但是因为符号的意义性和受众心理联想的作用,许多随意品牌都具有一定的心理联想指向性,传递出商品或服务的某些功能性或精神性信息。比如"飞鸽"暗示了所指称商品"自行车"的某种功能特征,即"速度快",甚至还有骑行者的"飞翔"的感受等。"钱大妈"则暗示了家庭主妇操持家务的一种社会分工定位,较好地实现与目标受众消费者的情感沟通。当然也有很多随意品牌并不天然地具备这些能力,比如"鳄鱼","鳄鱼"名称本身与服饰确实不存在人们能够联想到的任何关联,正因为此,随意品牌才表现为其多种指称现象。

三、"暗示法"

"暗示法"即暗示品牌,是指品牌名称命名虽不直接描述商品或服务的功能作用,但是通过隐喻、暗示等修辞手法提示商品或服务的某种属性或利益。比如"金嗓子"喉宝,隐喻该品牌产品的服用者可以获得"金子"般的"嗓子",暗示了这款保健药品的功能利益。"淘宝"品牌名称中的"淘"有"淘换""拣选""筛选"的意思,"宝"就是"宝物""宝贝"的意思,"淘宝"合在一起意指"淘换宝物",暗示"这里有丰富的宝藏赶紧来'淘'吧",与"淘宝"品牌所提供的服务吻合一致。另外诸如"张仲景"牌"六味地黄丸"、"华佗膏"、"云南白药"牙膏、"长白山"人参、"蒙牛"乳业等,其中所运用的权威人物暗示、行业背景暗示和产地暗示等都是常见的暗示方法。总之暗示性虽没有直接描述商品或服务,但是通过符号意义阐释人们可以很好地理解领会其间接指向的商品或服务等。

与臆造品牌和随意品牌相比,臆造品牌一般自身名称并不具备意义,随意品牌一般运用的是现成名称词语,而暗示品牌一般自身具备相关的联想意义。暗示品牌可以细分为两类,一类是创造的词语组合,比如"淘宝""蒙牛",另一类是现成名称词语的借用,比如"金嗓子"喉宝、"张仲景"六味地黄丸、"云南白药"牙膏和"老干妈"香辣酱等。

暗示品牌一般反映或传递了更多也更宽泛的信息含义,不仅借助品牌传递商品或服务的优异品质,还包括商品或服务产地来源、本身的功能利益甚至精神价值等。暗示品牌策略的运用在品牌管理中非常普遍,常用的手法有比喻、象征、借用、关联等,其作用就是委婉含蓄地表达品牌主的品牌愿景价值观和商品或服务的相关信息,事实上凡是符号都天然具有意义,从这个意义上讲绝大部分品牌都天然具有暗示品牌的属性。

暗示品牌成为最受欢迎的品牌管理命名方式之一,首先暗示品牌可以强化名称和商品或服务之间的关联,这种关联不是直接指称而是间接地通过联想而实现,这种联想的过程是一种重要的心理活动,因为任何联想都会产生丰富的意义,能够引发刺激受众心理的文化积淀,并使这种积淀作用于品牌之上,形成丰富的品牌联想,而这正是品牌战略管理的重要手段。其次,暗示品牌除了可以传递更为丰富的品牌信息之外,还可以非常好地规避商标法关于品牌命名内涵商品或服务信息的一些限制。最后,暗示品牌在信息传递高效和便捷上也具备更显著的优势,因为其本身是受众熟悉的有着固有联想的词语符号,而且这种词语符号联想又能够很自然地指向商品或服务等,因此其传播沟通能力要明显优于臆造品牌和随意品牌。

四、"描述法"

"描述法"即描述品牌,是指通过对商品或服务的功能利益特征以及优异品质的直接描述来命名品牌。比如大型连锁超市"北京物美商业集团股份有限公司"的品牌"物美",就是对该商品或服务的直接描述"物美价廉"之意,简单直接,无需暗示联想即实现品牌能指和所指之间的约定。再如"黑又亮"鞋油品牌,"热得快"热水加热棒品牌,"冰红茶"饮料品牌和"会稽山"黄酒品牌等,品牌名称本身即是关于产品品质、功能、成分和产地等的描述。描述性并不是对商品或服务的全方位信息的描述,一般描述是针对商品和服务的核心信息或某一特征进行描述,这种描述可以直接提高商品或服务信息沟通的效果,受众实际上无需更多联想就可以理解明白其所指含义。

描述品牌与暗示品牌的联系是如此紧密,以至于人们在区别两种品牌时感到非常困难,因为所谓描述和暗示并没有清晰的边界,描述的稍微抽象一些可能就是暗示,暗示的稍微具体一些可能就是描述,所以区分两者对于品牌管理命名还是非常必要的。

一般来说,对于暗示品牌,人们必须通过想象、推理和思考才能把品牌能指与品牌所指联系起来。比如"老干妈"香辣酱品牌,"老干妈"并没有指向"香辣酱"的任何品质、功能、产地和成分等,但是它却暗示了这款"香辣酱"调味品的口味就像"妈妈的味道",有一种"回家"的感觉,这就把品牌和商品或服务之间的联系建立起来了。而如果没有这样的诸如"妈妈的味道"和"回家"的联想,就不会建立这种联系。

描述品牌一定要有描述性词汇,描述性词汇是直接指向商品或服务的优异品质、功能利益、特别产地、产品成分等这些可以彰显商品或服务卖点的明确清晰的信息。受众无需经过联想、思考,而是看到听到品牌名称就立即明白商品或服务的品质、功能、产地和成分等信息。描述品质优异的品牌大多是强调沟通效果的,比如"完美中国""健康元药业""无极限""精工""上好佳""美的""大屋""美加净"等;描述功能利益的品牌大多是消费者特别关心产品功能性效果的商品或服务,比如"安居客""好视力""平安保险"等;描述成分组成的品牌大多是一些食品、保健品和药品类的品牌,比如"两面针""片仔癀""御苁蓉""麝香膏""灵芝草"等。

地名和人名是描述法中常用而且限制性规定也比较多的一类,在此也有必要专门讨论一下。用地名来描述产品产地是传统命名习惯做法,首先,根据我国商标法管理规定,县级以上行政区划的地名或者公众知晓的外国地名不得作为商标,当然也就排除了作为品牌使用的情况,但是,有些传统的老品牌仍然保留了其原有的地名命名,比如"上海"牌手表、"青岛"啤酒、"哈尔滨"啤酒、"龙口"粉丝等。此外,就地名来说,并不是所有的用了地名的品牌都是描述品牌,因为有些品牌所用的地名并不直接指向其产地,只有那些地名直接反映了商品原产地的地名品牌才是描述品牌。比如"水星"牌纯净水,并不会有人认为该纯净水产自水星,"北冰洋"牌冷饮也不会有人认为其产自北冰洋。而"上海"牌手表的命名无论是品牌主和受众都一致认为其产地一定是上海,对于品牌主来说是要强调上海的工艺先进、质量保证,对于消费者来说同样是因为上述原因才更乐意购买。

那么如果是一家所在地为甲地而品牌名为乙地的命名,也不能视同描述品牌。比如"北京"牌彩电的生产厂家所在地是天津,此种情况虽不常见,但是也是客观存在,这种情况的出现一是传统时代的遗存,二是其命名目的并不在于突出产品产地,而是出于对所用名称的其他意义的考虑,比如天津产彩电用北京的名字做品牌,"北京"在此并不是指地名意,而是指"首都"、"京城"和"首善之区"的附加意义。其实这种情况就属于地名具有其他含义,所谓地名具有其他含义就是指某一地名具有明显的区别于地名的、明确的、易于为公众所接受的含义,从而足以使该地名起到商标应具有的标识性作用。比如"东方"是一个方位词,还具有中国语境下的丰富的政治含义,地理政治上的"东方"的含义,那么它同时也是海南省的一个县级市名,即"东方市"。"凤凰"既指一种寓意丰富的中国神话传说中的吉祥神鸟,同时它也是湖南省的一个县的名称,即"凤凰县"。而著名的香港凤凰电视台则直接拿来做了电视台的名称了,而上海也直接用"东方"来命名"东方卫视"。那么,此类品牌命名是不是描述性的就要视具体情况来确定了。

最后需要明确的是,大部分情况下使用地名的目的是要彰显突出其原产地品质,即大部分的地名命名属于描述品牌。比如"西湖"龙井茶,当然是在突出其原产地的稀有和正宗,它和"钱塘江"龙井、"四明山"龙井是不一样的。"东阿阿胶",就是强调产品产自阿胶的发明诞生地——山东东阿,突出商品的正宗地道,无可替代。近年来国内农产品品牌都非常注重所谓原产地标识保护利用,也反映地名品牌作为描述品牌的重要意义。

与地名品牌类似的还有姓氏类品牌,一般来说利用姓氏、人名来命名都是描述性的,目的是描述其商品或服务的生产者。这种做法其实是从"物勒工名"流传下来的,最初是作为行政管理的一种手段,加强和提高手工业生产者的产品责任,后来在商品交易中则是作为信誉的一种保证手段,同时兼有"广而告之"的作用。比如"张小泉""王致和""陈李济""王老吉""李宁"等。

前述四种品牌名称规约方法实际上也反映了品牌符号规约的无因规约和有因规约,其中臆造品牌属于典型的无因规约,品牌能指和品牌所指之间的联系是品牌主强制约定的;描述品牌属于典型的有因规约,品牌能指和品牌所指之间的联系是具有明确理据的,而随意品牌和暗示品牌的无因规约性和有因规约性表现不明显,或者说随意品牌和暗示品牌的规约性是介于无因性和有因性之间的约定,时而表现为无因性时而表现为有因性,需要具体品牌具体分析。但是,可以明确地是四种方法的规约强制性和识别性以下列顺序递减,即臆造品牌大于随意品牌,随意品牌大于暗示品牌,暗示品牌大于描述品牌。需要指出的是此四种品牌命名规约法是围绕品牌名称符号约定关系展开的,与品牌名称符号谱系中讨论的像似型、指示型和规约型命名分类是互为交叉的,臆造法属于规约型,描述法属于像似型,随意法兼属规约型和指示型,暗示法兼属指示型和像似型。

五、品牌"显著性"

"显著性"是商标法规定的关于商标的最重要的概念之一,我国《商标法》第九条规定"申请注册的商标,应当具有显著特征,便于识别"。所谓"显著特征"就是"distinct character",在商标法有关著作中也翻译为"显著性",各国商标法中均将"显著性"作为最重要的商标构成要件,"显著性"是判断品牌符号是否具备区分商品或服务的能力,如果具备这种能力,那么就意味着该品牌符号获得了注册商标的必要条件。

"显著性"在此也可以理解为是品牌名称符号规约的强制性和识别性。不难看出,臆造品牌、随意品牌、暗示品牌和描述品牌的品牌显著性是依次递减的。但是判断某一品牌符号显著性强弱,还需要结合其符号运用语境,因为除臆造品牌具备天生的显著性之外,其他品牌符号都是在具体指向某种商品或服务时才具有显著性意义。比如"苹果"一词,它作为一般名词时其意指就是一种水果,只有在它被印制在某款电脑或手机上作为区别商品或服务的符号时,它才具备品牌的显著性意义,即体现出其"识别价值"。但是,如果用"苹果"作"苹果水果"的品牌时显然又丧失了这种显著性意义,所以不存在"苹果"牌苹果。

此外,"显著性"的获得方式也是不同的,一般地根据不同的"显著性"获得方式可以将其分为"固有显著性"和"获得显著性"。所谓"固有显著性"是指品牌符号不能被合理地理解为是对其指称的商品或服务的描述,受众会自动地将其视为品牌或服务出处的表征,如"容声"和"海信"等。"获得显著性"是指原本不具备识别性的符号在市场活动中获得了识别性意义并成为品牌,这种获得的意义又称为"第二含义",其原始本意为"第一含义",如"苹果"和"鳄鱼"等。一般来说,臆造品牌具备典型的"固有显著性",随意品牌和暗示品牌兼有"固有显著性"和"获得显著性",而"描述品牌"则具备典型的"获得显著性"。这种不同的"显著性"获得方式也是臆造品牌、随意品牌、暗示品牌和描述品牌的"显著性"强弱呈以次递减性的重要原因。

"固有显著性"和"获得显著性"的区别从字面分析一个是"固有"的,一个是"获得"的,亦即一个是先天就有的,一个是后天得到的。而事实上这种认识还需要从符号学方法加以深入讨论,因为即使是臆造符号这种原本毫无含义的词语要成为品牌也需要经过一个意指化的符号过程,也就是说只有通过相当的品牌推广活动和相当长的时间,作为能指的符号才能与作为所指的"显著性"意义在受众心中形成联系。只有建立了这种联系,相关符号才能转变为品牌并标识商品或服务出处等。所以,从符号学的观点来看,任何标记符号要想成为品牌都必须经过一个符号化过程,这个过程就是符号规约过程,是品牌主和受众之间的约定,而作为约定一定是需要双方共同认可才能达成,特别是需要受众接受这个约定。因此,从这个意义上说并不存在"固有显著性"的品牌,品牌的显著性都是获得的。所谓"固有显著性"实际上就是其显著性本身比"获得显著性"更为强势罢了,其更容易被受众接受为品牌的区别性约定,简言之就是作为符号更容易成为具有"显著性"即识别价值的品牌。

"获得显著性"本质上是指原本不具备显著性的符号,通过一定的市场活动和时间积累而产生了区分和识别商品或服务的能力,从而获得了"显著性"而成功注册了商标。比如著名白酒品牌"五粮液",品牌名称属于描述品牌,"五粮液"三个字直接显示该酒的主要原料为五种谷物,即高粱、大米、糯米、小麦和玉米。此种描述性词语是不能作为品牌命名商标使用的,但是因为其作为白酒名称有着悠久的历史和广泛的市场影响力,"五粮液"在受众和消费者心中,早已不是上述的这种"由五种粮食酿造"的字面意思,而是作为识别商品来源"四川宜宾五粮液酒厂"和中国最有价值白酒品牌之一的"新"的意义,这个"新"的意义就是后来获得的,这个"新"的意义就是"第二含义",这就是"获得显著性"。

纯粹描述性符号并不具备固有显著性,是因为受众一般倾向认为描述性符号是对商品或服务特征的描述,不是用来标识和区分商品或服务出处的。而当它产生显著性的时候就是受众改变了原来的认识倾向,把它看作是用来识别和区分商品或服务出处的标记,不再是对商品或服务的说明了,从符号规约性来看就是与受众重新达成了新的约定。

臆造品牌与描述品牌的显著性处于两个极端,臆造品牌是无中生有的,因而它不具备"第一含义",它只需要产生含义就可以了,这就是它的唯一含义,就是先天的识别价值即"显著性",这是其作为品牌符号先天的优越性,也使其成为强势符号。描述品牌本来是具备"第一含义"的,就是符号本身原意是描述商品或服务特征的,而其"第二含义"是市场赋予的,并且在成为品牌符号后这个"第二含义"就变成了它的首要含义,而原来的"第一含义"则退居幕后。

随意品牌和暗示品牌处在臆造品牌和描述品牌之间,随意品牌和暗示品牌同臆造品牌之间的区别是,它们原本具备含义,也就是说原本也具备"第一含义",只是在市场活动中随着时间的推移,其原本的"第一含义"退居幕后,

"新"的"第二含义"渐渐涌现,"显著性"获得并成功成为"首要含义",而臆造品牌并不具备"第一含义"。比如"鳄鱼"一词的"第一含义"原本作为名词是指一种肉食性卵生脊椎类爬行动物,但是在用作随意品牌时,其"第一含义"消失,作为品牌则专指一款"服饰"。随意品牌和暗示品牌同描述品牌的区别在于,它们的本来含义或"第一含义"与其所标识的对象之间没有关联或关联性较弱,而描述品牌与其所关联的对象则具有很强的关联性。比如"鳄鱼"的"第一含义"与其所标识的某款服饰品牌几乎没有关系,而"张仲景"牌"六味地黄丸"中品牌名"张仲景"的"第一含义"是"医圣张仲景",与产品"六味地黄丸"有当然的暗示联想关系,只是这种"第一含义"在长期的使用过程中退居幕后了,"鳄鱼"和"张仲景"重新获得了新的含义,即作为品牌名称的"第二含义"或者说取得了"获得显著性"。

因此,随意品牌和暗示品牌同样需要一个被市场认可的过程,也就是说同样需要实现与受众和消费者之间的约定,才能产生所谓的"第二含义",即作为品牌的"显著性"识别价值,只不过其"第一含义"不像描述品牌那样与其对象关联那么密切,"第一含义"对"第二含义"的干涉比较小。另外,随意品牌和暗示品牌相比,随意品牌与对象的关联又弱于暗示品牌与对象的关联,因为随意品牌符号选择完全是任意为之的,并不要求符号与对象有什么关系,暗示品牌则不然,暗示品牌往往是通过隐喻、借代等来暗示对象的某些特征或品质的,如此决定了暗示品牌的"第一含义"对"第二含义"的影响要大于随意品牌。

无论"第一含义"有无或者与"第二含义"关系影响的强弱,所有品牌符号呈现的意义最终都只能是"第二含义"的意义,即"显著性"识别意义,在这个意义上来说,所有的"显著性"都是"获得显著性"。

附文 6：品牌与符号的故事

加勒比海盗的"骷髅旗"

风靡全球的系列电影《加勒比海盗：黑珍珠号的诅咒》《加勒比海盗：聚魂棺》《加勒比海盗：世界的尽头》《加勒比海盗：惊涛怪浪》《加勒比海盗：死无对证》，通过纵横加勒比海的几大海盗家族的恩怨情仇，给世人展现了那些已经消失在历史记忆深处的海盗传奇。影片留给观众最深刻的印象之一，就是海盗世界处处可见的骷髅头标志符号。

人类有记载的最早的海盗故事发生在公元前 600 年，故事的主人公是希腊萨摩斯岛国王波利克拉提斯，身为国王的波利克拉提斯常常亲率大军抢劫爱琴海上的来往商船，虽是国王，但从事的却是海盗营生。不过真正的职业海盗还要从维京海盗说起，公元 8 世纪起，维京海盗便开始了长达数百年的针对英吉利海峡及西北欧沿海居民、教堂和商船的袭扰劫掠，维京海盗嗜血贪婪，杀人如麻，曾先后侵入法兰西、英格兰、意大利直至东罗马首都君士坦丁堡，劫掠范围横跨欧亚。

随着大航海时代的到来，西南欧诸国展开了激烈的以扩张殖民地领土为主要目的的海疆争夺战，与此同时西班牙海盗和英国海盗先后崛起，力量强大的海盗船队对于英国和西班牙两国的制海权竟产生了相当的影响。1588 年英国舰队击败西班牙无敌舰队的大海战中，对战事胜负起到重要决定因素的不是英国海军而是英国海盗。

17 世纪初，西南欧各国渐渐平息了海上纷争，进入相对和平时期。海盗们纷纷横渡大西洋前往美洲新大陆沿海劫掠，由于加勒比海域是欧洲商船来往新大陆必经之地，所以这些海盗长期盘踞加勒比地区。最初横行加勒比沿海的海盗都是原先西南欧的英国、法国、西班牙和荷兰海盗及其后裔，但是很快一股本地海盗势力异军突起，一统加勒比海盗江湖，至此，海盗王国正式进入加勒比海盗时期。加勒比海盗专门打击劫掠欧洲船队，并且有着和西北欧海盗不同的游击战术，他们在劫掠时，一般会将自己的船队伪装得破破烂烂，远看像一艘汪洋大海中随波逐流的被遗弃的废船，当不明就里的欧洲船队靠近后隐藏其中的海盗便发动突然袭击。如此十有八九可以得手，这种情景在电影《加勒比海盗》中常常看到。

18 世纪，加勒比海盗在美洲沿海的抢掠达到了巅峰，此时出现了海盗身份的重要标志符号——骷髅旗（如图 6-8），传说骷髅旗的制作者是一名托尔特克族出身的加勒比西印度海盗。

托尔特克族是公元 10 世纪左右统治墨西哥高原地区的一个部族，部族崇拜羽蛇神，他们习惯用排成 X 字型的人类大腿骨加上头骨的造型来装饰神殿，用这种死

图 6-8　"加勒比海盗"骷髅旗

亡嗜血的大腿骨和头骨来营造神殿恐怖的氛围，实现对部族人的威慑性统治。这个神殿装饰图形符号就是加勒比海盗骷髅旗符号的灵感来源，排成 X 字型的两根大腿骨，有时是两把交叉叠放的刀，上面是一个人头骨，狰狞而恐怖。骷髅旗作为海盗的旗帜不仅具有今天人们观看电影时的戏剧化的效果，更有一种在劫掠现场的恐吓作用。试想一下，月黑风高的茫茫大海上，疲惫的夜航船员，忽然惊醒，猛然看到一面如此狰狞而恐怖的海盗骷髅旗，会是一种什么样的反应。不要说是反抗了，恐怕是早已魂飞魄散，只有束手待毙了。于是，海盗们群起效尤，纷纷在自己的舰船上悬挂骷髅旗，宣示自己的领地海疆，"要想从此过，留下买路财"，骷髅旗遂渐渐成为海盗的标识符号。

骷髅头符号和死亡信息紧密相连，于是加勒比海盗才对其情有独钟，加勒比海盗对其长期的使用，又加深了骷髅头作为死亡符号的特指文化意义。如今那些标识剧毒物装置的符号一般都采用"骷髅头＋X"的标识，放置或存放剧毒物的场所也会贴上该标志以警示经过或靠近的人们。如图 6-9。

如果作为剧毒物警示标志符号，骷髅头的使用是可以理解的，但是如此缺乏基本美感甚至是丑陋可怕的符号，被用在很多潮流品牌符号上却是出人意料。

西班牙著名男装品牌斯卡勒珀斯(SCALPERS)
的商标符号就是一个改良版的海盗骷髅旗符
号,一颗戴着一顶红色加勒比海盗帽的骷髅
头,下面是两把交错叠放成 X 字型的刀,在吸
引众多异样眼光注目的同时,定会给消费者深
刻印象。据说品牌创始人阿巴斯库出身西班
牙名门望族,其家族可以追溯到西班牙历史上
最重要的国王阿方索十世,对海盗文化青睐有
加想必也是自有渊源。不管怎么说,标新立异

图 6-9　剧毒品标志"骷髅头+X"

的卡勒珀斯借助骷髅头符号,如今已是独领男装流行风向标的重要时尚品牌。

　　诞生于 2001 年的瑞典服饰品牌"便宜星期一"(CHEAP MONDAY)(见
图 6-10),凭借紧身剪裁与低价,使该款牛仔裤几乎成为西欧年轻人的必备
品,当然使它迅速在欧洲年轻潮人中流行起来的另一个原因便是从它的独特
设计里透出的反叛本色和反传统宣言。

图 6-10　"便宜星期一"(CHEAP MONDAY)品牌符号

　　日本人本间正章 1997 年创立的"mastermind JAPAN"品牌,一直被称为
日系骷髅王,黑白两色的暗黑风格,是骷髅文化重要代表之一。其品牌符号标
志设计由日本著名设计师山本耀司设计,呈"X"型交叉的大腿骨上面加一个
骷髅头,几乎是加勒比海盗旗原始符号的翻版。如图 6-11。

　　全球各地都有知名设计师在其创作中推出以骷髅头为主要符号元素的作
品,大都产生了巨大的社会反响并获得成功。有着"英伦坏男孩"之称的英国
设计师麦昆最著名的作品就是骷髅丝巾、骷髅衫系列服饰,特别是他的骷髅丝
巾,不仅让人联想到海盗旗,更唤起人们对大航海时代的浪漫向往。简约别致
的设计中,利用骷髅图案演绎出无数的变化,比如"燕子骷髅头"符号,早已成
为时尚中的经典。好莱坞女星、超级名模几乎人手一条,还有不少明星都以收

图 6-11　"mastermind JAPAN"品牌符号

藏各款骷髅丝巾为乐。此外,麦昆设计出品的骷髅头戒指、项链、手镯等配饰也都风靡一时,独领风骚。

当代美国著名服装设计师哈迪也擅长以骷髅头为主体设计符号,兼以刺绣、水洗、泼墨等技巧,营造颓废糜烂的感觉,将复古朋克元素及街头文化,刺青纹身艺术与流行时尚紧密结合。其设计制作的"颓废风"服饰,深受年轻消费群体喜爱,绣有骷髅图腾的棒球帽更是成了具有收藏价值的热卖商品。

骷髅头符号在商业社会的消费大潮中,不只是带给人们死亡和恐惧的警示,也被时代赋予了反叛、独立和新异的文化意义,成为年轻前卫的街头亚文化重要符号。

第七章　品牌符号表意关系

第一节　意指作用

一、直接意指

符号学的观点一般会这样以为,男女之间馈赠的玫瑰是一个符号,其能指是作为植物的玫瑰,其所指是爱情的概念,这时候玫瑰就不再是那个植物,而成为一个符号。玫瑰在只是作为一个植物的时候,它是空洞无物的,当它成为一个符号时,就充满了意味,而使之充满意味的过程就是符号化过程,也就是意指。

罗兰·巴特说:

> 符号是音响、视像等的一块(双面)切片。意指(signification)则可被理解为一个过程,它是将能指与所指结成一体的行为,该行为的产物便是符号。[①]

意指就是以能指指称所指、表达所指的符号组合行为,即把能指和所指结合为一体的符号化过程。意指又分为直接意指和含蓄意指,这两种意指行为指向符号的外延和内涵。巴特沿用了语言学家叶姆斯列夫关于意义关联的图示化的思考,指出一切意指组合都包含一个表达平面(能指 E)和一个内容层面(所指 C),意指作用则相当于两个平面之间的关系(R)。如表 7-1:

---

① ［法］罗兰·巴尔特.符号学原理[M].王东亮等,译.北京:三联书店,1999:39.

表 7-1　意指作用

E	R	C

左边的长方形表示能指 E，右边的长方形表示所指 C，中间的竖线表示意指作用 R，ERC 就是一个意指组合或称直接意指，也就是一个符号。如果一定给直接意指下一个定义的话，那么可以说，直接意指就是能指 E 和所指 C 经由意指作用 R 组合成一个符号的过程。一个 ERC 组合就是一个直接意指组合。

比如语言符号"玫瑰"的直接意指如表 7-2：

表 7-2　语言符号"玫瑰"直接意指

E"měiguì"音响	R	一种带刺的植物花卉	C

比如文字符号"狗"的直接意指如表 7-3：

表 7-3　文字符号"狗"直接意指

E"狗"的文字显示	R	一种四足有毛的哺乳动物	C

直接意指属于符号的外延序列，它是指符号与其所指对象之间的简单关系或表面关系，这种关系是纯粹客观关系而无涉价值。比如人们说"狗"的时候，其所指就是"一种四足有毛的哺乳动物"，实际上"狗"有"病狗"、"疯狗"和"好狗"等区分，但是这里只涉及"狗"这一符号的外延，不涉及"病狗"、"疯狗"和"好狗"这些价值判断，这些价值判断属于内涵序列。用单反相机来做个比喻，使用单反相机自动功能拍照时，所拍出来的人物肖像就属于外延序列的直接意指，照片和人物之间就是简单的纯粹客观关系。更严苛的可以比喻为：2＋3＝5，属于一个纯粹的外延表述，其中不牵涉任何价值判断。

二、含蓄意指

当一个直接意指（ERC 组合）成为另一个意指关系中的能指时，就产生了一个新的意指关系，这个新产生的意指关系和前一个直接意指组合在一起就是含蓄意指。具体表述为，当第一序列的意指组合 e1r1c1 成为第二序列的意指组合 E2R2C2 的能指 E2 时，就产生了含蓄意指（e1r1c1）R2C2 即 E2R2C2：

第二序列		E2	R2	C2
第一序列	e1	r1	c1	

如表 7-4：

表 7-4　含蓄意指

E2		R2	C2
e1	r1	c1	

含蓄意指实际上是一个复合意指的组合,由第一序列和第二序列共同组成,第一序列是一个直接意指(e1r1c1),第一序列组成第二序列的能指(E2),最后组合成一个含蓄意指(e1r1c1)R2C2,即 E2R2C2。如果说第一序列构成的是外延,即表达层面,那么,第二序列构成的则是内涵,即内容层面。比如前述直接意指在成为一个含蓄意指的能指时,一切都发生了变化,符号的更为丰富的意义得以呈现,即内涵得以阐释。

比如语言符号"玫瑰"的含蓄意指如表 7-5：

表 7-5　语言符号"玫瑰"含蓄意指

E2		R2	爱情	C2
e1"měiguì"音响	r1	一种带刺的植物花卉　c1		

比如文字符号"狗"的含蓄意指如表 7-6：

表 7-6　文字符号"狗"含蓄意指

E2		R2	忠实	C2
e1"狗"的文字显示	r1	一种四足有毛的哺乳动物　c1		

从中不难发现,含蓄意指构建着更丰富的意义世界,其中第二序列所指 2(C2)与第一序列能指 1(e1)之间的社会文化联系重新构建了符号的意义,即符号的内涵层面,完成了符号含蓄意指的实现。

含蓄意指作为意指的第二序列,是在符号用来意指社会文化意义时才呈现和发生的,它是隐藏在符号外延层面背后更加意味深长的、关乎态度和价值的内容。仍然以单反相机为例,如果使用自动功能,那么拍出来的人物肖像,就是符号外延或直接意指,如果启动手动模式,去虚化背景、着意突出主体,再打上灯光等,或者用黑白影调,或者用复古怀旧风格,那么拍出来的人物肖像,就是符号的内涵或含蓄意指了。因为此时相机对肖像做了更多的处理,意义已经不同,原来的直接意指仅仅是外延的表达,类似一个证件照。后来的含蓄意指就加入了许多社会文化意义了,在表达这个人物的某种精神气质等主题。

人物肖像虽然还是那个人物模特(直接意指的能指),但是由于启动了手动模式依据拍摄者的需要形塑了模特,所以新的所指(含蓄意指的所指)就产生了。启动手动模式可以类比于开启了含蓄意指的符号化过程。

比如表 7-6 中直接意指中能指"狗",在启动含蓄意指的符号化过程之前,其所指就是"四足有毛的哺乳动物",在启动了含蓄意指的符号化过程之后,就是挖掘其外延层面背后更加意味深长的、关乎态度和价值的内容:狗是人类的朋友,看家护院,导盲犬,宠物,通人性,"义犬救主"的传说等等。这些品质都能和"忠实"的概念联想结合起来,如此,含蓄意指的所指"忠实"就产生了。

第二节 品牌意指

一、内涵指符

内涵指符(connotateur)是指由多个直接意指组成的含蓄意指的能指,也可以理解为一个含蓄意指的能指可以由多个直接意指组合而成,事实上,在今天人们面对的越来越丰富多彩的符号世界里,由多个直接意指组合而成的含蓄意指符号越来越多了。诸如徽标符号、品牌符号、新闻符号和广告符号等都属于此类符号。但是内涵指符这个概念在巴特那里虽有提及,但是没有展开深入的讨论。著名符号学者隋岩称之为"含指项",并有较深入讨论。[1]

内涵指符的概念清晰地揭示了含蓄意指中内涵意义产生的逻辑关系,前述在讨论含蓄意指概念中提出所指 2(C2)与能指 1(e1)之间的社会文化联系重新构建了符号的意义,即符号的内涵层面。但是,这种社会文化联系的逻辑发生关系并没有作出完整的阐释或者说作出数理公式般的推导。那么,内涵指符的提出完整地回答了这些问题。

根据内涵指符的概念:内涵指符是由多个直接意指组成的含蓄意指的能指,那么,内涵指符如表 7-7:

---

[1] 隋岩.符号中国[M].北京:中国人民大学出版社,2014:25.

表 7-7　内涵指符构成含蓄意指

E2		R2		C2
e1	r1	c1		
e2	r2	c2		
en	rn	cn		

图示中灰色部分为第一序列即内涵指符,是由多个直接意指组成,并且合并成为第二序列 E2R2C2 的能指部分,构成一个含蓄意指。

仍然以语言符号"玫瑰"和文字符号"狗"为例。

比如语言符号"玫瑰"的含蓄意指(如表 7-8):

表 7-8　语言符号"玫瑰"含蓄意指

E2		R2	爱情	C2
e1"měigùi"音响	r1	一种带刺的植物花卉 c1		

比如文字符号"狗"的含蓄意指(如表 7-9):

表 7-9　文字符号"狗"含蓄意指

E2		R2	忠实	C2
e1"狗"的文字显示	r1	一种四足有毛的哺乳动物　c1		

运用内涵指符推导图示即可以将其完整地描述为(如表 7-10、7-11):

表 7-10　内涵指符推理:语言符号"玫瑰"含蓄意指

E2		R2		爱情	C2
e1　"měigùi"音响	r1	一种艳丽带刺的植物	c1		
e2　一种艳丽带刺的植物	r2	美好的、喜爱的、爱情信物	c2		

表 7-11　内涵指符推理:文字符号"狗"含蓄意指

E2		R2		忠实	C2
e1　"狗"的文字显示	r1	一种四足有毛的哺乳动物	c1		
e2　一种常见家养动物	r2	看家、通人性、宠物	c2		

能指 1(e1)即"měigùi"音响,其含蓄意指内涵即为所指 2(C2),C2 的"爱情"内涵实际源自 c2,即人们身处的社会文化赋予"玫瑰"这种植物的"美好

的""喜爱的""爱情信物"等社会文化意义。也可以理解为是 e2 的含蓄意指 C2(爱情)，被移植到了 e1("měigùi"音响)之上。只是人们身处的社会文化赋予"玫瑰"这种植物的诸般意义并非如图示所展示的那样呈现在含蓄意指中，而是以一种共享的文化意义在符号意指行为中悄无声息地发生着作用。所以，含蓄意指的内涵层面实际是从一个时时存在而又没有被人们察觉的内涵指符中产生出来的。

同理，"狗"的文字符号的例子中，能指 1(e1)即"狗"的文字显示，其含蓄意指内涵即为所指 2(C2)，C2 的"忠实"内涵实际源自 c2，即我们所处的社会文化赋予"狗"这种动物的"看家""通人性""宠物"等社会文化意义。也可以理解为是 e2 的含蓄意指 C2(忠实)，被移植到了 e1("狗"文字显示)之上。同样，含蓄意指的内涵层面的意义，也是源自共享的文化意义中的另一个内涵指符。

如此，非常清晰地还原了含蓄意指中内涵层面意义的来源，所谓所指 2(C2)与能指 1(e1)之间的社会文化联系，C2 源自含蓄意指内涵指符中的一个直接意指 e2r2c2 的所指，即 c2，或者说 c2 产生 C2。

二、推理公式

符号意指的内在逻辑是基于内涵指符作用实现的，如表 7-12 所示，其中深色部分为内涵指符，也是含蓄意指的第一序列部分，E2R2C2 为含蓄意指的第二序列部分。

表 7-12　内涵指符推理模型演示

E2		R2	C2
e1	r1	c1	
e2	r2	c2	

内涵指符共同构成含蓄意指所指的过程推演如下：

　　e2r2c2　⟶　E2R2C2　⟶　e1r1c1

或者：

　　e2　⟶　C2　⟶　e1

继续推演上面的公式，完成如下完整的含蓄意指推理公式：

　　e2r2c2　⟶　E2R2C2　⟶　e1r1c1　⟶　E2R2C2

或者：

$$e2 \longrightarrow C2 \longrightarrow e1 \longrightarrow C2$$

"e2"的品质和属性经过内涵指符和含蓄意指的共同作用被移植到"e1"，形成共同的"C2"含蓄意指所指。

内涵指符的直接意指数量一般不止两项，可能有三项、四项甚至更多，那么多项内涵指符组合在一起，共同构成符号意指关系如表 7-13 所示。

表 7-13　内涵指符推理模型

E2		R2	C2
e1	r1	c1	
e2	r2	c2	
e3	r3	c3	
en	rn	cn	

推理公式一：

$$e2r2c2 \longrightarrow E2R2C2 \longrightarrow e1r1c1 \longrightarrow E2R2C2$$

简化为：

$$e2 \longrightarrow C2 \longrightarrow e1 \longrightarrow C2$$

推理公式二：

$$e3r3c3 \longrightarrow E2R2C2 \longrightarrow e1r1c1 \longrightarrow E2R2C2$$

简化为：

$$e3 \longrightarrow C2 \longrightarrow e1 \longrightarrow C2$$

推导公式 n：

$$enrncn \longrightarrow E2R2C2 \longrightarrow e1r1c1 \longrightarrow E2R2C2$$

简化为：

$$en \longrightarrow C2 \longrightarrow e1 \longrightarrow C2$$

这里需要说明的有三点：第一，这个图示和推理公式根据组成内涵指符的直接意指数量的多少，可以有多种变体。第二，内涵指符中的直接意指"1"、"2"、"3"和"n"是并列关系，不分主次，它们分别将自己的含蓄意指的所指聚焦在内涵指符"e1r1c1"之上，并和内涵指符"e1r1c1"共同完成符号意指关系。第三，含蓄意指的所指 C2，虽然都用 C2 来表示，但是其意义并不是唯一的，因为实际上每一种内涵指符都生成一个 C2，即 c1 生成 C2，c2 生成 C2，c3 生成 C2，所以 C2 实际是复合多义的。许多符号文本，比如新闻符号文本、广告符号文本和品牌符号文本都属于此类由多项内涵指符构成含蓄意指的复合意指文本。

三、品牌复合意指

品牌符号意指的内在机制正是经由内涵指符建立的,前述品牌符号构成中提出品牌符号由品牌名称符号、品牌标志符号、品牌代言者符号、品牌域名符号、品牌口号符号、品牌声音符号、品牌包装符号和品牌故事符号等符号元素构成,这些品牌符号构成元素共同组成了品牌符号内涵指符,并合力构成品牌符号复合意指文本。为了更深入地梳理内涵指符与品牌符号复合意指文本之间的逻辑关系,在此以"NIKE"品牌符号传播为例阐释如下。比如"NIKE"品牌符号传播中品牌名称符号"NIKE"和品牌代言者符号"乔丹"作为内涵指符共同指向品牌符号意指"运动精神"(如表 7-14)。

表 7-14　内涵指符推理:"NIKE""乔丹"组合复合意指文本

E2				R2	运动精神	C2
e1	NIKE(品牌名称符号)	r1	一种运动鞋服			c1
e2	乔丹（品牌代言者符号）	r2	NBA 运动员			c2

表中灰色部分是由两个直接意指组合而成的内涵指符,一个是乔丹即品牌代言者符号,一个是"NIKE"即品牌名称符号,分别指称一个"NBA 运动员"和"一种牌子的运动鞋服"。这两个直接意指组合而成为一个内涵指符,其中"乔丹"是第一序列的能指部分,其与第一序列的所指"NBA 运动员"共同构成第二序列的能指,并因为"乔丹"(第一序列的能指)和第二序列的所指"运动精神"的关联性——乔丹是职业球员的典范,乔丹是运动精神的代名词,所以第二序列的所指即为"专业运动精神"。这个过程是一个含蓄意指生成的过程。

那么这个"运动精神"怎么也会成为了"NIKE"的含蓄意指的所指了呢?这个就是内涵指符在起作用了。就是前述能指"乔丹"达成的含蓄意指的所指"专业运动精神",移植到内涵指符中另一个能指"NIKE"之上,形成含蓄意指的所指"专业运动精神"与内涵指符中另一个能指"NIKE"的关联性,"NIKE"就具有了"专业运动精神"的品质了。原本属于能指 2(e2)的品质和属性经过内涵指符和含蓄意指的共同作用被移植到能指 1(e1)之上了,这个过程形式上是一个意义转移的过程,本质上是一个新的符号文本的诞生,第一序列中的两个直接意指组合而成的内涵指符和第二序列所指(C2)组合在一起就成为具有崭新意义的新的符号文本"E2R2C2"了。

"NIKE"品牌符号传播中品牌名称符号"NIKE"和品牌标志符号"√"作为内涵指符共同指向品牌符号意指"胜利精神"如表 7-15。

表 7-15　内涵指符推理:"NIKE""√"组合复合意指文本

E2				R2	胜利精神　C2
e1	"NIKE"(品牌名称符号)	r1	一种运动鞋服	c1	
e2	"√"(品牌标志符号)	r2	胜利女神双翅	c2	

众所周知"NIKE"的品牌标志符号"√"的原型是希腊神话胜利女神尼克("Nike")的一双翅膀,神话中的尼克具有惊人的速度和非凡的力量,当然胜利女神就是胜利的化身。"e2"的含蓄意指"胜利"经由内涵指符和含蓄意指的共同作用移植到"e1","NIKE"也被赋予了"胜利"的内涵。

"NIKE"品牌符号传播中品牌名称符号"NIKE"和品牌口号符号"Just do it"作为内涵指符共同指向品牌符号意指"自我意识"如表 7-16。

表 7-16　内涵指符推理:"NIKE""Just do it"组合复合意指文本

E2				R2	自我意识　C2
e1	"NIKE"(品牌名称符号)	r1	一种运动鞋服	c1	
e2	"Just do it"(品牌口号符号)	r2	不要想太多,尽管去做	c2	

"NIKE"的品牌口号符号"Just do it"组句简洁且口语化,意思是:我只选择它;就用这个。进一步地也可以理解为:想做就做;坚持不懈,着力突出了年轻人的自我意识:不要管那么多,去做好了。同样地"e2"的含蓄意指"自我意识"经由内涵指符和含蓄意指的共同作用移植到"e1","NIKE"也被赋予了"自我意识"的内涵。

事实上,上述品牌符号内涵指符中直接意指并不是分别发生作用的,而是共同作用指向唯一所指并组成复合意指文本的,如表 7-17 所示。

表7-17　内涵指符推理:"NIKE""乔丹""√""Just do it"组合复合意指文本

E2					R2	运动、胜利、自我等 "体育精神"　C2
e1	"NIKE"(品牌名称符号)	r1	一种运动鞋服	c1		
e2	乔丹(品牌代言者符号)	r2	NBA运动员	c2		
e3	"√"(品牌标志符号)	r3	胜利女神双翅	c3		
e4	"Just do it"(品牌口号符号)	r4	不要想太多,尽管去做	c4		

　　同理"NIKE"品牌符号构成的其他元素也都作为内涵指符中直接意指之一参与了品牌符号意指,比如"品牌域名符号""品牌声音符号""品牌包装符号""品牌故事符号"等。如此,完成品牌符号复合意指模型如表7-18。

表7-18　品牌符号复合意指模型

E2			R2	品牌意指　C2
e1	品牌名称符号	r1		c1
e2	品牌标志符号	r2		c2
e3	品牌代言者符号	r3		c3
e4	品牌口号符号	r4		c4
e5	品牌域名符号	r5		c5
e6	品牌声音符号	r6		c6
e7	品牌包装符号	r7		c7
e8	品牌故事符号	r8		c8

　　从品牌符号外延与内涵的关系来思考,品牌符号含蓄意指是一个由第一序列和第二序列共同组成的复合意指。第一序列即外延层面是多项直接意指($e_1r_1c_1, e_2r_2c_2, e_3r_3c_3, \cdots, e_nr_nc_n$)组合而成的内涵指符,第一序列组成第二序列的能指(E2),最后共同组合成一个含蓄意指($e_1r_1c_1, e_2r_2c_2, e_3r_3c_3, \cdots, e_nr_nc_n$)R2C2,即 E2R2C2,也就是第二序列。如果说第一序列构成的是外延,即表达层面,那么,第二序列构成的则是内涵,即内容层面。必须强调的是品牌符号直接意指组合为内涵指符并成为一个含蓄意指的能指过程是一个共时性的存在,品牌符号在此发生了重要的质变,品牌符号的内涵意义得以生成,此时,品牌符号变成了一个新的复合意指文本且被赋予了巨大的阐释力。品牌符号的意义联想、社会影响力、品牌自身的信誉价值和顾客关于品

牌的价值判断,均在此间实现。

第三节　品牌衍义

一、动态性和开放性

皮尔斯符号"三元关系"论述使得认知主体和外部世界直接进入符号意义生产过程,符号意义呈现出强烈的动态性和开放性特征。皮尔斯指出:

> 符号或再现体是这样一种东西,对某个人来说,它是某个方面或用某种身份代替某个对象。它可以对某人讲话,也就是说,它可以在那个人的心中创造一个相等的符号,甚至是一个更为发展的符号。它所创造的这个符号,我把它称之为第一个符号的解释项。这个符号代替某物,也即代替它的对象,但它并不能代替其对象的所有方面,而是与某种观念相关的方面,我通常称其为再现体的基础。

> [符号]是任何一种事物,它可以使别的东西(它的解释项)去指称一个对象,并且这个符号自身也可以用同样的方法去指涉(它的对象);解释项不停地变成(新的)符号,如此延绵以致无穷。①

显然,皮尔斯符号学思想关于符号意义生产的认识完全是动态的,符号是在认知主体与外部世界的相互作用中产生的。在符号"三元关系"中,符号再现体指称某个对象,但却不是简单地与该对象直接对应,而是通过一个解释项作为中介成分与指称对象发生关系。这一认识在本质上揭示了认知主体与外部世界的相互作用才是符号形成的内在动因。因此,皮尔斯符号学思想不是仅仅停留在对符号本身的探究上,而是将有关符号意义生产的社会生活背景纳入到研究的视野。皮尔斯在讨论符号意义时指出:

> 除非我们将指称对象同集体意识联系起来,不然它们不可能具有意义。某人独自在一条路上艰难地跋涉,碰到一个模样怪诞的人,那人说:"麦加拉起火了"。假如这件事情发生在美国中部,那附近很

---

① [美]查尔斯·桑德斯·皮尔斯.皮尔斯:论符号[M].赵星植,译.成都:四川大学出版社,2014:32.

可能有一个叫麦加拉的村庄。或者它指的是麦加拉的古代城市之一，或者谈论某个传奇故事。完全没有确切的时间。总之，在听话人问"哪里"之前，那句话根本不传递什么意义。"噢，沿这条路走大约半小时。"那个人指着他来的方向。"什么时候？""我经过的时候。"听话人这时才得到信息，因为前面那句话这时才与双方的共同经验联系了起来。因此符号传达的意义总是由集体意识中的运动对象所决定。顺便指出，运动对象并不是思想之外的东西。它虽然指在知觉活动中作用于人脑的东西，但还包括更多的成分。它是实际经验的对象。①

皮尔斯这段话的核心是，只有在具体的语言交流和指称背景中，亦即在外部世界的具体情境中，人们才能准确地把握符号的意义。以上引文中的对话如果只有"麦加拉起火了"这一句话，那么这句话的意义就是极其不确定的，或者说这句话就不传递任何确切的意义。只有在双方不断地交流中，双方的共同生活经验不断地被联系起来，意义才逐渐地明朗化而最终被确定。

皮尔斯符号学"三元关系"中符号解释项实际上是将符号使用者引入到符号的意义建设中，也就是说符号使用者参与建构了符号意义的生产。因为符号使用者关于生活世界的一般知识直接介入到了其理解符号意义的过程中，也就是说在符号"三元关系"中的符号解释项，实际是由两方面组成的：符号自身的信息和使用者的生活经验对于符号自身信息的解读。前述举例中比如"麦加拉起火了""沿着这条路走大约半小时""我经过的时候"，这些都是符号本身的信息，但仅有这些信息还不足以传递完整准确的意义，即听者如果不联系自身的生活经验的话完全不能解读这些信息。因此必须加上符号使用者在此主要是听着的生活经验的介入，才能补足这一符号信息，使听者完整且准确地理解说话者的意思：麦加拉是附近的一个村庄，刚刚着火了。

从中可以看出，符号意义的形成是一个过程，这个过程正是索绪尔提出却没有深入阐释的"意指化"或"意指关系"（signification）。索绪尔囿于"二分法"的局限，没有明确指出"意指过程"中符号使用者的主体性作用，事实上，符号意义的形成离不开符号使用者的主动参与，正是这种参与完成了符号"意指过程"。

皮尔斯进一步地指出符号意义生产是一个开放的、永无止境的符号活动，

① 丁尔苏.符号与意义[M].南京:南京大学出版社,2012:56.

符号或符号"意指过程"处在一种不断发展和变化的开放性过程中：

> 符号把某种事物代替为它所产生或它所改造的那个观念，或者说，它是把某物从心灵之外传达到心灵之中的一个载体。符号所代替的那种东西被称为它的对象；它所传达的东西，是它的意义；它所引起的观念，是它的解释项。再现的对象只不过是一个再现，而后面这个再现的解释项则是第一个再现。这种"前一个再现后一个"的无止境再现系列，可能会在其极限之处存在着一个"绝对对象"（absolute object）。再现的意义也只不过是一个再现。事实上，意义只不过被认为是像被脱去了不相干的衣物的再现本身一样。然而，衣物不可能被完全脱去，它只是为某物变得更加透明一些。因此，这里存在着一种无限的回归（infinite regression）。最后，解释项只不过是另一种再现，真相的火炬传递到后一种再现之中，而这种再现同样也具有解释项。瞧，这又是一个无限系列。①

皮尔斯符号学思想认为，人们对世界意义的认识并不是一劳永逸的，现阶段符号中关于指称对象原有的认识，是人们在新的生活环境中认识某一对象的基础，也可以理解为原有的符号是新符号所代表的对象。那么，进一步地说，新符号又将成为人们认识世界意义的始点，新符号又成为了旧符号。关于此种论述，丁尔苏有过一段精彩解读：

> 皮尔斯在一篇文章中这样解释道：假设一位名叫张三的人物在历史的某一点上被认定为"黑人"，至于此人是男是女，不在当时人们的考虑范围之内。直到后来的人觉得有必要做这一区分，张三又被认为是"男人"。也就是说，后人又给前一个符号增加了新的含义。如果还有人发现张三是一位将军，又是男人，又是黑人。在以上每一个情形中，先前符号都是后来符号的所指。如果用图像来表示这一递进的意指过程，我们可以得出下图：

---

① ［美］查尔斯·桑德斯·皮尔斯.皮尔斯：论符号［M］.赵星植，译.成都：四川大学出版社，2014：49.

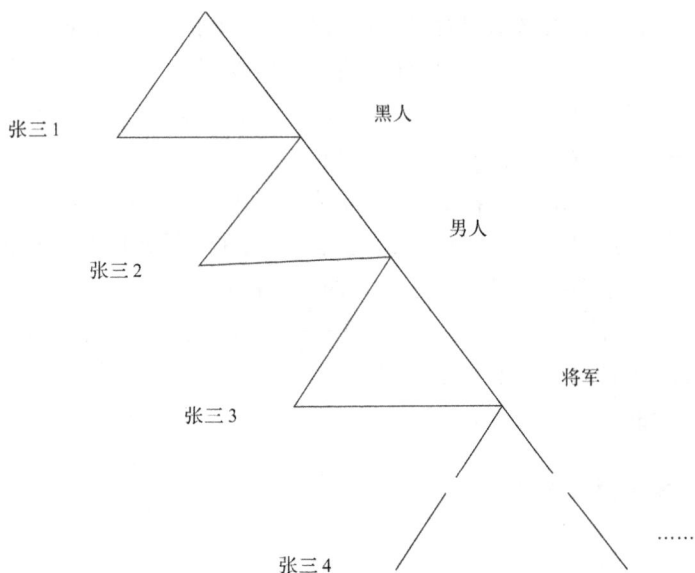

图中上端的空白和下端的虚线分别向我们说明两个问题：一、我们与外部客体的接触在许多情况下必须通过语言符号的中介作用。用皮尔斯的话来说，我们对于外部世界的认识可以分为直接和间接两种。比如，虽然我们中间绝大多数人从来没有见过火星到底是什么样子，只有少数的天文学家通过高科技手段直接观察到火星状态，但我们仍然可以通过这些天文学家的语言描述，获得关于火星的间接知识。二、虽然符号代表项与指称对象之间的联系必须通过解释项这一中介，而且解释项与解释项之间又互为符号，形成永无止境的意指过程，这并不等于说符号的意义永远漂游不定，可望而不可及。在上面这幅图中，"张三 1""张三 2""张三 3"都是符号代表项，作为历史人物的张三是它们的共同指称对象，即动态指称对象，张三的本来面目也许永远不会为某位个人所知，但对各个历史阶段的符号使用者来说，"黑人""男人""将军"就代表了这个人，而"张三 1""张三 2""张三 3"分别是它们的符号再现体。这就是说，虽然人们对符号对象的理解是一个无限的过程，但这一过程的每一步却又是实实在在的。①

----

① 丁尔苏.符号与意义[M].南京：南京大学出版社，2012：63-64.

皮尔斯打破了索绪尔相对封闭的符号意义阐释,符号的意指活动直指符号对象,并建立与符号对象的指称关系。同时符号的意指活动经由解释项的积极介入而与外部世界建立联系,建构起符号再现体和符号对象之间的解释关系,使得符号"意指过程"变成开放性的。

因此,在皮尔斯符号学思想中,符号意义生产兼具动态性和开放性。首先,符号意义生产是一个动态过程,"意指化"是在符号使用者不断加入自己的生活经验而完整准确地实现符号意义的。其次,符号的使用者会不断产生新的意义,当然新的意义是建立在旧有符号的基础之上的,符号本身的意义永远在与符号解释者的阐释中相互作用,从而产生新的意义。符号意义生产成为一个无止境的动态和开放的过程。

二、品牌衍义模型

运用索绪尔及罗兰·巴特符号学思想,根据内涵指符构成含蓄意指的推理公式,可以完成品牌符号复合意指模型。那么,依据皮尔斯符号"三元关系"的动态性、开放性意义建构逻辑(如图 7-1),可以完成如下品牌符号衍义基础模型(如图 7-2)。

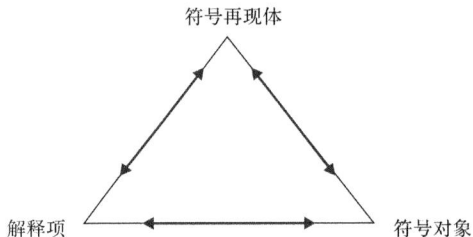

图 7-1 皮尔斯符号"三元关系"

上图逆时针旋转 90 度:

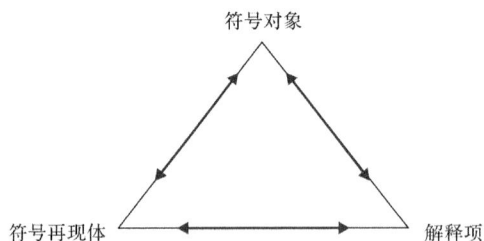

图 7-2 基于皮尔斯符号"三元关系"的品牌符号衍义基础模型

　　符号意义生产兼具动态性和开放性,所以,此图示中三者之间的联系是双箭头符号,意在强调其互动性。如前所述,"意指化"是在符号使用者不断加入自己的生活经验而完整准确地实现符号意义的,而且新的意义是建立在旧有符号的基础之上的,符号本身的意义永远在与符号解释者的相互作用中产生新的意义。符号意义生产成为一个无止境的动态和开放的过程。

　　借鉴本章前述中转引丁尔苏关于皮尔斯符号思想的动态开放过程的图示(如图 7-3),建构品牌符号衍义模型如下。

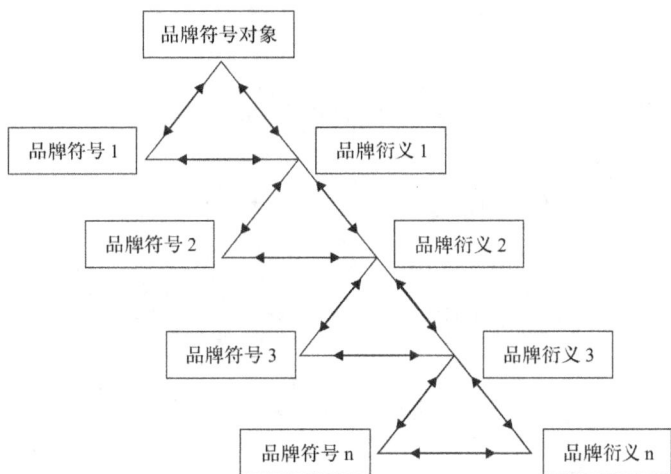

图 7-3　品牌符号衍义模型 1

或者简化为(如图 7-4):

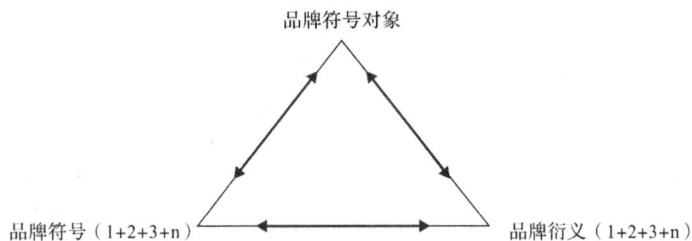

图 7-4　品牌符号衍义模型 2

　　其中,品牌符号 1,2,3,…,n,是品牌符号历时性呈现,亦即同一品牌符号对象在不同时期的发展形态,品牌意义 1,2,3,…,n,是品牌符号释义的历时性解释,亦即同一品牌符号对象在不同时期的认识或理解。品牌符号对象是不变的、唯一的,但是品牌符号及品牌意义则是动态发展的而且是无止境开放的,这种历时性的发展交错叠加不断丰富着品牌对象的所指,品牌符号衍义于此生成。

为了更好地理解品牌符号衍义过程,在此以"中国石化"和"阿里巴巴"为例说明如下。

"中国石化"品牌符号衍义模型(如图7-5):

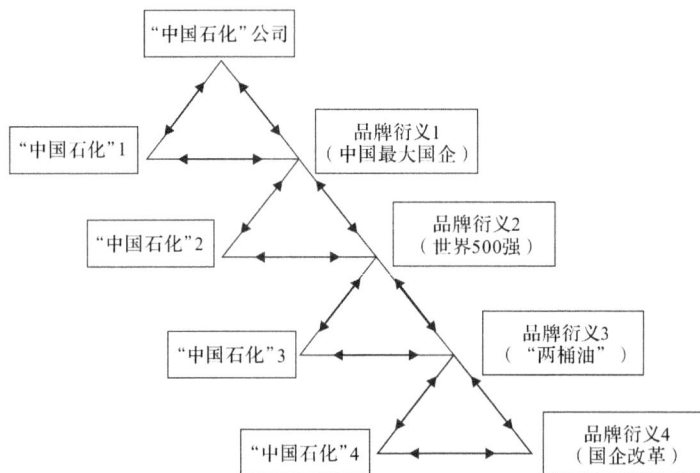

图7-5 "中国石化"品牌符号衍义模型1

或者简化为(如图7-6):

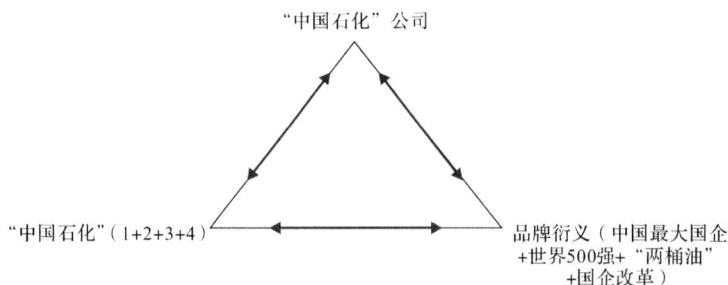

图7-6 "中国石化"品牌符号衍义模型2

"阿里巴巴"品牌符号衍义模型(如图7-7):

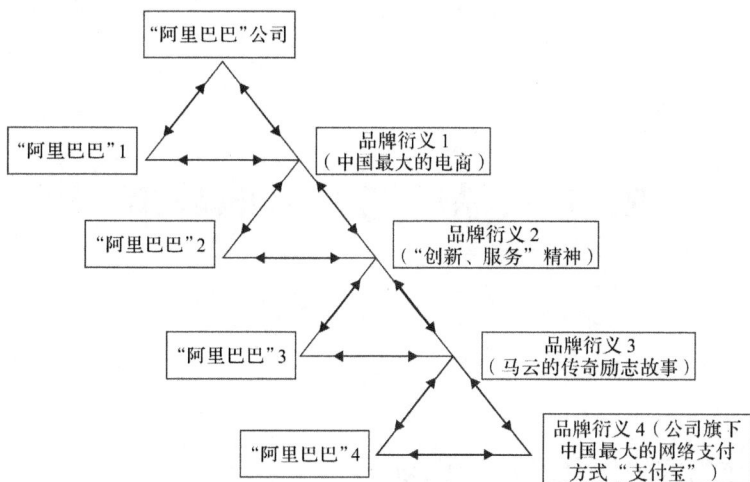

图 7-7　"阿里巴巴"品牌符号衍义模型 1

或者简化为(如图 7-8):

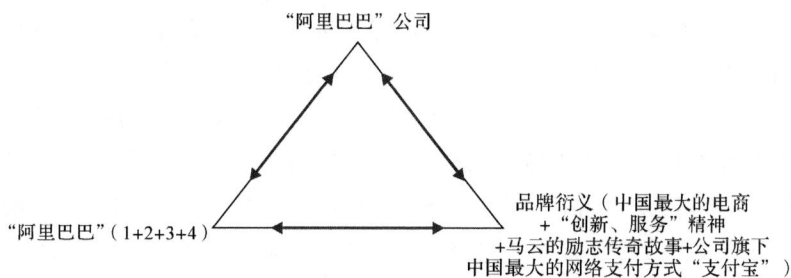

图 7-8　"阿里巴巴"品牌符号衍义模型 2

附文 7：品牌与符号的故事

划过苍穹的闪电："轰隆隆，啪啪"

很久很久以前，天和地还没有分开，宇宙混沌一片，有个叫盘古的巨人，在这混沌之中，一直睡了一万八千年。有一天，盘古突然醒了，他见周围漆黑一片，就抢起大斧头，朝眼前的黑暗猛劈过去。只见一道闪电划过苍穹，紧接着一声巨响"轰隆隆，啪啪"，混沌一片的东西霎时分开，轻而清的东西升而为天，重而浊的东西降而为地。这是中国人最熟悉的创世神话"盘古开天地"。

事实上，"闪电"是全世界各民族上古神话的重要主题，北欧神话中的雷神索尔和希腊神话中的主神宙斯，都和闪电有着深厚渊源。二位天神的主要兵器雷神之锤和宙斯之盾有着雷霆万钧之力，作为雷电与力量之神，常常借助电闪雷鸣震慑天下，司掌战争、风暴与丰饶，维持天地万物秩序。

上古神话符号中闪电既与火相关，又同时代表着水，一方面，闪电击中森林大树会引燃树下经年累积的腐殖层落叶而引起山火，另一方面，闪电往往伴随着极端恶劣的暴雨天气引发山洪，所以，人们对闪电表现出一种既畏惧又崇拜的矛盾心理。被闪电击中的石块土地甚至大树，随即就变为神圣之地，而遭到闪电击打的人，如果有幸活下来，便被认为带上了上帝的印记，若因此不幸死去，也会被人们认为是被上帝带去了天堂。比如在墨西哥，特拉洛克神就是利用闪电将灵魂派遣到阿兹特克人信奉的天堂之中的；犹太教传统将闪电与神启联系在一起，人们一般会将闪电视作某种神启的意志，某事将要发生的预兆；古代罗马人对此更是倍加相信，如果某日遇到闪电，当天的公众议事会等公共活动会宣布停止。

所以，在古代神话传说中，闪电喻指着毁灭也象征着新生，世事轮回，当一件事物毁灭的时候经常是伴随着另一件事物的新生。人们常说"电闪雷鸣"，因为"闪电"过后常能听到"轰隆隆，啪啪"的雷声，傍晚或黑夜人们也能目睹天空中划过的明亮的闪电，闪电的形象每次都有不同而且并不规则，这是为什么呢？

　　人类早期生存状况极其恶劣，对自然世界的理解又极其有限，可支配的资源又非常稀少，可以想象生活在旷野或山洞中的人们，在乌云密布的白天或伸手不见五指的夜里，突然看到一道闪电从天而降，接着是一阵阵"轰隆隆，啪啪"的雷声，会是多么恐惧惊慌，定会吓得魂飞魄散。今天人们知道雷电只是普通的自然现象，但古人把雷电视为天神发怒更顺理成章。

　　气象科学认为，所谓闪电即是云与云之间、云与地之间或者云体内各部位之间的强烈放电现象。通常是暴风云产生电荷，底层为阴电，顶层为阳电，阴阳相吸形成电位差，当电位差达到一定程度后，就会放电，天空中会出现一道明亮夺目的闪光，这就是人们常见的闪电现象。闪电的温度相当于太阳表面温度的 $3\sim5$ 倍，闪电极度高热使周围空气剧烈膨胀并迅速移动，因此形成波浪并发出巨大的声响，这就是"轰隆隆，啪啪"的骇人雷声。

　　闪电和雷声已经解释清楚了，那么，为什么人们看到的闪电是曲曲折折的形状呢？简单说就是闪电要从空中下到地面，电流会寻找一个能让自己顺利通过的路径，也就是沿着电阻最小的空间路径下来。那么哪里的电阻小它就流经哪里，如果空气中没有大的电阻时，闪电自然就呈现一个直线直接落地，如果自然环境和天气状况较为复杂，空气中电阻较大时，闪电就会沿着各种不规则的曲曲折折的曲线下来了。所以，大部分时候闪电形状都是各种曲折线，而且电阻越大，曲折线的曲折程度也越大。所以人们不约而同地把闪电描绘成一个汉字"之"或英文字母"Z"的形状，而在实际的绘画作品中，也常用三齿鱼叉、节杖、锤子、长矛和箭等符号来喻指闪电。

　　闪电作为一种有着特殊震慑威力和强大生命力象征的符号，在日常生活中常用来标识"危险、雷电、高压电、速度、力量"等警示意义。

　　1990 年，英国作家罗琳在一班从曼彻斯特到伦敦的列车上忽然来了灵感，创作了近年来影响巨大的魔幻小说《哈利·波特》，具有魔幻力量的哈利·波特的额头上就有一道"之"字形的符号——闪电（如图 7-9）。罗琳专门解释过哈利·波特额头上的闪电符号，称其代表着特殊神力。随着《哈利·波特》的电影、电视、动画和其他文化衍生品的蔓延流行，如今人们对这个历史悠久的文化符号更是着迷不已。

图 7-9　哈利·波特额头上的"闪电"符号

"疾如闪电",据说闪电每秒可跑 10 万公里。1862 年,阿德姆·奥贝尔
(Adonopel)在吕塞尔海姆创建了欧宝公司,公司最初生产缝纫机、自行车。
1899 年,老奥贝尔的两个儿子弗里茨和威廉搞起了汽车和摩托车制造,并以
老爹的名字命名工厂,故欧宝的名字一直沿用至今。而欧宝的商标和车标符
号原型正是闪电,喻示欧宝如风驰电掣,迅捷如闪电。在崇尚汽车速度的当
年,将这个闪电符号用在汽车品牌上,确实切中题意。1930 年,欧宝将一个圆
圈内画上闪电符号,正式注册了欧宝的汽车商标,圆圈代表汽车轮子以及周而
复始的永恒,一道横向的"之"字形闪电则寓意着强而有力的速度(如图7-10)。

图 7-10　欧宝汽车的车标:一道闪电

互联网时代人们对速度的要求从现实世界转移到了虚拟世界,网络速度
成为人们新的速度的关注点。美国的英特尔和苹果公司于 2011 年 6 月,推出
了一项超高速、大容量的传输技术。他们将其命名为"Thunderbolt","雷厉"
接口,一般俗称为"雷电"接口。"雷厉风行""快如雷电"之意呼之欲出,而商标
符号即是一道由上而下、末端为箭头符号的闪电(如图 7-11)。该符号简洁明

了寓意着新一代传输技术既如闪电般快速,又能像射出的利箭那样准确命中目标。

图 7-11 "Thunderbolt"的标志:一道闪电

如前所述,人们在绘画时也常常会用箭头来表示闪电,而箭头符号的出现最初应该是来指示方向的,因为搭弓射箭时飞出去的利箭是直指目标而去的,所以它也有精准的意思。比较有意思的是,占星术中箭头符号正是用来代表射手座的。

时至今日,箭头符号在生活工作环境中处处可见,用来指引人们驾车行驶和路人行走时的方向。因为箭头符号表示又快又准,所以就有聪明的品牌主把箭头符号用作自己的品牌符号元素。世界最大的电子商务网站亚马逊(Amazon)公司的品牌标识符号,就是在公司名称的英文字母下画上一个黄色的箭头符号,从 26 个字母的第一个字母"a"指向最后一个字母"z",这个英文拼写和箭头符号的组合意蕴丰富(如图 7-12)。

图 7-12 亚马逊品牌符号

首先,这个箭头从"a"到"z",实际表示了英文的 26 个字母从第一个到最后一个,意味着这个网站什么都能卖,正像它的名字所寓意的那样,亚马逊公司的商品如亚马孙河一样浩瀚无边。其次,箭头微微弯曲如同一个微笑的笑脸表情符号,表达了公司的亲民和努力让顾客舒心微笑满意购物的消费体验,这里人们也可以发现箭头符号在商标符号运用中的灵活性。

美国物流行业巨头联邦快递(FedEx)的商标符号更是简洁有力,一目了然地呈现了快递公司的业务特性。联邦快递的商标符号中的英文字母有一个大写的"E"和一个小写的"x",两者相连之间所产生的空隙正好是一个箭头符号,这个箭头符号被巧妙地设计在商标上(如图 7-13),准确地传递出作为快递公司的最重要的两个关键词:迅速和准确,诚如前述所分析的那样"速度"和"精准"正是闪电和箭头所蕴含的意义。

图 7-13　美国联邦快递品牌符号

　　箭头符号还表示着方向,向上表示迅速升起,向下则表示快速落下。日本的运动品牌迪桑特(DESCENTE)就是看准这一点。DESCENTE 于 1935 年成立,品牌标志的三箭形状代表了滑雪中的三个基本动作:直滑降、斜滑降、横滑降。而"descent"一字本身就有"下降""落下"的意思,这样的箭头符号和名称命名充分体现出滑雪选手从跳台一跃而下时的速度感(如图 7-14)。

图7-14　"DESCENTE"品牌符号

　　闪电和箭头有共通之处,让人感受到速度、力量和方向,一种朝向目标的速度感,目标明确的指引方向。如今这些显著的特征在符号表达中被广泛运用,比如人们熟悉的航空母舰上战斗机起飞时,甲板上侧身蹲姿向前指明方向的士兵的箭头般的身体符号,是那么生动形象,令人激动神往。

第八章　品牌符号修辞

第一节　符号修辞

一、隐喻和转喻

隐喻和转喻是传统修辞学中的两种基本的比喻类型。隐喻是指用惯常意义上表征某种事物、特征或行为的词来指称另一种事物、特征或行为,其目的不是比较而是认同。比如"十八的姑娘一朵花",作为隐喻,把"十八的姑娘"比作"一朵花"来形容年轻姑娘的美,"十八的姑娘"是女性生命中最美的时刻,如同花朵绽放一般,这是两者之间的特征的相似性;再比如"初恋是一场革命"也是一个隐喻,不过这类隐喻的喻意不在形象,而是揭示、印证了事物的性质、关系、本质、规律等抽象的内在意义。"初恋是一场革命",既无形象的(外貌像似的)比拟,也不是科学的概念、推理和判断,而是通过这样的一个隐喻,将"初恋"和"革命"在所指意义的共同点——"全新的改变"——相互联系在一起,极其贴切地传递了"初恋"在人生中的意义。

转喻是指用某个词来指称它在字面词义上并不指称但却与之紧密联系的对象,这类联系一般是时空上的邻近性、部分与整体的关系或逻辑表意关联。比如新闻图片用"天安门"城楼来转喻北京或中国,就是时空上的邻近性,"天安门"城楼在北京市或在中国;升旗仪式上的"三军仪仗队"来转喻陆海空三军,就是用部分来指称全体,"三军仪仗队"是陆海空三军的一部分;如果有人说"我没有读过巴尔扎克",那么听者都能明白他的意思是说"我没有读过巴尔扎克的书",这个就是逻辑表意关联,用"巴尔扎克"来转喻"巴尔扎克的书"。

隐喻和转喻在符号修辞中的运用,始于俄裔结构主义语言学家罗曼·雅各布森的创造性研究。雅各布森通过对失语症的研究,提出了"隐喻和换喻的两极",雅各布森的学说为我们进一步思考含蓄意指、符号的诡计和神话与意识形态形成都提供了重要启示。

雅各布森在对失语症的研究中发现:

> 失语症的表现虽然多种多样,但都不外乎我们刚才描述的两种极端的类型。任何失语症状,其实质都是程度不同的某种损伤。要么是负责选择和替换的官能出了毛病,要么便是组合和结构上下文(contexture)的能力受到了破坏……在前者,相似性关系被取消了;在后者,被取消的则是毗连性关系。相似性出现障碍的结果是隐喻无法实现,毗连性出现障碍则使换喻(即本书所称转喻——引者注)无从进行。①

显然,雅各布森这一思想追根溯源来自索绪尔语言学中的一对重要概念:选择与组合。即语言系统活动是在两个坐标轴上完成的,一是横向的句段关系——组合关系;二是纵向的联想关系——选择关系。前者如:"我—是—教师",组合成一个句段;后者如:"我"可以替换为"你"、"他"和"老李"等,"教师"可以替换为"医生"、"公务员"和"经理"等。失语症就是表现为两种情形,或者是病人语言表达能力中组合词语的能力丧失了,说不成一段完整的话了;或者是病人语言表达能力中选择词语的能力丧失了,找不到准确的词语来传情达意了。

雅各布森发现失语症这种语言错乱现象中的两种主要的(并且对立的)错乱("相似性错乱"和"邻接性错乱")竟然和两种基本修辞即隐喻和转喻紧密相关。雅各布森认为这两种修辞都是"等值"的,因为它们都独特地提出了一个与己不同的喻体,而这两个喻体同形成修辞格的本体相比具有"同等的"地位。比如,在隐喻"汽车甲壳虫般地行驶"中,喻体"甲壳虫的运动"和本体"汽车的运动""等值",而在转喻"白宫在考虑一项新政策"中,喻体特定的建筑"白宫"和本体"美国总统""等值"。所以,隐喻是以人们在实实在在的本体(汽车的运动)和它的喻体(甲壳虫的运动)之间的相似性或类比作为基础的。转喻则是

---

① 伍蠡甫,胡经之.西方文艺理论名著选编(下卷)[M].北京:北京大学出版社,1985:430.

以人们在实实在在的本体(美国总统)和它的"邻接的"喻体(美国总统生活工作的地方)之间进行的相继的联想作为基础的。用索绪尔语言符号学的概念来讲,隐喻从本质上来说是"联想性"的,即纵向的选择关系;转喻从本质上来说是"邻接性"的,即横向的组合关系(如图 8-1)。

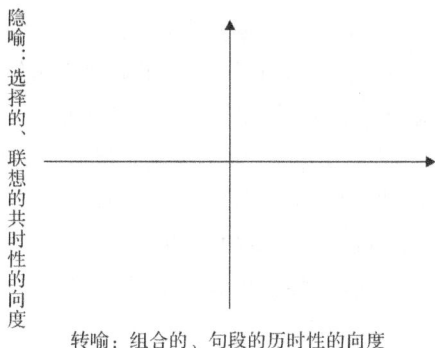

图 8-1　雅各布森"隐喻""转喻"关系

　　隐喻和转喻是语言学中的命题,那么从语言学过渡到符号学一样是成立的,也就是将语言的类比,变身为符号之间的类比,其比喻的本质并无改变。隐喻和转喻的对立其实代表了符号修辞的共时性和历时性的对立,隐喻和转喻构成了符号修辞的基本向度:选择的、联想的共时性的向度;组合的、句段的历时性的向度。这两种向度在符号修辞中分别通过本体和喻体在纵向的联想关系和横向的毗邻关系实现符号隐喻和符号转喻。

二、联想关系

　　符号隐喻是指本体的含蓄意指的所指与喻体的含蓄意指的所指之间存在着像似性或相近性等联想性关系,亦即作为本体和喻体的两个符号的内涵层面像似或相近,存在着纵向的联想关系。符号隐喻具体分为两种形式,像似性隐喻,规约性隐喻。

(一)像似性隐喻

　　像似性隐喻是指符号隐喻中本体和喻体之间在含蓄意指的内涵层面具有形象的像似性或理据的像似性,像似性隐喻分为形象像似性隐喻和理据像似性隐喻,像似性隐喻本质上属于像似性符号。

1.形象像似性隐喻

形象像似性隐喻是指符号隐喻中本体和喻体之间在含蓄意指的内涵层面的像似表现为外在形象上的像似或近似。

比如把年轻姑娘比喻为鲜花,是社会上常见的符号表意,人们在形容一个年轻姑娘的美丽时会说:"十八的姑娘一朵花"。

"十八的姑娘一朵花"中本体符号"十八的姑娘"和喻体符号"一朵花"有着共同的含蓄意指即"漂亮",即本体和喻体的含蓄意指的所指一致,所以生活中常常用"鲜花"来指称"年轻姑娘","年轻姑娘"就是"鲜花"的隐喻得以实现。因而人们也常用"出水芙蓉""貌美如花""容颜娇嫩"等来形容年轻姑娘的美貌,比如网红"芙蓉姐姐"也会用"芙蓉"来自称。

再如"子在川上曰:逝者如斯夫",这是孔子面对滚滚东逝的河水发出的人生易逝的感慨。

"逝者如斯夫"中本体符号"逝者"和喻体符号"斯"(河水)有着共同的含蓄意指即"永不停息、一去不返",本体和喻体的含蓄意指的所指像似。这里的像似性也是所指概念的形象的像似性,看不见的时间感觉如看得见的流水一样,川流不息,历历在目。所以生活中常有"时光如水""岁月像一条河""岁月流淌"等类似的符号隐喻。

2.理据像似性隐喻

理据像似性隐喻是指符号隐喻中本体和喻体之间在含蓄意指的内涵层面的像似性表现为意义、本质、性质和关系的像似或近似,不是外在形象上的像似或近似。

比如"初恋是一场革命",将两个完全没有外在形象像似关系的符号并置一起,两者的关联是通过符号含蓄意指意义的像似或近似完成的。

"初恋是一场革命"中本体符号"初恋"和喻体符号"革命"的含蓄意指是"第一次的改变"或"本质的变化",本体和喻体的含蓄意指像似或相近。这里的像似或相近不是形象上的像似,而是所指概念上的意义、性质、关系的像似或相近。所以生活中人们都会接受这样一种说法,"初恋"是人生中最重要的大事之一,于是,"初恋是美好的""初恋是最珍贵的""初恋是永生难忘的"等等符号观念得以实现。

西谚有"婚姻是爱情的坟墓","婚姻"和"坟墓"也是完全不搭界的两个符号,但是经由符号的含蓄意指意义相近而联系在了一起。

"婚姻是爱情的坟墓"中本体符号"婚姻"的含蓄意指为"不是谈恋爱而是

过日子",喻体符号"爱情的坟墓"的含蓄意指是"不再谈恋爱开始过日子",本体和喻体的含蓄意指像似或相近。这里的像似或相近也不是形象上的像似,因为"婚姻"和"坟墓"在形象上完全是风马牛不相及,但是在所指概念上确有意义、性质、关系的像似或相近,所以人们都知道"花前月下"是结婚前,而结婚以后的生活就变成了"锅碗瓢盆交响曲"了。所以,人们看到生活中一幕幕人间悲喜剧就见怪不怪了。

(二)规约性隐喻

规约性隐喻是指符号隐喻中本体和喻体之间在含蓄意指的内涵层面具有相通的社会文化约定性,规约性隐喻本质上属于规约性符号。

比如中国传统文化中,以"花好月圆"隐喻"美满婚姻","花好月圆"是喻体,"美满婚姻"是本体。"花好月圆",原来是用来形容自然美景,试想:圆月当空,花儿盛开,庭前廊下,郎才女貌,蜜意浓情。常用来喻指夫妻恩爱、婚姻美满、家庭幸福,是中国传统文化常用的一类有关美好生活的比喻。此种比喻达成的前提即本体和喻体之间在含蓄意指的层面具有相通的社会文化约定:美好的、幸福的、家庭的和团圆的。比如婚礼上的祝福语常常会用到"祝福新郎新娘夫妻恩爱、花好月圆"之类。

再如中国传统文化符号"登徒子",说到"登徒子",人们就会想到"好色的人",这里本体是"好色的人",喻体是"登徒子"。

"登徒子好色"的典故出自楚人宋玉《登徒子好色赋》:"天下之佳人莫若楚国,楚国之丽者莫若臣里,臣里之美者莫若臣东家之子。东家之子,增之一分则太长,减之一分则太短;着粉则太白,施朱则太赤;眉如翠羽,肌如白雪;腰如束素,齿如含贝;嫣然一笑,惑阳城、迷下蔡。然此女登墙窥臣三年,至今未许也。登徒子则不然;其妻蓬头挛耳,龋唇历齿,旁行踽偻,又疥且痔。登徒子悦之,使有五子。王孰察之,谁为好色者矣?"

显然在《登徒子好色赋》中登徒子并无好色行径,但"登徒子"一词却因此赋而变成"好色之徒""色狼"的代名词了。民间流传"登徒子好色"实则是有些冤枉了登徒子,因为从宋玉的叙述中只是说明登徒子的妻子比较丑,而登徒子却很喜欢她,这不仅不能说明登徒子好色,相反还可证明登徒子"忠于妻子""不好女色"呢!但"登徒子"作为"好色之徒"的代名词,在中国传统文化中却在含蓄意指的内涵层面被约定了下来,"登徒子好色"是典型的规约性隐喻。

三、毗邻关系

符号转喻是指本体的直接意指的能指与喻体的直接意指的能指之间存在着邻近性的表意关系或部分与整体的表意关系，其中本体并不出现，亦即作为本体和喻体的两个符号的能指存在着横向的毗连关系。符号转喻为指示性转喻。

符号转喻与符号隐喻不同，符号隐喻是在含蓄意指的所指间发生联想关系而形成，符号转喻是在直接意指的能指间发生邻接关系而形成。符号转喻可以细分为两种形态：邻近性转喻、部分与整体转喻。

（一）邻近性转喻

邻近性转喻是指符号转喻中本体符号的能指和喻体符号的能指之间存在着邻近性的表意关系。这种邻近性又可以细分为时空邻近性和逻辑关系邻近性。

1. 时空邻近性转喻

时空邻近性转喻是指符号转喻中本体符号的能指和喻体符号的能指之间存在着时间或空间的邻近关系。如某外电报道说，"北京方面对这件事的态度强硬"。这里的北京是喻体，其本体没有出现，但是人们都能读懂本体显然指的是中国政府或中共中央。那么本体和喻体是怎么联系在一起的呢？或者说"北京"怎么就能够喻指"中国政府或中共中央"的呢？因为"中国政府或中共中央"与"北京"之间有物理空间上的邻近关系，即"中国政府或中共中央机构所在地"在"北京"。符合转喻形成的条件之一：邻近性关系，所以"北京"成为了"中国政府或中共中央"的喻体，"中国政府或中共中央"则成为"北京"的本体。在此本体并不出现，却不影响意义的传达。

2. 逻辑邻近性转喻

逻辑邻近性转喻是指符号转喻中本体符号的能指和喻体符号的能指之间存在着逻辑表意的邻近关系。比如人们说"看医生"，实际的意思是"看病"，"医生"和"病"存在着逻辑表意的邻近关系，人们说"喝喜酒"，实际上是"参加婚宴"，"喜酒"和"婚宴"也是逻辑表意的邻近关系，人们说"这个人一辈子没进过校门"，实际上是说"这个人没受过学校教育"，"校门"和"学校教育"之间也是逻辑表意的邻近关系。

(二)部分与整体关系转喻

部分与整体关系转喻是指符号转喻中本体符号的能指和喻体符号的能指之间是一种部分与整体的关系。

比如电视新闻中出现"天安门"的镜头,观众就知道镜头语言是在指称"北京",出现"太和殿"的镜头,观众就知道镜头语言是在指称"故宫",出现人民大会堂正门前的"汉白玉石柱",观众就知道镜头语言是在指称"人民大会堂"。其中的原因就是其符合转喻形成的条件之一:部分与整体的关系,"部分"作为喻体也是直接意指中的能指,而"整体"作为未曾出现的本体也是组成喻体直接意指的所指的另一个直接意指的能指。

符号隐喻和符号转喻是构成符号修辞的两种基本修辞格,隐喻和转喻本质上和提喻、换喻和借喻都是相通的,也可以通称为比喻。那么,作为比喻的符号修辞的本质特性是什么呢? 其背后又隐藏着什么样的秘密呢?

符号隐喻是在符号化过程中的含蓄意指层面完成的,其本质是喻体符号和本体符号的含蓄意指之间存在着像似性,从而使隐喻行为得以完成。符号转喻是在符号化过程中直接意指层面完成的,其本质是喻体符号和本体符号的直接意指的能指之间存在着邻近性、部分与整体关联性等,从而使转喻得以实现。

符号转喻中运用不同的喻体可以表现同一本体,比如电视教育新闻中插播一段某高三教室镜头:被各种教材书籍堆满的书桌和小山般的书籍后面若隐若现的人头。这个镜头显然就是一个转喻符号,在这个转喻关系中,某个教室的"小山般的书籍和若隐若现的人头"是喻体,"高三生活"是本体。如果新闻报道换一组镜头,比如电视教育新闻中插播一段某高三"三人篮球"比赛的镜头:明亮的体育馆,紧张刺激的比赛,青春洋溢的啦啦队。在这个转喻关系中,某个学校的"体育馆、高三篮球赛、啦啦队"是喻体,"高三生活"是本体。

同样的本体可以被不同的喻体修饰,喻体的使用者可以主动选择某种喻体,或回避某种喻体,在选择与回避之间符号内涵再一次被构建。"小山般的书籍和若隐若现的人头"的符号转喻建构了一个"艰难的高三生活"符号内涵,而"明亮的体育馆,紧张刺激的比赛,青春洋溢的啦啦队"的符号转喻则建构了一个"快乐的高三生活"符号内涵。符号转喻中本体"高三生活"始终没有出现,但是没有出现并不意味着不存在,相反其虽然没有出现,但是"内涵"却被建构了,"艰难的高三生活"或者"快乐的高三生活"。转喻使得符号意义悄无声息地进入人们的认识,特别的文化意义变成了像常识一样被接受,某种观念被确立。

第二节 品牌传播修辞

一、品牌隐喻

品牌符号修辞中本体是喻体所指代的对象,因此本体是不出现的。品牌符号喻体一般指品牌符号名称、品牌符号标志和品牌符号代言者等品牌符号构成要素,即品牌符号中符号再现体部分,品牌符号本体是指符号对象,二者通过品牌符号释义构成"品牌符号三元"关系。

比如"老干妈"品牌符号(如图 8-2):

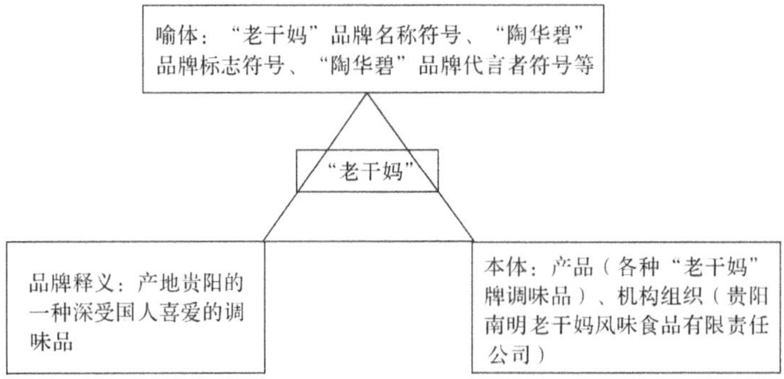

喻体:"老干妈"品牌名称符号、"陶华碧"品牌标志符号、"陶华碧"品牌代言者符号等

"老干妈"

品牌释义:产地贵阳的一种深受国人喜爱的调味品

本体:产品(各种"老干妈"牌调味品)、机构组织(贵阳南明老干妈风味食品有限责任公司)

图 8-2 "老干妈"品牌符号"三元关系"修辞示例

品牌符号隐喻修辞是指品牌符号本体的含蓄意指所指与喻体的含蓄意指所指之间存在着像似性或近似性等联想性关系,亦即作为本体和喻体的两个符号的内涵层面像似或近似,存在着纵向的联想关系。依据前述符号隐喻分类,品牌符号隐喻修辞具体也可以分为对应的两种形式,即品牌符号像似性隐喻修辞以及品牌符号规约性隐喻修辞。

(一)品牌符号像似性隐喻修辞

品牌符号像似性隐喻修辞是指品牌符号隐喻中本体和喻体之间在含蓄意指的内涵层面的像似性表现为形象的像似性或理据的像似性,属于像似性符号关系。依据前述像似性隐喻细分可以将其分为形象像似性隐喻修辞和理据像似性隐喻修辞两种。

1.品牌符号形象像似性隐喻修辞

品牌符号形象像似性隐喻是指品牌符号隐喻中本体和喻体之间在含蓄意指的内涵层面的像似表现为外在形象上的像似。

比如上述"老干妈"品牌符号修辞中,即把"一种传统调味品"比喻为"老干妈",其中隐喻是如何达成的呢?

"老干妈"品牌符号修辞中,本体符号"贵阳南明老干妈风味食品有限公司"的含蓄意指为"贵州地域特色风味的、传统的、家庭的形象";喻体符号"老干妈"的含蓄意指是"传统的、母亲的、贵州的形象"。本体和喻体的含蓄意指形象基本一致,品牌符号隐喻修辞得以实现。在中国传统文化习俗中有"认干亲"的习俗,"干爹""干妈"等都是维系传统社会亲情的重要手段,而"干妈"又加上"老"而为"老干妈"又强化了这种亲情关系,"母亲的、家庭的"等等亲切的形象就会赋予这款"香辣酱"之上,一款传统的乡土气息浓厚的品牌却在年轻群体中引起强烈的共鸣,据说"老干妈"在海外华人社会中也有着超多的拥趸。

再如"大娘水饺"餐饮连锁店,与"老干妈"香辣酱如出一辙。

"大娘水饺"品牌符号修辞中,本体符号"大娘水饺餐饮集团股份有限公司"的含蓄意指为"团圆""妈妈的味道",喻体符号"大娘水饺"的含蓄意指也是"回家""团圆""妈妈的味道",本体和喻体的含蓄意指高度相似。这里的像似性实际上还包括"大娘水饺"注册商标的"吴大娘"图形标志和代言者"吴大娘"等品牌符号构成要素在其中起到的像似性形象作用。因此,品牌符号隐喻修辞手法的运用不只是表现在品牌名称符号上,其他品牌符号构成要素均起着相应的作用。

2.品牌符号理据像似性隐喻修辞

品牌符号理据像似性隐喻是指品牌符号隐喻中本体和喻体之间在含蓄意指的内涵层面的像似性表现为意义、本质、性质和关系的像似或近似。

比如:"甲骨文"(Oracle)公司,将"甲骨文"和一家软件公司这样两个完全没有关系的符号联系在一起,即是通过品牌符号理据像似性隐喻修辞实现的。

"甲骨文股份有限公司"品牌符号中,本体符号"甲骨文股份有限公司"的含蓄意指为"最先进的计算机软件编码"("编码"),喻体符号的含蓄意指是"神秘的、天启的编码系统"("编码"),本体和喻体的含蓄意指像似或相近,均指向"编码"("先进的软件编码——神秘的符码")。这里的像似或相近不是形象上的像似,而是所指概念上的意义、性质、关系的像似或相近,众所周知"甲骨文"作为中国最早的文字符号系统,距今已有 3000 多年的历史,是镌刻在龟甲和兽骨上的文字。因出土于"殷墟",故甲骨文也称"殷墟文字",其内容大多为王室占卜之辞,故又称"卜辞",或"贞卜文字"。因此,无论从形式还是内容都艰涩难懂,类似"天书",从发现迄今百余年来,已成为一门专门的学问。"甲骨文"英文翻译为"神启的文字",与计算机软件代码编写有异曲同工之意。所以"甲骨文"(Oracle)的品牌符号隐喻修辞的内在关联性在品牌符号传播中为社会广泛接受。两种貌似完全不搭界的两个符号,经由符号的含蓄意指的所指概念而联系在一起

再如著名婴幼品牌"帮宝适"(Pampers),"帮宝适"(Pampers)品牌符号中,本体符号"'帮宝适'纸尿裤"的含蓄意指是"宠爱的、舒适的",喻体符号"帮宝适"含蓄意指也是"关爱的、舒适的",本体和喻体的含蓄意指像似或相近。这里的像似或相近也不是形象上的像似,因为"Pampers"意为"宠爱"和"溺爱",而且词意在英语中还稍有贬义,与"纸尿裤"在形象上完全不相干,但是在所指概念上确有意义、性质、关系的像似或相近,因为对婴儿的宠爱甚至溺爱是人类共有的天性。用作一个婴幼儿产品品牌,其不但没有贬义,反而增强了父母的爱心。"帮宝适"一经投放市场,就很快成为美国婴幼用品市场的领导品牌。"帮宝适"进入中国市场时,选用的中文译名"帮宝适"谐音且含义贴切。

(二)品牌符号规约性隐喻修辞

品牌符号规约性隐喻修辞是指品牌符号隐喻中本体和喻体之间在含蓄意指的内涵层面具有相通的社会文化约定性。这种相通的社会文化约定性是通过长期的品牌广告活动完成的,属于规约性符号的关系。

如"红星"二锅头品牌符号规约性形成过程,一种"二锅头"类白酒和所谓的"红色的星星",指向共同的含蓄意指"北京的、低价的、地道'二锅头'",实则是由于几十年"北京红星股份有限公司"长期的广告诉求,形成的与广大顾客的社会文化约定,实现了"红星"品牌符号的规约性隐喻修辞。

为了更好地说明这种品牌符号规约性隐喻修辞特点,再举一个"二锅头"酒的品牌符号——"牛栏山"做比较分析如下。

同理,一种"二锅头"类白酒和所谓的"北京顺义牛栏山镇",指向共同的含蓄意指"北京的、低价的、地道'二锅头'",是由于几十年"北京顺鑫农业股份有限公司牛栏山酒厂"长期的广告诉求,形成的与广大顾客的社会文化约定,实

现了"牛栏山"品牌符号的规约性隐喻修辞。"红星"和"牛栏山"两种截然不同的品牌符号,或者说是品牌符号能指,均指向"北京的、低价的、地道'二锅头'"这一所指,其间关系并不是当然的,而是约定的,是品牌主长期的广告诉求与市场消费,最终形成与广大顾客的约定,即社会文化约定。

二、品牌转喻

品牌符号转喻修辞是指品牌符号本体的直接意指的能指与喻体的直接意指的能指之间存在着邻近性的表意关系或部分与整体的表意关系。品牌符号转喻修辞的本质是品牌符号指示性转喻修辞。

根据符号转喻的两种形态:邻近性转喻、部分与整体关系转喻,品牌符号指示性转喻修辞也可以分为如下两种形态:品牌符号邻近性转喻修辞以及品牌符号部分与整体性转喻修辞。

(一)品牌符号邻近性转喻修辞

品牌符号邻近性转喻修辞是指品牌符号转喻中本体符号的能指和喻体符号的能指之间存在着邻近性的表意关系。这种邻近性又可以细分为时空邻近性和逻辑关系邻近性。

1.品牌符号时空邻近性转喻修辞

品牌符号时空邻近性转喻修辞是指品牌符号转喻中本体符号的能指和喻体符号的能指之间存在着时间或空间的邻近关系。

近年来兴起的基于地理商标概念的地理品牌就属于此类情形。所谓地理商标,根据《中华人民共和国商标法》规定,它主要用于证明该商品的原产地、原料、制造方法、质量或者其他特定品质的标志。其实,以地名作商标,在国内外早已有之。其中,最经典的例子莫过于"China"这个单词,它既是中国国名的英文译名,又是瓷器的英文译名,实则是品牌符号时空邻近性转喻修辞的运用,于是瓷器成为历史上中国走向世界的第一品牌。

此种转喻修辞在品牌命名中不胜枚举,比如"黄山毛峰""六安瓜片""敬亭绿雪""霍山黄芽"这一大批相传已久的名茶品牌,还有"砀山酥梨""皖西白鹅""怀远石榴""宣纸""歙砚"等地域特色鲜明的品牌命名。随着时间的积淀,这些名称符号的价值远远超出了商品本身,延伸为"安徽"形象的重要组成部分。

"黄山毛峰"品牌符号邻近性转喻修辞分析。

喻体:"黄山毛峰";本体:黄山风景区及附近出产的绿茶。一般来讲,"黄山毛峰"是指黄山风景区境内海拔 $700\sim800$ 米的桃花峰一带出产的茶叶,但事实上风景区外汤口、岗村、杨村、芳村出产的茶叶现在也被冠以"黄山毛峰"品牌。其中喻体"黄山毛峰"(黄山风景区内海拔 $700\sim800$ 米处桃花峰)和本体(黄山风景区及附近茶场)存在空间上的邻近关系,亦即品牌符号喻体和本体的时空邻近性关系构成"黄山毛峰"品牌符号邻近性转喻修辞。

2.品牌符号逻辑关系邻近性转喻修辞

品牌符号逻辑关系邻近性转喻修辞是指品牌符号转喻中本体符号的能指和喻体符号的能指之间存在着逻辑表意的邻近关系。此类修辞的核心是喻体的能指在品牌符号中直接指向本体的能指,常见的品牌围绕着主品牌而发展的副品牌或子品牌均属此类。

"五粮液"旗下的"五粮春"和"五粮醇"品牌符号邻近性转喻修辞分析。

喻体:"五粮";本体:一种"五粮液"旗下的白酒"五粮春"。喻体:"五粮";本体:一种"五粮液"旗下的白酒"五粮醇"。人们在看到"五粮春"或"五粮醇"品牌时,立即会联想到"五粮液"品牌,这就是品牌主想要实现的目的,"五粮春"或"五粮醇"与"五粮液"之间的符号能指存在着逻辑表意的密切关联,具体表现为品牌名称中均有"五粮"符号。这种关联使得"五粮春"或"五粮醇"很容易搭上"五粮液"的便车而行销市场。

类似的情况很多,再比如"古井玉液"品牌符号转喻修辞分析。

喻体:"古井";本体:一种"古井"旗下的白酒"古井玉液"。大家知道"古井"品牌是中国"八大名酒"之一,但并不是所有"古井"酒厂出产的白酒品质都是一样的,跻身"八大名酒"之一的准确地说应该是"古井贡酒"。所以"古井"旗下除核心品牌"古井贡酒"之外,还有如"古井玉液"一般的一众"小弟"在后面跟随,如此"古井玉液"等即为品牌符号逻辑关系邻近性转喻修辞。

(二)品牌符号部分与整体关系转喻修辞

品牌符号部分与整体关系转喻修辞是指符号转喻中本体符号的能指和喻体符号的能指之间是一种部分与整体的关系。

"腾讯"品牌符号部分与整体关系转喻分析。

喻体:"腾讯";本体:深圳市腾讯计算机系统有限公司。其中喻体"腾讯"中的"腾"源自公司主要创始人"马化腾","讯"源自公司业务领域"通讯技术"(当然也有说源自马化腾早年供职的"朗讯公司"),其中体现的正是"部分"与"整体"的关系,"部分"组合为喻体,"整体"作为本体,只是作为本体源头的"马化腾"和"通讯技术"(或"朗讯公司")并没有完整地出现在喻体中。

此类以"部分"转喻"整体"的做法在通用简称中的运用比较集中。比如，国际商业机器公司或万国商业机器公司，简称 IBM(International Business Machines Corporation)，其品牌符号标志也是直接运用了英文字母"IBM"的变体字；巴伐利亚发动机制造厂股份有限公司，简称 BMW(Bayerische Motoren Werke AG)，其品牌标志符号中更是简化为英文字母"BM"；日化巨头宝洁(Procter & Gamble)，简称 P&G，其品牌标志符号也是直接使用的"P&G"的英文变体字等。此类做法均属品牌符号部分与整体关系转喻修辞运用。

三、品牌修辞模型

品牌符号隐喻修辞类比为皮尔斯符号学的像似符号和规约符号，品牌符号转喻修辞类比为皮尔斯符号学的指示符号，结合皮尔斯符号学思想建立品牌符号修辞模型如图 8-3 所示。

品牌符号隐喻和品牌符号转喻是构成品牌符号修辞的两种基本修辞格，其学理源于符号隐喻和符号转喻的推理。品牌符号隐喻是在符号化过程中的含蓄意指层面完成的，其本质是喻体符号和本体符号的含蓄意指的所指之间存在着像似性，从而使隐喻行为得以完成，品牌符号隐喻修辞一般表现为像似符号或规约符号。品牌符号转喻是在符号化过程中的直接意指层面完成的，其本质是喻体符号和本体符号的直接意指的能指之间存在着邻近性、部分与整体关联性等，从而使转喻得以实现，品牌符号转喻修辞一般表现为指示符号。

四、传播修辞

品牌符号隐喻和转喻修辞是针对品牌符号文本修辞展开的研究，品牌符号文本修辞重点讨论的是符号文本本身，即品牌符号诸元素修辞运用，品牌符号传播修辞重点围绕品牌符号意义的开放性展开研究，开放性使得品牌符号意义成为编码者与解码者共同协商的结果。如同讨论品牌符号文本修辞中引入了隐喻和转喻等概念一样，在此引入冗余、惯例、墒和代码等概念作为品牌传播修辞研究的理论支点。

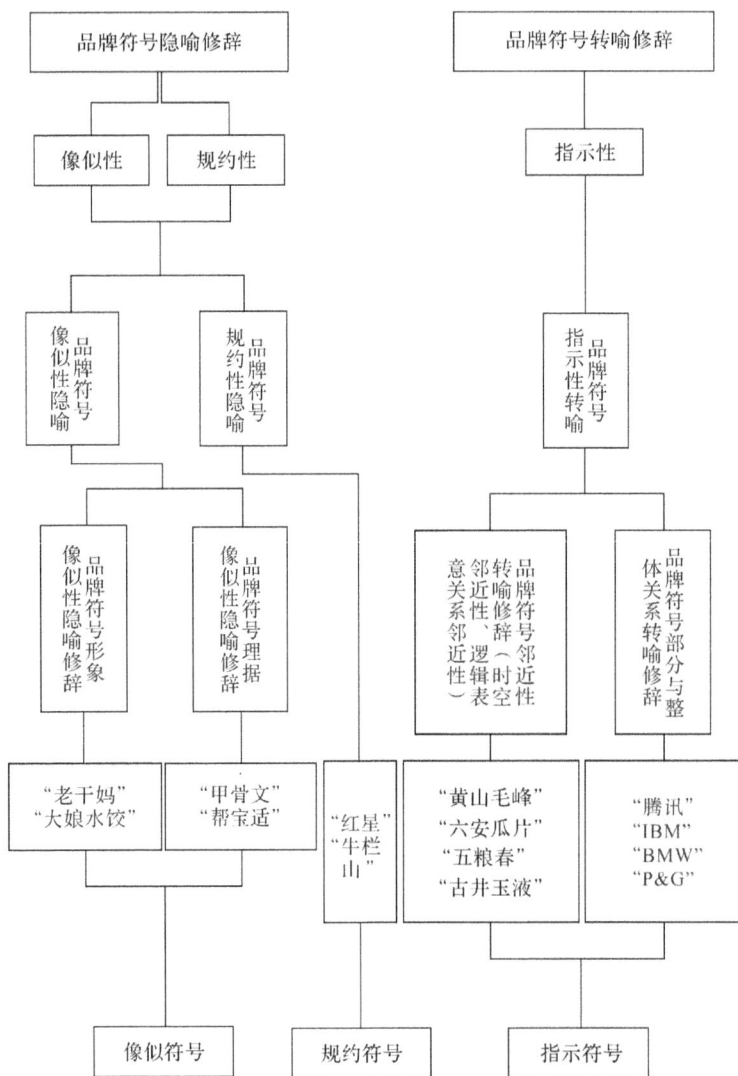

图 8-3　品牌修辞模型

（一）冗余、惯例、墒和代码

冗余、惯例、墒和代码是约翰·菲斯克提出的关于符号传播理论的重要概念，也是关于符号修辞的传播学描述。他在《传播研究导论:过程与符号》一书中指出:

信息并不是从 A 发送到 B 的什么东西,而是一种结构关系中的一个要素。在结构关系中还存在其他要素,包括外在现实和信息生产者/读者等。制造和解读文本被看成是即使不是同一的,也是并行的过程,并且二者在结构关系中也地位相当。我们可以把这种结构转化为一种三角模式,其中的箭头代表着持续的互动;整个结构不是静止的而是动态的实践过程。①

约翰·菲斯克接着在书中做了如下的信息与意义的图示(如图 8-4)。

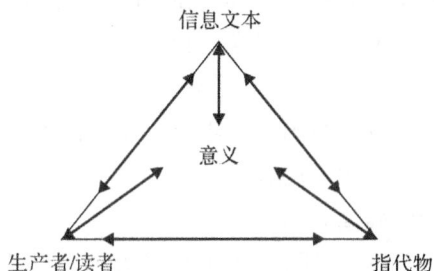

图 8-4　约翰·菲斯克"信息与意义"关系

在此,依据以上图示为蓝本,并以符号学的方式作如下描述(如图 8-5)。

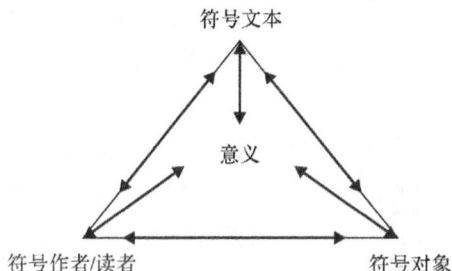

图 8-5　"信息与意义"关系符号学模型

符号传播修辞中关于符号传播成为研究的重点,传播本身也变成意义建构的过程,符号作者和符号读者在传播中共同参与了符号释义,意义不再是符

---

① ［美］约翰·菲斯克.传播研究导论:过程与符号(第二版)[M].许静,译.北京:北京大学出版社,2008:3.

号作者单方面的传播,而是符号作者和符号读者共同参与传播的结果。符号文本修辞之外加入了传播修辞,于是符号传播学的冗余、惯例、墒和代码等概念成为符号传播修辞重要手段。

1.冗余

约翰·菲斯克在《传播研究导论:过程与符号》一书中指出,冗余是信息中可预测或者说常规的内容,冗余的对立物是墒。冗余具有高度可预测性,而墒则相反,具有很低的可预测性。如果说一个信息可预测性低,那么就是说墒值高或者说信息量大。相反,如果说一个信息的可预测性高,那么就是说冗余多或者信息量小。比如在街上与一个熟人打招呼说"你好",就是一个可预测性高的、高度冗余的信息。

冗余是指为了有助于进行精确编码或加强社会联系——或两者兼而有之而加进某个信息或文本的可预计内容。

冗余信息帮助进行精确编码的方式有。

(1)它被用于抵消信道中的噪声:为了抵消收音机里的静电干扰,我们就把关键词拼读出来,通过逐个核实每个字母而不断增加冗余信息——如 apple(苹果)里的 A,sugar(糖果)里的 S 等。

(2)它被用作一种觉察与纠正错误的方式:因为语言约有一半属于冗余信息(或者说有一半是可预计的),于是我知道"seperate"的拼写是错的,并能将它纠正为"separate",从而防止这个错误影响交流。如果语言中没有冗余信息,我们就不能辨认潦草的字迹,不能理解方言浓重的口音,不能略过拼写的错误。

(3)它有助于克服与受众有关的问题:如果编码者预计受众对于他所说的不那么提劲儿,如果他知道自己的信息针对的是具有不同背景与各种动机的一大批形形色色的受众,那么他就会把更多的冗余信息加入信息。比如,流行艺术比高雅艺术的冗余信息多,一个为深褐色酒吧做的广告,其冗余信息多于专业期刊上的专门性广告。

(4)它有助于克服媒介的缺陷:一次演讲应比一部书包含更多的冗余信息,因为读者能够通过反复阅读要点以制造冗余信息,而听众则不可能做到这一点。使用某种媒介以复制或支持另一种媒介的种种直观教具,也是制造便于精确编码之冗余信息的方式。①

　　这四种功能基本上都是技术性的,和冗余的概念一样均源于贝尔电话实验室的电讯工程师克劳德·香农和其合作者沃伦·韦弗于1949年合著的《传播的数学理论》。冗余在传播活动中并非如字面意思是多余无用的,相反,为传播活动的顺利完成,适度的冗余是必须的。同时,在社会交往方面,冗余信息也在扮演着重要作用。即冗余信息也有属于社会而非技术的功能,约翰·菲斯克在论述冗余与社会关系时指出:

　　　　我认为将冗余的概念拓展之后,就会产生另一种虽然相关但却不同的功能。在街上打招呼说"你好",是在传达高度冗余的信息,并不需要解决什么传播问题,因为没有噪音,也不想传递什么有熵值的内容,对方也颇能接受。这就是雅各布森所谓的"交际传播"。他所谓的"交际传播",没有新东西,没有信息量,而只是简单地使现有渠道保持开放可行。当然事实上交际传播的意义远甚于此。在打招呼说"你好"时,其实是在保持和强化已有的社会关系。关系存在于持续的沟通中。说"你好"可能没有改变或强化关系,但是不说"你好"则肯定会减弱关系。

　　　　……

　　　　我们可以进一步拓展这种相似性。一种高度常规化的艺术形式如民歌就有交际功能。没有什么比萦绕于心的民歌冗余更大了,但是在反复吟唱中,我们不断确认我们是某一特定群体或亚文化中的一员。实际上,亚文化经常(即便不是主要地也至少部分地)以成员共同的艺术品位来界定。比如青少年亚文化经常以他们欣赏的音乐类型或者舞步来确认。这些音乐或舞蹈形成"惯例",将"粉丝"们纳入同一个亚文化圈,凡是不同于这些已成"惯例"的其他形式的音乐或舞蹈则受到排斥。问题的核心在于,惯例,也就是音乐或舞蹈中的冗余,肯定了群体的成员身份。②

　　约翰·菲斯克关于冗余的理论探讨实际上就是对符号修辞的传播学讨

---

　　①　[美]约翰·菲斯克.关键概念传播与文化研究辞典(第二版)[M].李彬,译.北京:新华出版社,2004:235-236.
　　②　[美]约翰·菲斯克.传播研究导论:过程与符号(第二版)[M].许静,译.北京:北京大学出版社,2008:12.

论,冗余可以大概地理解为语言修辞的排比、反复和复叠等。对于符号修辞及意义传播有着重要的作用,为了更好理解其冗余理论,在此有必要继续解读与其密切相关的另一个概念:惯例。

2. 惯例

惯例是指由某一文化或亚文化成员所共有的文本化或社会化习俗。

惯例往往(当然也不是必须的)并不明说,它被人们视为理所当然。它们是实践与认识的习惯方式得以在某种文化中进行普及的途径,因此,它们来自采纳它们的成员所共有的经验,并形成大家共有的文化预期。惯例以同样的方式在文本与社会中发挥作用,遵从惯例的某个文本或某项行为就容易得到理解和大家认可。相反,无论是社会方面还是文本方面对惯例的破坏,都会导致他人的误解或怨恨。具有讽刺意味的是,正因常常破坏惯例,惯例本身才变得愈加明显。惯例属于冗余信息,属于社交传播,容易解码,对群体成员或文化成员构成压力。①

符号文本编码者运用惯例修辞,意味着想让符号意义传播变得更顺畅,符号文本编码者打破惯例修辞,就是不想让符号意义被轻易理解。惯例修辞大概地可以理解为语言修辞中的联想和比拟。

3. 墒

墒是指某个信息的内容或形式的不可预测性。

内容中的墒等于信息含量高,为了有效而自如的传播就需常常把冗余信息引入其形式。形式中的墒,通常是为了美学或想象的原因而打破现有惯例的结果。在内容的层面上,墒与信息相关;而在内容与形式的层面上,墒与冗余信息相对。②

墒造成了传播的困难,冗余则促进了传播的效率。流行艺术就是属于那种在内容和形式中都包含巨大冗余信息的艺术形式,比如电影、通俗歌曲、侦探小说等。高雅艺术则总是高墒值和低冗余的,一般来说高雅艺术的高墒值是建立在对惯例及常规的打破之上的,但是,当这些被打破的惯例及常规随着时间的流逝而成为新的惯例和常规时,墒值就降低了,而冗余却增加了,高雅

---

① [美]约翰·菲斯克.关键概念传播与文化研究辞典(第二版)[M].李彬,译.北京:新华出版社,2004:59.

② [美]约翰·菲斯克.关键概念传播与文化研究辞典(第二版)[M].李彬,译.北京:新华出版社,2004:96.

艺术也变成流行。墒值和冗余在传播实践中并不是静止不变的,而是会随着时间的流逝因应而变,艺术传播如此,符号修辞传播亦如此。降低墒值,提高冗余信息,是确定符号传播顺畅和高效的重要路径。

4. 代码和共同性

代码是指符号组成的系统,这一系统受社会共同的规则约定而组成,规则是由使用代码的社会成员一致同意而约定的。代码是符号修辞的根基,所有关于符号修辞的讨论都是在同一个代码系统中的讨论,作为符号系统的代码具有以下特征。

(1)作为系统的代码有许多基本单位可供选择,类似于索绪尔语言学系统中的选择关系。同时,这些基本单位可以依照惯例或规则进行组合,类似于索绪尔语言学系统中的组合关系。

(2)所有的传播代码都传递意义,它们的基本单位是符号,而符号就是用各种方式指代除自身以外的其他事物。

(3)所有的传播代码都有赖于使用者的共识以及共同的文化背景,传播代码和文化之间动态相关。

(4)所有的传播代码都体现某种可确认的社会或传播功能。

(5)所有的代码都可以通过恰当的媒介或传播渠道进行传递。

共同性是指传播代码使用者对于需共同遵守的规则的约定,包括代码包含的基本单位、选择和组合基本单位的规则、对接受者开放的意义,以及传播代码所发挥的社会或传播功能等。因此,共同性在符号修辞层面的理解就是在同一代码系统中传播代码使用者共同遵守的修辞规范,所有的代码都有赖于共同性。但是代码达成约定的具体形式却有不同,具体分为以下三种重要形式:惯例代码、任意代码和美学代码。

(1)惯例代码

惯例代码即来自文化成员共同体验的不成文的、没有申明的约定代码,是最重要的一种达成约定的符号代码形式。代码的使用者虽然没有明文约定,但一切都在文化成员共同遵守的习惯中形成。惯例依靠冗余信息,便利解码,表达文化成员身份。但是经由惯例达成的共识,通常但并非总是不言自明,也就是说惯例代码有时候难免会出现"偏差性解码"。

"偏差性解码"是解码者由于社会背景、文化经验等与编码者不同,从而造成对符号文本产生的与编码者不一致的"解读差异",这种现象在大众传播中经常出现。进一步思考,"偏差性解码"的概念还可以延伸为"偏差性编码",亦即编码者囿于自身的社会背景、文化经验等，没有能够认识到具有不同文化或亚文化经验的解码者对信息的不同解读，而在编码时造成的"编码差异"。事实上，从传播意义实现的角度来看，意义是符号文本与读者协商的结果，也就是说符号传播意义是编码者与解码者共同作用的结果。因此，从这个立场出发，也可以认为使用不同的传播代码进行信息的编码和解码，都会导致偏差性解码。

（2）任意代码

任意代码是指使用者之间有明确意义约定的代码，也称为逻辑代码。此类代码的能指和所指之间的关系明确一致，任意代码是象征性的、明示性的、非个人化的和稳定的。数学就是典型的任意代码，比如"三七二十一"在任何情况下都没有异议，在此，"偏差性解码"是不可能的，意义并非使用者之间的协商，其中也没有使用者的文化差异，意义是社会成员早已约定完成的。交通信号灯、路标、化学符号等符号形式，都是任意代码。

任意代码与惯例代码之间的主要区别在于其选择关系的不同特性，任意代码的选择关系包含了明确有限的能指和精确相关的所指。任意代码最强调明示意义和稳定性，只有当使用者达成明确协议之后才可以改变。任意代码还表现出封闭性的特点，意义已经包含在文本中，并不希望文本阅读者在解读中加入自己的观点。惯例代码的选择关系是开放性的，因而惯例代码修辞更加生动和富于变化。惯例代码修辞在文本阅读时表现出对阅读者的开放态度，力邀读者积极参与文本意义的协商和建构。惯例代码的极端类型就是"美学代码"。

（3）美学代码

美学代码是指编码形式多样、编码意义松散且变化迅速的代码。美学代码依据文本中的线索或暗示完成解码，解码时受文化情景的决定性影响，其力邀解读者对文本的意义进行协商，甚至可以说"偏差性解码"就是美学代码的解码规则。

美学代码修辞既没有不成文的、没有申明的约定，更没有使用者之间明确的约定，它是完全创新的、打破常规的代码形式。但是，由于其解码时又常常依据文本中的线索或暗示，所以，美学代码又表现为既打破常规又遵守常规。一方面惯例性的美学代码需要与有共同文化经验或背景的使用者的协商和同意，比如大众艺术和民间艺术所使用的代码形式均属惯例性的美学代码，为普通民众所喜闻乐见，内容冗余度就较高。另一方面，创新艺术本身就包含对自身进行解码的线索或暗示,编码者会希望社会能够认识到他们采用的新的代码并学习这些新的代码。

针对美学代码的使用,必须看到所有创新性的、反常规的美学代码在逐渐为大多数人所采纳和接受之后,它就变成了新的常规,即成为惯例代码修辞的形式,这个过程被称为"常规化"。[①]

(二)品牌符号冗余修辞

品牌符号冗余是品牌符号信息中可预测或者说常规的内容,品牌符号冗余修辞是指品牌符号编码或传播中加进某个信息或文本的可预计内容。

品牌符号冗余修辞在完成品牌符号编码和实现品牌意义传播过程中,集中表现为以下三个方面的作用。

1.确定完整的品牌符号构成

所谓确定完整的品牌符号构成是指要建立完整的品牌符号构成要素,包括品牌名称符号、品牌标志符号、品牌代言人符号、品牌域名符号、品牌口号符号、品牌声音符号、品牌包装符号、品牌故事符号等。一个完整的品牌一定要建立一套完整的品牌符号构成体系,以提供给市场或消费者完整的信息。同时还要最大限度地调动传播中的各类符号,比如文字符号、声音符号、抽象图形符号、具象图形符号、动植物符号、人物符号、虚拟符号、自然符号和社会符号等,以增加品牌符号冗余度。

2.保持高频度的品牌符号曝光率

保持高频度的品牌符号曝光率的途径是确立和保持品牌符号在传播中的频繁使用,以制造更多冗余信息。因为品牌符号在传播中的每次使用,都在强化着它的社会文化意义以及在使用者中的符号第二序列意义,品牌符号经过使用来促进和完善符号意义的流通,品牌符号编码者和使用者在品牌符号传播中使得意义得到深入协商,品牌符号经由符号在传播中的频繁使用来维持品牌符号意义所指精准清晰。

3.建立与目标受众高度的文化认同

建立与目标受众高度的文化认同,是依据惯例通过品牌符号传播形成某种文化认同群体或亚文化圈,使得目标受众成为拥有同一品牌符号意义认同

---

① ［美］约翰·菲斯克.传播研究导论:过程与符号(第二版)［M］.许静,译.北京:北京大学出版社,2008:63-69.

的"粉丝"群体。社会文化中的"惯例",并不传递新信息,它是高度冗余化的,正是这种高度冗余化的"惯例"为形成共同的亚文化圈,提供了客观条件。品牌符号传播的最终目的是建立高度的品牌认同或品牌信仰,针对目标受众来说就是建立高度的文化认同,让目标受众通过共同的品牌形象认同来确认自己的社会身份或地位,高度冗余化的"惯例"的使用是建立与目标受众高度文化认同的最有效手段。

品牌符号冗余修辞可以提高品牌符号传播效率,而墒则会带来品牌符号传播的困难,惯例则属于便利解码的冗余信息,可以帮助人们形成共有的文化或亚文化圈子。所以,规约性的、非主流的、超时代的品牌符号就像高雅艺术、先锋艺术一样是高墒值和低冗余的。比如"猫扑""抖音""哔哩哔哩"等品牌符号,而另一些像似性的、指示性的、主流的、惯例的品牌符号则更接近流行艺术是低墒值和高冗余的,如"淘宝""百度""去哪儿网""饿了么"等品牌符号。前者是打破常规和惯例的,后者是符合常规和惯例的;前者是有传播困难的,后者是容易传播的;前者是需要在传播中辅以更多冗余修辞的,后者则先天具有高度冗余。但是当前者在广泛传播之后,就会确立自己新的常规,当这些新的常规被广泛接受后,那么它也变成高冗余的了。也就是说品牌符号修辞传播中冗余、惯例和墒都不是静止不变的,而是会随着传播的深入发展变化的。品牌符号冗余修辞本质是降低墒值,打破和形成惯例,提高冗余信息,确保品牌符号传播精准和高效。

(三)品牌符号代码修辞

品牌符号代码是指品牌符号受社会共同性的规则约定而组成的系统,其中规则是由使用符号代码的社会成员一致同意而约定的。

品牌符号代码的共同性是指传播代码使用者对于需共同遵守的规则的约定,包括品牌符号代码构成的各种要素,选择和组合诸要素的规则,针对解码者开放的品牌符号意义及传播功能的实现等。因此,品牌符号代码修辞是在同一代码系统中传播代码使用者共同遵守的修辞规范,所有的代码都有赖于共同性。依据不同的代码约定形式品牌符号代码修辞也可以分为以下三种相应的形式:惯例代码修辞、任意代码修辞和美学代码修辞。

1. 惯例代码修辞

品牌符号惯例代码修辞是指选择受众共同体验的不成文的、没有申明的约定代码加以组合编码以构成品牌符号。惯例代码修辞类似像似性符号和指示性符号的构成,常常借助高度冗余和惯例化的社会文化约定俗成,比如"百度""去哪儿""饿了么""甲骨文"等品牌符号。其具体表现为三种情形:一致性解码、偏差性解码和偏差性编码。

(1)一致性解码

一致性解码是指解码者的解码与编码者的编码高度一致。因为编码者在编码时就是依据惯例代码修辞完成的,编码信息采用的是虽未申明但确是不言自明的不成文的约定代码组成的,所以,绝大部分情况下在共同社会文化背景中的受众都会完成一致性解码。

(2)偏差性解码

偏差性解码是指解码者的解码与编码者的编码发生偏差,包括部分偏差和完全偏差,部分偏差是指解码者的解码与编码者的编码意义部分吻合部分偏离,完全偏差是指解码者的解码完全偏离编码意义甚至完全背离编码意义。

(3)偏差性编码

偏差性编码是指编码者的编码发生偏差而造成解码者对品牌符号文本的"误读",实际上是编码者没有完全理解目标受众的社会历史和文化经验而造成的编码差异,解码者的解读并没有偏差。

虽然惯例代码修辞使一致性解码经常是不言自明的,但是在实际的品牌符号传播过程中,偏差性解码和偏差性编码也常有发生,而意义终究是符号文本与读者协商的结果,也就是说品牌符号传播意义的最终实现必须是编码者与解码者共同作用的结果。因此,从品牌符号传播修辞的立场出发,一致性解码是品牌符号传播修辞的基本点。

2.任意代码修辞

品牌符号任意代码修辞是指选用使用者之间有明确意义约定的代码进行编码以构成品牌符号,也称为品牌符号逻辑代码修辞。此类修辞方式类似于规约性符号的构成,如"361°""优酷""麦当劳""摩拜"等。品牌符号的能指和所指之间的关系明确一致,而且代码表现出象征性的、明示性的、非个人化的和稳定性特点。一般不会发生"偏差性解码",因为意义是预置的,即约定好的,因而品牌符号任意代码修辞还表现出封闭性的特点,这也是其和惯例代码修辞之间最大的不同。

为了说明和理解的便捷,不妨以"摩拜"和"ofo"品牌符号代码修辞比较阐释如下。

"摩拜"和"ofo"作为共享单车行业的两大领导品牌,其品牌符号代码修辞却是大相径庭。摩拜单车最初命名为"丁丁"单车,理由是说着上口且接地气,后来投资人坚持命名为"摩拜",源自英文的谐音,即把"mobile"和"bike"拼起来,叫"mobike",实际上就是将"移动互联网"和"自行车"结合在一起,构成一个新词"移动互联网自行车",中文译音为"摩拜"。这是一个典型的任意代码修辞,使用者之间明确约定意义,意义提前预置,意义无须与读者协商且意义是封闭的、非开放的。当然这个名字在中文谐音翻译中"摩拜"又有"膜拜"的谐音,就像顶礼膜拜的意思,又添加了惯例代码修辞的光环,"摩拜"在这个年轻市场群体中就显得很"酷"了,品牌符号传播力明显强于"丁丁"这个略显"幼稚"的符号。

作为同年注册的另一个"共享单车"品牌"ofo"的来历就非常直接了。人们在看到"ofo"符号时,直观地从其字母组合中就能看出一个"自行车"的样子,所以"ofo"单车创始人是这样解释"ofo"名字的由来的:自行车是日常生活中不可或缺的一部分,起"ofo"这么一个名字,因为它就像一辆自行车。"ofo"与像似性符号构成非常类似,这里运用的是惯例代码修辞方式,品牌符号"ofo"与自行车的形象像似性是无须约定的、不言自明的,意义是通过与读者(消费者)共同协商中产生的,而且最重要的是这种"协商"几乎是一致的,是不会产生"偏差性解码"或"偏差性编码"的。就像创始人说的那样,"ofo"这个品牌符号,全世界的人不分民族、不分语言都能理解它。

3. 美学代码修辞

品牌符号美学代码修辞是指选用编码形式多样、编码意义松散且变化迅速的代码用于品牌符号编码,其选用的代码既没有不成文的约定,也没有使用者之间明确的约定,是打破常规的代码形式,解码则常常依据文本中的线索或暗示来完成。因此品牌符号美学代码修辞表现为两种形式,惯例性美学代码修辞和创新性美学代码修辞。前者类似于像似性或指示性符号构成,后者类似于规约性符号构成。

(1)惯例性美学代码修辞

品牌符号惯例性美学代码修辞是指虽选用创新的代码,但又保留社会文化的惯例性线索,即创新性是在与有共同文化背景的使用者的协商同意之后实现的。比如:"小米"手机、"瓜子"二手车、"豆瓣"和"天猫"等品牌符号,均属此类。

"小米"作为手机品牌名称,从词义理解品牌命名和产品之间确实相去万里,据说当时几位创始人开始想以公司附近的一个餐厅名字"玄德厅"的"玄

德"来命名,但大家感觉不太像一个高科技互联网公司的命名方式。后来又受
"红星照耀中国"的启发,想用"红星"命名,但因为"红星二锅头"的缘故,没有
获得工商许可。后来大家想到公司创始的那天早上,14 名创始人一大早在公
司喝了一锅小米粥,于是就说干脆用"小米"这个名字吧。"小米"虽然与互联
网公司之间是一种完全的创新性关系,但是,小米是中国人主要的杂粮,大家
都离不开,一提起来就觉得有亲近感。这种社会文化的惯例性线索在与消费
者进行文本协商时一直悄悄地在发挥着暗示功能,起着提升冗余度的作用,所
以,这类品牌符号代码修辞既是美学的又是惯例的,其中既有打破常规,又有
与共同文化背景的使用者(消费者)之间的统一和协商。

(2)创新性美学代码修辞

品牌符号创新性美学代码修辞是指选用完全创新的、打破常规的美学代
码用以品牌符号编码,编码者通过符号传播要求使用者学习编码内涵的暗示
或线索,进而完全接受这种全新的编码。比如:"papi 酱"、"高德"和"google"
都是全新的编码,属于创新性美学代码修辞。

"高德地图"的品牌符号"高德"与产品"地图导航"完全没有关系,"高德"
名称符号本身亦是杜撰,创始人初创公司时为了省去注册公司的麻烦手续,便
用了朋友的一个空壳公司,顺便也就用了原空壳公司的名字。编码者运用的
即是创新性美学代码修辞,为了传播的便利,编码者在品牌符号构成元素中添
加了一个英文名称:"amap",就是一张地图("a map")的意思,寓意公司愿景:
高德地图立志要做好一张地图。另外在品牌符号构成元素中还加入了一个类
似鼠标光标的箭头,内涵网络导航的意思,实际这些添加的符号构成元素都是
编码者在品牌符号中加入的希冀读者(消费者)明了的关于美学代码的暗示或
线索。如今"高德"已经完全具有了"地图导航"的所指了,比如人们在讨论"导
航软件"时会说"你觉得'高德'好用吗?"可见,人们已经完全接受了这个创新
性的美学代码。正如人们会说"谷歌一下"(或"百度一下")一样,人人都知道
说话人的意思是"上网搜索一下"。美学代码逐渐地为大众所广泛接受,由创
新演变为常规,于是美学代码演变为惯例代码,这就是所谓的"常规化"。

在实际的品牌符号代码修辞中,并不能截然区分品牌符号代码修辞的"惯
例代码修辞"、"任意代码修辞"和"美学代码修辞",因为其间的过渡应该是渐
变性的。为了更好地理解这一渐变过程,依据代码与意义之间的封闭性和开
放性关系,品牌符号代码修辞与品牌符号意义关系图示如下(如图 8-6)。

任意代码修辞 ◄─────── 惯例代码修辞 ───────► 美学代码修辞

封闭性愈强　　　　　　　　　开放性愈强

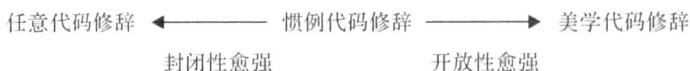

图 8-6　品牌符号代码修辞与品牌符号意义关系

　　图示中品牌符号惯例代码修辞表现为品牌符号意义与读者（消费者）的解读是依靠社会文化背景意义的未申明的约定，亦即意义是依据编码者与解码者的协商或同意。品牌符号惯例代码修辞在朝向品牌符号任意代码修辞格发展时，就越来越表现出封闭性，直至完全封闭，即为品牌符号任意代码修辞。而其在朝向品牌符号美学代码修辞格发展时，则越来越表现为开放性，最终发展为品牌符号美学代码修辞。

　　事实上，由于品牌符号构成诸要素，比如品牌名称符号、品牌标志符号、品牌代言者符号、品牌口号符号、品牌包装符号和品牌故事符号在品牌符号传播修辞中，一般会表现出各具特色的修辞方式。在同一个品牌符号代码修辞中常常是同时运用了多种代码修辞方式，所以更多见的情形是多种品牌符号代码修辞的整合运用。

第三节　品牌视听修辞

一、视听修辞

（一）"辞趣"

　　视听修辞，就是指常用修辞手法在视听传达设计中的具体运用，核心是通过视听符号的选择与组合，实现修辞格中诸如比喻、对比、夸张、对称、重复、比拟和幻视等视听语意。

　　"辞趣"，是有助于提高表达效果的词语的音调或字形图符、书写款式所体现出来的语言文字情趣。它包括三个方面：音趣、意趣和形趣，音趣是指利用各种语言要素的巧妙配合，从直观听觉上增强语言美感或营造不同语词趣味的修辞方式；意趣主要来源于语言词汇多义性特征的使用，利用词语多种意义内容进行语言修饰；形趣是利用文字形体上的特点，变化文辞的面貌或书写款式，甚至借助某些图形符号以增强语词情趣的修辞现象。有一些特别有表现力的辞趣形态也可以发展为辞格。①

在音趣、意趣和形趣三种形态中,意趣和形趣部分毋庸置疑是视听符号重要的组成部分,即视觉符号部分,尤其是形趣方面,视觉符号的表现明显较言语表现更能展示形象趣味性,形趣往往还能巧妙地带动意趣,串联整体的视觉效果,一直都是视觉符号修辞表达上的重要考量。音趣则是指听觉符号,虽然听觉符号在传统品牌符号修辞中运用较少,但是在互联网新媒体迅猛发展的今天,音频听觉符号越来越多地以其别开生面的新鲜感进入到品牌符号表现的视野中来。随着声音注册商标的发展,音趣表现在整个品牌符号组合中也越来越显示其特别的地位,在今后的品牌符号表现中,应该有很大的值得期待的发展空间。

视听修辞带给品牌符号修辞传播特殊品质,并表现为一种特殊形式法则,而其语意面则形成另一隐喻或转喻象征,设计者借由此种符号修辞运用,可令受众产生更强烈的心理概念与形象感受。在品牌形象设计中,设计者根据识别概念的线索来选择能指与所指,受众则采用反向的方式,就能指来探寻所指以及发现其意指关系,而视听符号修辞表现内涵于意指关系中,这种符号修辞意指关系是借喻、比拟、夸张、对比、对称、反转和幻视等修辞格的具体运用。事实上,视听修辞中可以作为辞格的种类明显多于上述,在此仅取比较常用的辞格举例阐释。

(二)符号视听修辞内涵

符号视听修辞无论是在符号选择轴还是符号组合轴上都有运用,在符号选择轴,设计者在创作之初借由不同符号的替代,可以创造意义上的转变,形成新的意趣或音趣。比如同样是选择一束花的符号,那么是选择菊花还是梅花、牵牛花、郁金香等,其符号表达的修辞意趣是大异其趣的。在符号组合阶段,则透过独特的构成手法,最能创造符号的形趣,比如北京冬奥会上受到世界各国运动员普遍赞誉的吉祥物"冰墩墩",将熊猫符号形象与富有超能量的冰晶外壳相结合,加之装饰彩色光环和航天员造型,几种形态质感相去甚远的符号组合在一起,形成形象友好、憨态可掬,又极富力量和现代感的符号修辞形趣。

符号修辞实际上是由两层意义实现的,第一层是"明示意义",第二层是"隐含意义"。从符号修辞的过程来看,符号能指即指符号修辞的明示意义,也

---

① 谭永祥.汉语修辞美学[M].北京:北京语言学院出版社,1992:481.

是第一层次意义;而符号经由含蓄意指指向更深层次的社会文化意义,则是符号修辞的隐含意义,也是第二层次意义。符号要产生第二层次的隐含意义,必须经由在能指指涉所指的第一层次意指作用的基础之上。在第一层次上,焦点集中于能指符号的操作,去直接展现第一层次的明示意义,一般借由视觉基本符号要素的构成技巧完成符号视听修辞。此类辞格包括如夸张、重复、对比、对称、反转和幻视等,这些常用辞格基本上都能实现符号修辞形趣和音趣的审美表达。而第二层次的隐含意义一定需要经过含蓄意指作用方能实现,因此所指扮演的角色尤其重要,就是说受众能够识别能指的目的,正确解读所指所代表的心理概念,这个心理概念通常会超出通俗的明示意义,并借由能指的转借来达到强化的效果,产生意趣。此类的辞格有借喻、比拟、转义等,通过这些手法,符号视听修辞清晰传递出第二层次的隐含意义。

第一层次的明示意义多由符号视听修辞形趣和音趣来呈现,第二层次的隐含意义多由符号视听修辞的意趣来完成。但是第一层次的符号修辞格也有可能产生所指的意趣,如利用视觉比例的夸张表现,可以凸显一双眼睛的特有表情意义,比如震惊或恐惧,只是这样的所指属于明示层次的意义,辞格的功能明显偏于形趣。同样的情形也发生在形趣和音趣上,因此,不论是何种类型的辞格,在实践上均是开放性的,可以用于表现形趣和音趣,也可以用于表现意趣。下列图示中第一层次和第二层次中的辞格分类,只是表示某种辞格在功能上更多地偏向某种修辞表现,事实上这些常用修辞格在形趣、音趣和意趣的表现中经常有交叉重叠使用,比如汉字或拼音的一些变形符号修辞,以音频或视频动画呈现的品牌符号等。

品牌符号修辞内涵与辞格关系表示(如表 8-1)如下:

表 8-1　品牌符号修辞内涵与辞格关系

第一层次	第二层次
明示意义层次	隐含意义层次
形趣、音趣	意趣
夸张、重复、对比、对称、反转、幻视、互文等	借喻、比拟、转义等

二、品牌视听修辞格

品牌符号视听修辞是指通过选择和组合确定符号与符号之间的关系,这种关系既是品牌符号呈现的结构形式,也是品牌符号表达的内在语意,是一种视听表现技巧,分为品牌符号视觉修辞和听觉修辞两大类,在提升品牌符号自身传播能力的同时,还能够赋予品牌符号某种品质。其形式表现有内在构成法则,而其语意表现则往往以另一种隐喻或象征来实现。在此将常见的视听符号修辞格诸如借喻、比拟、转义、夸张、重复、对比、反转、对称、幻视和互文等举例阐释如下。

(一)品牌符号视觉修辞

1.借喻

借喻,是用一个具体易懂的事物,来说明另一个抽象难懂的事物,但形式上并不出现被比喻的事物(本体),是比喻的一种,品牌符号中只出现用来比喻者(喻体),即形象能指。比如施华洛世奇最新品牌标志"八角水晶环绕的天鹅",天鹅一直是施华洛世奇表达自我的符号,水晶珠宝是其核心产品,符号借喻准确喻指品牌的天然、奢华和爱的所指。如图8-7。

图8-7 "施华洛世奇"品牌标志符号

2.比拟

比拟,为了形容某一事物,可以将原有的事物假设或转变成另外一种本质截然不同的事物,经常用的有拟人或拟物。将品牌比拟为一个人诸如"米其林轮胎人""麦当劳叔叔""格力高人""海尔兄弟"等,就是将品牌"人格化"。拟物则是将品牌比拟为物,实则是将具象实物符号象征意义投射为品牌符号所指,拟物手法其实也非常多见,比如香港特别行政区和澳门特别行政区区徽均属此类。紫荆花、莲花与五角星,寓意香港、澳门与祖国,"一国两制",永不分离。如图8-8。

3.转义

转义,借用能指符号的相似性,并且转变符号原有的意义,使新的意义与原有意义相通或合而为一,最终形成品牌视觉符号的双关意义。视觉双关形

图 8-8　香港"紫荆花区徽"和澳门"莲花区徽"

式是识别标志设计中最常用的创意形式之一,为取得最精简的设计效果,设计者在根据识别形象的意指选择两个或以上的不同符号之后,设法以两者最接近的能指来定义该所指,进而加以整合,于是形成一组能指却具有两个或以上的所指,表现出耐人寻味的设计创意。

　　李宁商标采用了一个大大的字母 L,整体设计是汉语拼音 LI 和 NING 的第一个大写字母 L 和 N 的变形,辅以红色的主色调,打造品牌的生动、细腻、美观和富于动感的现代意味。李宁商标的象征意义,飞扬的红旗,青春燃烧的火炬,热情律动的旋律和活力,在此得以完全展示。如图 8-9 所示,李宁商标虽经多次优化,但是其核心能指始终未变,品牌能指始终给人一种强烈的现代感、视觉冲击感和舒适感。

图 8-9　"李宁"品牌符号演变

4.夸张

　　夸张,是指将符号能指加以放大、缩小、变形,以强化视觉效果。符号形状的局部夸张,特别是在像似符号设计中,刻意将局部予以放大、缩小或变形等。无论手法怎么变化,设计者的目的都在强调某一局部的特征,并借此削弱其余部分的视觉干扰,创造视觉对比以凸显视觉焦点。

　　品牌设计经常利用特定能指符号与像似符号整合,来加强符号组合中外观的变形。比如将品牌符号标志与像似符号结合,形成一个像似性内在于识别性外观的标志,创造富于新意的视觉效果。这种符号组合特别留意汉字的象形文字特征,比如著名白酒品牌"古井"的品牌符号组合,汉字"井"和圆形的井的象形符号经过变形之后组合为"古"字,商标符号内涵了"古""井"两字而传播完整的品牌符号"古井"。如图 8-10。

图 8-10 "古井"品牌符号

从构图造型看,标识以代表沉稳练达、意蕴深厚的黑色及象征希望、热情与无限生机的红色为基本色,动静相生,刚柔相济,线条流畅,既和谐相融又具有无限张力。富于动感的"井"字及无限延伸的字体,予人以无尽想象。浑圆优美的一轮"红日",既寓意古井之源,又昭示着企业蒸蒸日上、蓬勃发展。"井"与"红日"共同构成颇具形象的"古"字,将古井贡酒的传统文化意象渲染得淋漓尽致,企业理念浑然天成。

5.重复

重复,将符号能指做多次重复,增加视觉观感强度。符号能指重复的法则一直是视觉系统建立一致性的主要方法之一,在识别标志或视觉系统设计上,图像、色彩、文字的重复,都是品牌设计常用的手段。

利用某一类型符号能指做表现上的重复,强化该符号能指同整体标志的意义,所有的视觉形状都是由点、线、面不断重复构成的,在形状上创造差异或者突出特殊质感成就视觉上的整体优势,使识别元素中所有的点、线、面的表现形式呈现同一品质,创造出更为强烈的视觉印象。比如"拼多多"(如图8-11)作为后起的电商品牌,其最大的卖点就是价廉货全,在其识别标志的设计中恰如其分地通过重复构图突出了这一点:大小商品,一应俱全,皆可拼团购买。

图 8-11 "拼多多"品牌符号

6.对比

对比,是指将互相对立的事物放在一起,加以比对,借以增强符号视觉表现效果。"对比"有多种符号能指的对比,比如大小、方圆、长短、粗细、明暗、冷暖、动静、上下、内外和强弱等。

Baskin-Robbins(芭斯罗缤公司)是全球最大的冰激凌经销商之一,芭斯罗缤于 1945 年在美国南加州由 Burton Baskin 和 Irvine Robbins 两位连襟兄弟创建,品牌宗旨是随时都能提供 31 种不同口味的冰激凌,发展至今已经是具有全球影响力的冰激凌品牌之一。其品牌视觉符号设计沿用两兄弟姓名的英文首写字母 B 和 R,但是经过冷暖色彩拆分的对比使用,从字母"B"和"R"中抽离出粉红色的阿拉伯数字"31",完成 BR 的经典商标,恰当地传递出了品牌宗旨——31 种口味的概念。如图 8-12。

图 8-12 "芭斯罗缤"品牌符号

哈根达斯(Häagen-Dazs)是美国冰激凌著名品牌,1921 年由鲁本·马特斯研制问世,1961 年正式命名"哈根达斯"。创立伊始马特斯即坚持使用纯净、天然的原料制造最好的冰激凌,为此马特斯为他的冰激凌取了一个丹麦名字 Häagen-Dazs。他认为这个斯堪的纳维亚名字可以唤起人们对新鲜、天然、健康及高品质的联想,如今,哈根达斯已经被视为冰激凌品牌中的贵族,具有极高的溢价能力。哈根达斯品牌符号设计始终通过斯堪的纳维亚语这一符号

图 8-13 "哈根达斯"品牌符号

能指来突出其鲜明异国特色的所指,具体讲就是这个斯堪的纳维亚语字母"ä"的使用,使得其在英文品牌符号世界里,一下子突出出来,正是品牌视觉符号修辞中对比修辞格的成功运用。所以,其品牌标志几十年来屡有更新,但是斯堪的纳维亚语的特征一直保留至今。

7. 反转

反转,是指两个或两个以上具有相同性质的符号能指完美地对应并置,形成一个符号能指对应另一符号能指的效果。反转的符号修辞方式往往是品牌符号着意修饰的结果,依照符号能指的结构,对应并置而成。这种修辞不仅能够精简符号空间结构,略去符号与符号组合时留下的无意义残留空间,还能够给予受众精巧的创意感受。

德邦快递标识能指中上下反转交错对应符号体现大件快递送货上楼的服务优势,并传递出积极向上的精神,这种反转非常好地突出人与人之间互动的关系,呼应德邦快递正在由单纯的物流供应商向快递伙伴形象的转变。方形元素表达快递的包裹属性,意在突出德邦的大件优势,强调"大件快递发德邦"的品牌特色定位,同时两个方形元素也可以看作是德邦首写字母的反转组合形象,简约且现代感十足。如图 8-14。

图 8-14 "德邦快递"品牌符号

微信作为当下中国互联网即时通信的最大品牌,几乎全球华人都在使用,其品牌符号简约明晰,从核心标志设计上看,采用一左一右反转的两个卡通化小人的对话图标,直观地表明了软件的最基本功能——交流。其基本设计思路即视觉符号的反转修辞格的运用,整个微信标志醒目且与众不同,同时也从侧面体现了微信的品牌理念:便捷、友好。如图 8-15。

图 8-15 "微信"品牌符号

8. 对称

对称,一般是将视觉符号形状依据一定的方式置于对应的两方,各方互为另一方的影像。品牌设计利用对称的方式取得视觉平衡感,同时也起到一种"重复"修辞的效果,对称会形成更稳定而单纯的整体观感,起到强化整体的视觉效果。

比如中国文化最重要的符号标识"太极图",太极图的图形生动形象地揭示了宇宙构成的奥秘:阴阳对立而又统一,相应而又合抱。太极图中心阴阳鱼的 S 曲线,实际上是一个符号能指"鱼"形的反转,象征着一分为二的阴阳双方彼此依存、制约、消长、转化的动态展现。曲线分开的阴阳双方,互补共生,相反而又相成,象征着宇宙万物对立统一,和谐共生。如图 8-16。

图 8-16 "太极图"符号　　　　图 8-17 "麦当劳"品牌符号

英文字母"M"是 26 个字母中最具对称性的字母符号,于是,麦当劳(McDonald's)顺理成章地取"M"作为其标志,金黄色的大大的"M",看上去像两扇打开的黄金双拱门,代表着欢乐与美味,是全球最成功的经典对称性标志符号。如图 8-17。

同样,"中"字是汉字中最具对称性的文字符号,且上下左右均对称,在所谓方块文字的汉字中也不多见。"中"字为香港著名设计师靳埭强精准锁定，设计出"中国银行"品牌标志，设计采用中国古钱与"中"字为基本形，古钱图形外圆内方，突出中国古钱币形状，同时寓意天圆地方，经济为本，整体设计简洁、稳重、容易识别、寓意深远，深具中国风格，也是汉字符号对称性的经典之作。如图8-18。

图 8-18 "中国银行"品牌符号

9. 幻视

幻视，是指依据符号能指的改变，使设计空间类型变质，形成视觉上的歧义，创造特殊的效果。具象类设计图案识别符号的设计，往往是自然界立体形象的平面化结果，由于自然界投射在人类视网膜上的影像都呈现立体化的形式，当品牌设计取自然符号作为象征符号时，为实现其单纯的转喻或比拟性质，避免受众将之与所借用的符号画上等号，因此平面化便是一个最佳的方法。因此，在平面上创造空间的变化，构成幻视的特别效果，成为视觉表达幻觉性的立体空间的修辞方式。

美国加州布雷克斯公司是一家金融服务技术公司，品牌标志和名称以全黑色彩出现，其中标志是一个类似折叠了一下的信用卡形状，突出其电子借记卡的互联网金融服务性质，内涵强烈的时代感和视觉幻视的符号能指效果。如图8-19。

图 8-19 "Brex"品牌符号

"抖音"APP在短视频平台激烈竞争中异军突起，其独特的品牌符号设计功不可没。抖音的音符"♪"图标就如其产品定位一样，针对敢于表达自己的年轻人展示出酷、时尚、音乐、街头、年轻的个性。设计者针对音符设计了抖音的标志,设计者将抖动的感觉赋予在标志之上,利用电磁波干扰,把音符变成一个动图,从动图中挑选一帧最完整的图形表现,最后沉淀出来的音符看起来也像在动。"抖音"标志设计完美地体现了视觉符号幻视修辞格,将一个静止的音符幻化为一种动态的效果,与品牌名称"抖音"要表达的"听着音乐抖动身体"的产品特质相吻合,且形式新颖独特,容易识别和记忆。同时抖音的标志延展性也是比较好的,这种"抖动"的方式可以在所有动态环境下运用,通过"故障风"的"抖动"效果,任何情况下都能建立与品牌的联想。如图 8-20。

图 8-20 "抖音"品牌符号

10. 互文

互文,也叫互辞,是古诗文中常采用的一种修辞方法,所谓"参互成文,合而见义。"具体地说,就是指诗词上下两句或一句话中的两个部分,看似各说两件事,实则是互相呼应,互相阐发,互相补充,说的是一件事,通过上下文意互相交错,互相渗透,互相补充来表达一个完整句子意思的修辞方法。比如"秦时明月汉时关",就是同时表达的"秦时明月秦时关""汉时明月汉时关"的意思,而不是"秦时明月"照在"汉时关"上。传统的互文手法都是在线性符号语言文字中使用,实际上互文手法在非线性的视觉符号中也多有应用。

比如杭州城市标志设计,杭州城市标志整体似航船,杭州城市得名于"余杭","杭"即"航船","余杭"即取自大禹乘船至此舍舟登陆的历史典故。

杭州城市标志中"杭"字以汉字"杭"篆书为演变基础,将航船、城郭、建筑、园林、拱桥等视觉符号元素,巧妙地糅合在"杭"字中。"杭"字的上半部分运用了江南建筑中具有标志性的视觉符号翘屋角与圆拱门,体现江南历史文化和江南地域特征,右半部分的"亢",则隐含了杭州著名景点"三潭印月"的符号能指。杭州城市标志设计,完美地展示了视觉符号互文修辞,将无可替代的城市名称与无可替代的视觉符号互文表意,合二为一,具有独特性、唯一性和经典性。如图 8-21。

图 8-21 "杭州"城市形象标志

韵达标志提炼出以"达"字为核心的品牌符号能指,寓意在快递领域"达"是企业的首要目的,通过对"达"字的图形化演变,将民族性的汉字形声字造字而成的"达"字,转变为世界性的视觉图形符号。中心是一个张开双臂的人的形象,原有的部首"走之"形象化为经过一个圆弧而送达的两个方形包裹,文字中有符号,符号中有文字,实现了文字和符号的互文。同时内涵了韵达作为民族快递企业走向世界的愿望和信心,是一次成功的视觉符号互文修辞实践。如图 8-22。

图 8-22 "韵达"品牌符号

(二)品牌符号听觉修辞

听觉符号或声音符号是属于声音商标的一种,随同广告主题曲、品牌主题音乐和视音频广告一起使用。听觉符号一般是一支很短的独特曲调或旋律,主要被放置在广告的开头或结尾,也有随着产品的使用而开启。听觉符号与其他可视标识符号具有同等价值,通常会通过声音与可视标识符号结合使用来提高品牌辨识度。

最为人们所熟知的听觉品牌符号是米高梅电影公司的"狮子吼",自 1924 年米高梅第一部有声电影开始,"狮子吼"片头就出现在米高梅公司的每一部电影的片头中,"狮子吼"成为其品牌形象最具识别性的标识符号。因此,米高梅公司多年来一直寻求将其狮子吼声音注册为与其影片服务以及相关商业领域的商标,直到 2010 年终被批准。而在此之前,美国专利商标局注册的第一个"声音商标"则是美国全国广播公司自 1931 年就开始使用的著名的"NBC 三响音阶"符号。

互联网时代为品牌听觉符号修辞提供了更为广阔的空间,著名的品牌听觉符号有。

诺基亚之歌——诺基亚各型号手机中的一个预设铃声于 1999—2000 年间被欧盟、美国及芬兰的商标管理机构接受为注册商标。

苹果开机声音——2012 年 12 月 12 日,美国专利和商标署正式批准了苹果公司把它经典的 Macintosh 电脑的开机声音作为商标注册的申请。

腾讯的"嘀嘀嘀嘀嘀嘀"声——2018 年 10 月,北京市高级人民法院认定腾讯公司申请的"嘀嘀嘀嘀嘀嘀"声音商标具有显著性,这也是我国商标法领域经司法判决的首例声音商标案件。

我国获得核准注册的第一枚声音商标则是 2016 年 2 月 13 日,由中国国际广播电台申请的第"14503615"号"中国国际广播电台广播节目开始曲"声音商标。

另外诸如"Windows"系列产品启动时的声音,"旺旺食品"的"旺旺"和"酷狗音乐"的提醒音"hello,kugoo"等,都是非常有识别性的品牌听觉符号,在品牌符号听觉修辞中都有重要表现。

以上品牌符号视听修辞格在实际的设计实践中并不是单一使用的,所有视听修辞手法都是以品牌形象表达为目的的工具手段,为了更好地提升品牌符号传播意象感染力和审美价值,识别标志设计的视听修辞格之间不仅不具备排他性,相反实践中往往还反映出相当强的兼容性,强调更多修辞格的整合运用。比如,微信标志设计主要运用的是视觉符号反转修辞格,但是其中也套用了对称和比拟修辞格。不仅如此,微信还有听觉符号修辞运用,即微信的专属提示音设计,如今微信专属提示音从早期的只有默认一种,现在已经发展为默认、积木、可爱、空灵、俏皮、清脆、灵动和优雅共八种。听觉符号修辞格的积极运用,在提高微信品牌符号辨识度的同时,又满足了用户个性化需要,喜欢可爱提示音的设置"可爱"即可,喜欢清脆提示音的设置"清脆"即可,充分展现了"微信"品牌形象的友好品质。

第四节　品牌修辞审美

一、"景观"和"拟像"

(一)"景观"修辞和"拟像"修辞

"景观"和"拟像"是居伊·德波和让·波德里亚在认识和解读大众文化和消费社会时提出的两个重要概念。二者虽各有所指但其背后却有着相似的审美文化旨趣,"景观"和"拟像"也是品牌符号修辞美学的两种重要范畴,即景观修辞和拟像修辞,此两种概念可以深入解读品牌符号修辞审美。

"景观"概念源自"情境主义国际"创始人居伊·德波的名著《景观社会》,德波所谓的"景观"原意指一种被展现出来的可视的客观景物、景象,也意指一种主体性的,有意识的表演和作秀,并指出当代社会存在的主导性本质主要表现为一种被展现的图景性,进而引申出当代社会是一个"景观社会"的概念。德波指出"在现代生产条件无所不在的社会中,生活本身展现为景观的庞大堆聚,直接存在的一切全部转化为一个表象"[1]。他认为当代社会商品生产、流通和消费,已经呈现为对景象的生产、流通和消费。因此,"景观不是影像的聚积,而是以影像为中介的人们之间的社会关系"[2]。"资本变成一个影像,当积累达到如此程度时,景观也就是资本"[3]。显然德波是从社会学和政治经济学的视角来剖析景观社会的。在一个景观已经渗透到人们日常生活的每一个细胞的时代,日益为消费社会价值观所操纵的品牌符号传播活动必然不能摆脱这种消费社会的市场法则,品牌符号修辞也就无可避免地成为当代社会最重要的景观制造机器。

特别是当景观中的世界和人物都可以由一种数字化生存而呈现的时候,也就意味着在这个现实世界里,不再有真实与非真实之分,不再有真实世界与数字影像之分,数字影像本身就是真实,并且是一种比真实还要真实的"超真

---

① [法]居伊·德波.景观社会[M].王昭凤,译.南京:南京大学出版社,2006:3.

② [法]居伊·德波.景观社会[M].王昭凤,译.南京:南京大学出版社,2006:20.

③ [法]居伊·德波.景观社会[M].王昭凤,译.南京:南京大学出版社,2006:10.

实"(hyperreality)，这就是波德里亚所说的"拟象"(simulation)。波德里亚说："今天，抽象不再是地图、双体、镜像或者概念的抽象。拟仿不再是版图、某个指涉物或实体的拟仿。它是通过一种没有本源或真实性的现实模型来生产的，它是一种超现实。版图不再先于地图，也不会比后者更长久。相反，是地图先于版图——这就是拟象的进程——是地图产生了版图。"①波德里亚把迪士尼视作拟象秩序的一个"完美模型"，称它是美国社会的缩影，在迪士尼乐园的每个角落，美国的客观性图像都被逼真地绘制出来，甚至迪士尼乐园的美国模型比现实社会的真实美国更像美国，更能代表和涵盖美国社会的精神和意义，他说与其说迪士尼是模仿美国而建造的，不如说美国正在模仿迪士尼。现实世界的种种不都是对虚拟影像的模仿吗？如果还有人认为把"9.11"说成是对电影大片的模仿有些牵强的话，那么，奥巴马成为美国总统则完全印证了"先有地图"的拟象原则；在好莱坞电影大片中人们早已看到和熟悉了黑人总统的影像。无独有偶，乌克兰总统泽连斯基更是在成功出演电影《人民公仆》中乌克兰总统一角之后，以其电影角色中的清廉公正、锐意改革的好总统形象广受民众支持和欢迎，在真实世界的总统竞选中一举击败颇有实力的政治对手，以一个政治"素人"的身份一跃而为乌克兰总统，科技进步的数字技术和消费社会的"拟象"理论是如此完美地阐释着当代世界。

品牌符号景观和拟像修辞生产就是没有原本的模拟和复制，正如波德里亚所谓的"拟象"。如果说传统的符号修辞生产大多是依据"版图在先原则"（即先有原本后有摹本），那么当下品牌符号景观和拟像修辞则是越来越多地依据"地图在先原则"（即先有摹本后有大量复制），虚拟的景观有时候成为先于现实的呈现，超现实的品牌符号景观和拟像修辞转而制约着人们对真实世界的理解。

所谓品牌符号景观和拟像修辞的实质是超现实的，其往往表现为一种比真实还要真实的"超真实"(Hyperreality)景象，其特征是细节真实和整体虚拟的完美融合，其本质是消费社会语境中特殊的文化消费品。它揭示了在消费社会中人们的消费对象，已经从实用转向了感觉或者说是幻象，当然，这个幻象已经不局限于狭义的商品，而是渗透到品牌符号的方方面面，其在审美文化的语境中呈现为一种审美幻象。诸如人们身处周遭现实中的超级 IP "圣诞老

---

① ［法］让·鲍德里亚.拟象的进程.吴琼编.视觉文化的奇观［M］.吴琼，译.北京：中国人民大学出版社，2005：79.

人"数字IP"初音未来"品牌IP"米其林必比登先生"这些品牌代言者符号,还有"罗马假日""在水一方""阿里巴巴""百度""外婆家"等品牌名称符号,无一不呈现着这种亦真亦幻的超现实感。

（二）消解与重构

品牌符号景观和拟像修辞是对经典美学审美意象的消解与重构。传统的审美意象一般是通过陌生化的间离手法在艺术家和欣赏者之间形成一种"召唤结构",艺术创作有意拉开了审美意象和生活物象之间的距离,给欣赏者理解作品留下足够的意义空间。在传统美学中,成为审美对象的并非有限的、孤立的物象,而应是"象外之象"的宇宙本体和人生、社会的哲理况味。著名美学家宗白华说："中国艺术意境的创成,既须得屈原的缠绵悱恻,又须得庄子的超旷空灵。缠绵悱恻,才能一往情深,深入万物的核心,所谓'得其环中'。超旷空灵,才能如镜中月,水中花,羚羊挂角,无迹可求,所谓'超以象外'。"[1]可见,传统美学追求的是具有深层意蕴的意象而非现实的物象。而在品牌符号传播活动中的审美意象则直接消除了意象和物象之间复杂的张力,意义的生成空间也随之消失了,品牌符号景观和拟像修辞实践中的意象的平面化消解了艺术审美意象的深度感。

英国文化批评家雷蒙·威廉斯在《关键词》一书中深入探讨了"image"（意象）一词：

> 英文词image（意象）的最早意涵源自13世纪,指的是人像或肖像。其词义可追溯到最早的词源——拉丁文imago（imago词义演变到后来,便带有幻影、概念或观念等意义）。image的意涵也许与imitate（模仿）词义的演变存在着基本的关系。但是,正如许多描述这些过程的词一样,image这个词蕴含了一种极为明显的张力——在"模仿"（imitate）的概念与"想象、虚构"（imagination and the imaginative)的概念两者之间。在英文里,这两种概念皆属于心理概念,其中包含了相当早期的意涵：设想不存在的东西或明显看不见的东西。[2]

---

①　宗白华.美学散步[M].上海：上海人民出版社,1981：65.

②　[英]雷蒙·威廉斯.关键词——文化与社会的词汇[M].刘建基,译.北京：生活·读书·新知三联书店,2005：224.

从中可以看出《关键词》一书的中文翻译将 image 译为中文的"意象",还是有些含蓄温和,从拉丁文演变所包含的"幻影""概念""观念"等意涵来看,直接译为"幻象"也许更生动。而且,从英文词源"人像"和"肖像"的含义来看,其实也包含着"幻象"之意。比如,一个真实的人没有"幻象",但是如果把他画在画布上,摄在照片里,或出现在荧屏上,就成了一个"幻象",因为他被"虚构"了,被"超现实"化了。威廉斯继续深入探讨 image:

> ……这一用法虽袭用了早期的"概念"(conceptions)或"独特类型"(characteristic type)之意涵,然而在实际用法里,其意思是"可感知的名声"(perceived reputation),例如商业中的品牌形象(brand image)或政治家关心自己的"形象"(image)……有趣的是,"想象"(imagination)与"虚构"(imaginative)这两种含义,尤其是后者,于 image 在 20 世纪中叶的广告和政治用法里是见不到的。①

根据 image 所包含的"想象"与"虚构"两种含义,再结合广告与品牌符号传播实践,看来译为"幻象"确实更合适,因为在现代品牌符号传播的理念中,所谓品牌的建立就是要确立品牌的"独特类型"和"可感知的名声"。这就又回到了"广告"一词的拉丁文词源:adverture,"我大喊大叫,以吸引或诱导人的注意"。通过对威廉斯关于 image(意象/幻象)一词的梳理,人们也许可以更加确信经典美学的审美意象与消费社会的审美幻象之间的异志和同趣及其消解与互渗。

消费社会的审美幻象或意象在品牌符号修辞实践中起着越来越重要的作用。奥巴马战胜麦凯恩以及泽连斯基战胜波罗申科都是 21 世纪发生的个人品牌形象之争的例证,而早在 1960 年这种情况就发生过,当年由于电视机在美国社会日益普及,美国历史上总统竞选辩论第一次置于电视荧屏前,观众第一次通过电视直接观看到两位总统候选人的形象。尼克松:一身灰色的西装,与灰色的背景混沌成一片,由于刚住过医院,面色苍白,体重减轻,衣服松松垮垮,显出一副无精打采的病态,深陷的双眼,给人一种阴郁诡诈的感觉。肯尼迪:生气勃勃,潇洒自如,谈吐幽默,风度翩翩。据说当时听收音机的选民认为颇具政治声望和经验的尼克松赢定了,而看电视的选民则一致看好极具明星气质和个人魅力的肯尼迪。结果当然是注重个人形象魅力诉求的肯尼迪成了

---

① [英]雷蒙·威廉斯.关键词——文化与社会的词汇[M].刘建基,译.北京:生活·读书·新知三联书店,2005:225.

美国历史上最年轻的总统。秘密就在于肯尼迪把握住了消费社会的要诀,在电视荧屏上超现实的幻象——经过修饰的总统的个人形象,比政治经验更重要,感动受众的是作为审美幻象或意象的那个荧屏中的俊朗男子形象而不是乏味的政治观点。所以,总统大选中肯尼迪、奥巴马和泽连斯基的胜利实则是个人品牌形象的胜利,是消费社会的审美幻象或意象的胜利,是品牌符号修辞的胜利。

消费社会是一个"超现实"的世界,一个经由想象和虚构重塑的空间,一个image/意象或幻象,品牌符号正如一个在"模仿"(imitate)与"想象、虚构"(imagination and the imaginative)之间徘徊的审美幻象或意象。品牌符号传播活动所提供的审美幻象或意象以一种简单的景观和拟像修辞与大众文化所依靠的轻便的审美文化心理一拍即合,品牌符号避开了传统审美意象需沉思默想才解其意的困境,使得它成为一种能被人们毫不费力地理解、接受的审美对象(幻象或意象)。所以,品牌符号修辞实践的审美幻象或意象对经典审美意象的消解与重构的最直接的表现就是:经典审美意象是建立在"距离感"和"陌生化"的表现手法上,品牌符号审美幻象或意象则突出了工具理性的程式化和标准化的方式。这样使得陌生变为熟识,深厚变为浅薄,经典审美意象的深邃感、历史感渐次消失,剩下的就是一种瞬时的、世俗的消费快感,而这种瞬时的、世俗的消费快感正是品牌符号审美消费的特质。

二、审美消费

(一)消费性美学的合法化

过去的时代,人们通过有距离的、凝神专注的方式来欣赏艺术,感知世界,获得审美,因而追求的是心灵存在和精神超越的经典审美体验。康德曾言:"豪华是公共活动中显示鉴赏力的社会享乐的过度(因之这种过度是违背社会福利的)。但这种过度如果缺乏鉴赏力,那就是公然纵情享乐……豪华是为了理想的鉴赏而修饰(例如在舞会上和剧院里),纵情享乐则为了口味的感官而极力营造过剩和多样性(为了肉体的感官,例如上流社会的一场盛宴)。"[①]显然,作为19世纪的哲学家,康德所反对的,是一种与物质欲望的实际满足表象相联系的非审美(反审美)活动——感官享乐之于人的心灵能力、物质丰裕之于人的精神目标的"过度"。在康德眼里,审美仅仅与人的心灵存在、超越性的

---

① 王德胜,视像与快感[J].文艺争鸣,2003:6.

精神努力相联系,而与单纯感官性质的世俗日常生活无涉。而在当今消费社会品牌符号的图景视觉冲击下,在看似真实、实则虚幻的视觉饕餮中,审美与快感在消费社会的景深中渐趋一致,消费社会所呈现的物质丰裕基础上的感官享乐正在以一种新的日常生活的美学形式颠覆着理性主义美学的经典模式。审美活动在消费社会的景观和拟像的持续冲击下跨越了高高的精神围墙进入到观看快感的"养眼"俗世,品牌符号景观和拟像修辞在满足人们观看欲的同时,也成为一种凌驾于人的心灵体验、精神努力之上的视觉性存在。它一方面是对康德式的经典美学理想的一种现实颠覆,另一方面却又在营造着另一种极具感性诱惑力的实用的美学理想——日常生活中感官享乐追求的合法化。

品牌符号景观和拟像修辞的泛滥,使得一种极端视觉化的美学现实成为品牌符号修辞的真实写照,景观和拟像成为人们日常生活的美学核心。作为日常生活审美化过程的具体表征和结果,景观和拟像的生产根本上源自人们对日常生活中的直接快感的高涨欲求和热情追逐——生产和消费实现了统一,在洋溢着感性解放的身体中,现实使人对于世俗生活的欲望渐渐摆脱精神信仰的维度,指向对于身体(包括视觉、听觉、嗅觉等感觉器官)满足的关注和渴求。如同"读图时代"的到来使得越来越多的装帧精美、彩页插图多过黑白文字的图书占据了书店的醒目位置一样,其中蕴含了丰富的消费性美学意义。所以,人们看到日常生活中到处都是漂亮的包装,可以说这是一个包装大于内容的时代,商品要包装,演出要包装,新闻要包装,求职要包装,公司要包装,城市要包装,乡村要包装,政府要包装,领导人要包装,国家要包装。当然品牌更要包装或者说品牌本身即是包装,这种包装本质上即是品牌符号景观和拟像修辞实践,在这里内容被弱化了,品牌符号景观和拟像修辞被无限制地放大,而日常生活中的现实需要和满足都不再仅仅局限于实际的消费活动,它们由于景观和拟像本身的精致性、可感性,而被审美化为日常生活的美学常识。于是,品牌符号景观和拟像修辞便在大众日常生活与美学现实之间确立了一种新的关系模式:审美活动跨越了高高的精神栅栏,指向了日常生活的现实层面,纯粹精神的感受落脚在世俗的大地上,心灵陶醉的美感变成身体快意的享受。

景观和拟像的消费开启了人们的快感高潮,景观和拟像的生产,根本上是同消费社会的直接享乐动机相联系的。品牌符号景观和拟像修辞与身体快适之间形成了一致性的关系,并确立起一种新的美学原则,品牌符号景观和拟像修辞的消费与生产在使精神的美学平面化的同时,也肯定了一种新的美学话语:非超越的、消费性的日常生活化的美学合法性。

　　北京、上海、广州甚至香港和台北这样的城市,几乎都能看到一个以"左岸"命名的公共场所:"左岸"酒吧、"左岸"咖啡馆、"左岸公社"大型住宅区,台北还有以"左岸"命名的著名咖啡品牌,此外还有"湖·左岸""林荫左岸""塞纳河左岸"等"左岸"的变体命名。"左岸",在许多人的心目中,是一个莫名的艺术人文情结:当年默默地守护在巴黎塞纳河左岸的那间窄小的咖啡馆,曾经吸引了诸如毕加索、夏加尔、亨利·米勒、詹姆斯·乔伊斯等众多文化名流来此寻找艺术梦想。如今在品牌符号审美的世俗氛围中,它已然成了一个屡试不爽的广告创意、时髦的商业标签和文化符号,更是醉心寻觅"优雅""人文"生活方式的中国新生中产阶级的一种自慰式快感。其实,在当下消费社会语境中,不仅是"左岸"这样的名头被消费着,人们不是还看到海德格尔的著名文字"诗意地栖居"被大量用在"开窗满眼绿茵"的房地产品牌符号修辞实践中吗? 如图 8-23。

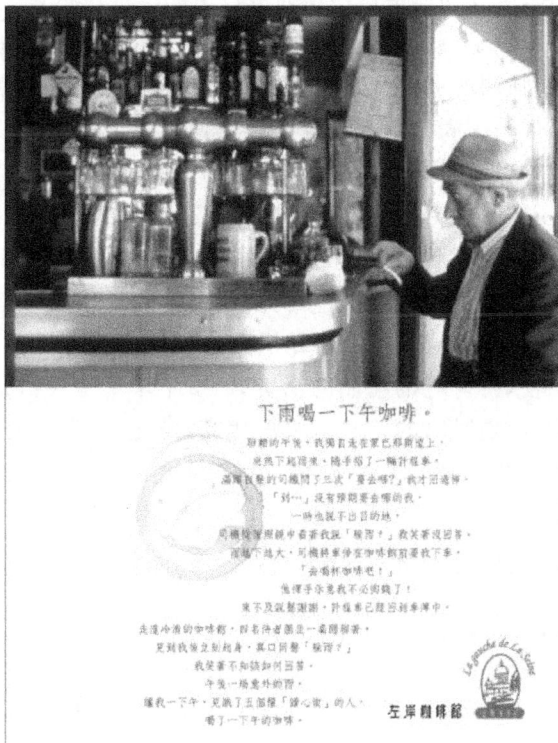

图 8-23　"左岸"咖啡品牌招贴画

（二）品牌审美消费特质

景观和拟像与身体快感的一致性，充分验证了品牌符号修辞的感性特征，它不仅源自人们身体里的享乐天性，更大程度上，它已在今天推翻了 19 世纪时期康德的信仰："过度"不仅不是反伦理的，而且已经成为一种新的日常生活的伦理、新的美学现实，正如约翰·菲斯克所言"大众文化趋向于过度，它的笔触是宽广的，色彩是亮丽的"①。从审美文化实践看，消费社会的今日，消费与审美结下了不解之缘并有愈演愈烈之势，审美成为消费社会文化生产的强力逻辑，成为消费的出发点和消费社会的基本性质，这种消费的审美化也被称为消费审美主义。

那么，消费主义与审美主义走向合流的内在机制又表现在哪里呢？首先，从哲学层面上来看，消费主义本身就存在着非功利性。玛丽·道格拉斯和贝伦·伊舍伍德在《物品的用途》中从"消费人类学"的角度对"消费"作了描述："消费是一场仪式，主要功能是让一系列进行中的事件产生意义"②；斯图亚特·霍尔也强调："不赋予'意义'，就不会有'消费'"③，消费活动是一种"指意实践"。消费主义所强调的消费绝非指为生存而进行的衣食住行活动，费瑟斯通说："消费绝不仅仅是为满足特定需要的商品使用价值的消费。相反，通过广告、大众传媒和商品展陈技巧，消费文化动摇了原来商品的使用或产品意义的观念，并赋予其新的影像与记号，全面激发人们广泛的感觉联系和欲望……个人被鼓励去采用一种对商品的非效用性态度。"④所以，"非效用性"——用传统美学语言表述即"非功利性"——使消费本身呈现出审美化趋向。其次，波德里亚指出，消费社会的消费已不再是满足人的基本需要——自然和生理需要——如衣、食、住、行等等的物品的消费，消费不单单是对物品的使用价值、实物用途的消费，而是对物的符号意义的消费。⑤ 这种消费是审美主义的消费，因为，人们消费的是符号的意义，而这种符号是一种能指，其所指即其象征

① ［美］约翰·费斯克.理解大众文化［M］.王晓珏，等译.北京：中央编译出版社，2006：103.

② 罗钢，王中忱.消费文化读本［M］.北京：中国社会科学出版社，2003：61.

③ 罗钢，刘象愚.文化研究读本［M］.北京：中国社会科学出版社，2000：346.

④ ［英］迈克·费瑟斯通.消费文化与后现代主义［M］.刘精明，译.南京：译林出版社，2000：160.

⑤ ［法］让·波德里亚.消费社会［M］.刘成富，全志刚，译.南京：南京大学出版社，2006：228.

意义则是品牌符号的审美价值。经由景观和拟像修辞而完成的品牌符号是消费社会中最有代表性的审美文化符号，这种消费审美主义一方面左右着品牌符号景观和拟像修辞的生产风格，一方面引领着品牌符号的消费审美旨趣。

　　传统的影像审美与当下的品牌符号景观和拟像修辞审美的一个基本区别是，前者是以生产者的情感表现为主体，后者是以消费者的欲求宣泄为主体。传统审美的美学立场建立在艺术家的自我主体性之上，因此其强调的是个体生命经验的自由出场；而当下品牌符号景观和拟像修辞的美学观念建立在消费者的趣味选择性之上，因此其强调的是现世的消费经验。传统审美是意义表现者在面对世界时的一种发现，而品牌符号景观和拟像修辞是意义表现者面对消费者的一种"代言"。因此，传统审美的意义产生于主体与世界的关系之中，有着极强的指涉性，而品牌符号景观和拟像修辞的意义产生于品牌与消费者的关系之中，倾向于一种体验型或者游戏经验。传统审美常常带着审美救世的观念从事艺术活动，所以艺术对他们来说同样是"经国之大业，不朽之盛事"，艺术要揭示世界的本源和意义。品牌符号景观和拟像修辞的意义不是来自指涉而是来自共鸣，来自品牌符号替大众消费者代言，品牌符号景观和拟像修辞无须探究宇宙人生的本质，而只需揣测文化市场的动向，琢磨世俗社会中人们的情感欲求，为消费者营造一个宣泄情感或者实现梦想的审美文化符号。所以，从这个意义上说，在消费社会建立一种关于品牌符号景观和拟像修辞的审美逻辑，不应机械地固守传统时代的美学思路，诸如传统美学的"兴会""感兴"等美学范畴，而应从消费社会的背景入手。如此，才是品牌符号审美消费的精神特质。

附文8:品牌与符号的故事

心心相印在一起

"心心相印",出自禅宗用语。禅宗不依语言,以心印心,契合无间,故曰"心印"。《六祖大师法宝坛经》:"吾传佛心印,安敢违于佛经。"《黄檗传心法要》:"迦叶以来,以心印心,心心不异。"佛教历史上有著名的"拈花微笑"故事,称昔时佛陀于灵山会上,手拈一花,示于八万僧众,然众人皆无动于衷,不解禅意,唯有摩诃迦叶一人独会其意,破颜微笑,世尊遂将心法传于迦叶,此公案在佛教史上乃成为师徒之间两相契合之经典。历代禅宗师徒衣钵相传亦多强调超越语言文字之教外别传,此种师徒相契、以心传心之情形,称为传心印、心印,后亦称心心相印。

佛心清净,然世俗人生中"心心相印"却由师徒相契、以心传心变为男女之间两情相悦、两心相喜。人们经常会用"心心相印在一起"来祝福恋人,人们还会自然地用双手比一个"♥"形,送给相爱的人以表达彼此的爱恋,如果画一只射穿心形的箭,人们都能理解这是被爱情射中的意思,爱上了一个人或者是被一个人爱上了。

有一支人人熟知的射穿心形的箭,就是爱神丘比特之箭。故事最早源自希腊神话中的厄洛斯。厄洛斯是希腊神话中爱与美之神阿佛洛狄忒的儿子,由于阿佛洛狄忒掌管着爱与美,所以他的儿子自然也就肩负着传递爱的大任,当然正如人们知道的,他是用射出去的箭来传递爱的。希腊神话中厄洛斯实际上有金、铅两种箭,他随自己的心情来选用,射出金箭会让双方一见钟情,射出铅箭则会让双方相看生厌。厄洛斯在罗马神话中对应的正是丘比特,所以罗马神话爱神丘比特的箭人们可能更熟悉。关于丘比特的箭有一个广为流传的故事，就是有一次丘比特恶作剧地将金箭射向光明之神阿波罗，却对美丽的仙女达芙妮射出铅箭，身中金箭的阿波罗满心欢喜地向达芙妮表白，但达芙妮因为身中铅箭而对眼前的阿波罗充满厌恶，惊慌中逃到自己的父亲河神那里，河神无奈只好将她变成了一株月桂树以躲避阿波罗的追逐。而被爱情彻底征服的阿波罗痴心难移，便将月桂树当成自己的圣树，并将桂树枝编成头饰戴在头上，从此头戴桂冠的样子就成了阿波罗的标志形象。虽然丘比特的恶作剧未能让有情人终成眷属，但是这一段爱情故事却为丘比特的爱神之箭涂抹了一层浓重的浪漫色彩。

在世俗开放的现代社会，心形（♥）符号就完全成了爱情的符号。时至今日，更是有太多的品牌会用心形来作文章，以吸引年轻人特别是恋人们的目光。

法国名品香奈儿（CHANEL）的商标符号，是在 CHANEL 品牌名称之上，加上两个对称交叉的字母"C"组成，其中交叉的"双C"源自创始人加布里埃·香奈儿的爱称"CoCo"的两个字母"C"的组合，也仿佛流露出既依赖又独立的对称关系。实际上"双C"交叉的形象酷似符号"♥"的外形，传递着香奈儿始终秉持的浪漫不羁的爱的情怀。如图 8-24。

图 8-24　"心形""香奈儿"品牌符号　　图 8-25　"心形""古驰"品牌符号

有人经常会分不清香奈儿和意大利奢侈品牌古驰的商标符号，因为二者在外形和设计上确实非常相近，和香奈儿符号的外形一样，古驰的外形也如同一个心形模样。如图 8-25 所看到的古驰的标识上方是品牌创始人古驰奥·古驰的名字，白底黑字，简洁典雅，如同古驰品牌低调奢华的迷人风格。下面是将 Guccio Gucci 两个单词的首字母正反交叉形成一个对称图形，外形亦如一个心形轮廓。古驰生产的箱包、皮具、服饰和香水等外包装上，遍布这个"心形"标志。

设计师关于心形（♥）符号的潜意识思维，在奢华品牌卡地亚的标志设计中也有展现，和香奈儿的"双C"标志如出一辙，诞生于 1910 年的法国珠宝品牌卡地亚的标志也是由两个 Cartier 姓氏翻转而成。如图 8-26。

图 8-26 "心形""卡地亚"品牌符号

这个形似"心形"外形的卡地亚"双 C"标志,也像极了相亲相爱的两个人相依相随。经过 100 多年的历史积淀,卡地亚"双 C"标志,作为英文斜体"Cartier"标志的辅助形式,出现在卡地亚出产的各种奢侈品包装上,散发着顶级品牌的独特魅力,该标志已经成为奢华、优雅与顶级的象征。

中华志愿者协会标志和中国青年志愿者标志都不约而同选择了心形符号为标志主体(如图 8-27、8-28),一个是双人拉手组合的蓝绿红黄的彩色心,一个是手鸽剪影背景的红心,传达的则是牵手相助的大爱之心。

图 8-27 "心形""中会志愿者协会"标志符号 图 8-28 "心形""中国青年志愿者"标志符号

心形大概可以说是流传世界最为广泛,也是最为人熟知的符号图形了。不仅寓意明确,而且人们弯曲手臂或双手比拟,都能随时摆出一个"爱心"的姿势,在表达爱心和爱情时心形符号的先天优势是任何符号都比不上的。

第九章　品牌符号神话

第一节　神话

一、神话模式

神话是巴特提出的一个符号学术语,不是一般意义上的神话概念。巴特所谓的神话是指在某种文化中被广泛接受的观念,此种观念隐秘地支配着人们对周遭现实的理解。比如人们一提到"田园",脑海中自然就会涌现出一系列词语:诗意的、自然的、绿色的、闲适的、美好的等等,这一系列词语就是人类社会文化给予"田园"的观念,也就是人类社会关于"田园"的"田园神话"。但是人们一提到"乡下",脑海中又会涌现出一系列词语:田地、传统、劳作、"面朝黄土背朝天"等,这一系列词语则是人类社会文化给予"乡下"的观念,也是人类社会关于"乡下"的"乡下神话"。事实上,这两个词语初始指称对象几乎是一致的,"田园"不过是"乡下"的一个诗性表达。这就是神话的表述模式,它隐秘地不留痕迹地支配着人们对周遭现实的理解和认知。①

神话如此深入人们的思想并影响着人们对周遭现实社会的认知和理解,那么,神话在符号学中的具体结构模式是什么样的呢?

巴特所谓神话"是指一个社会构造出来的以维持和证实自身存在的各种

---

① 张丰年.符号学原理与广告传播机制[J].当代传播,2009(3):94.

意象和信仰的复杂系统"。① 从"神话"的构成结构来看,巴特是借助于符号学的"二级序列"来构造其"神话"运作模式的。二级序列系统是巴特根据索绪尔的能指与所指语言符号学模式发展而来的,这个系统可以如表 9-1 所示:

表 9-1 "神话"二级序列模式

	1 能指		2 所指	
语言	3 符号 Ⅰ 能指			Ⅱ 所指
神话	Ⅲ 符号			

举例来说,能指"田园"被用来表示"田地菜园",这里的这两个印刷字"田园"就是一个能指,而所指是在阅读能指"田园"以后在人们头脑中所获得的直接意指"田地菜园",两者的结合就形成了一个完整的符号。在二级符号学序列中有两个表意系统,第一序列符号系统是索绪尔的语言学系统,第二序列符号系统是巴特的"神话"系统。巴特认为:索绪尔的"能指+所指=符号"只是符号表意的第一个序列,而这个序列的符号又组成新的能指,即第二序列表意系统的能指,并指向一个新的所指,构成一个新的符号,即第二序列系统的符号,正是这个新的符号的形成构成了其所谓的"神话"。比如上例中作为第一序列符号系统的最终术语或符号的"田园"现在成了第二序列系统中的初始术语或能指"田园",那么它的所指就是"诗意的、自然的、绿色的、闲适的、美好的",于是就诞生了"田园"神话:"'诗意的、自然的、绿色的、闲适的、美好的'乡村生活"。

二、神话生产

"神话"与索绪尔的语言符号学不同,"神话"是一种双重系统。其实,"神话"过程暗合了前述所谓符号的含蓄意指过程,含蓄意指所构建的更丰富的意义世界,进一步发展为巴特所谓的"神话":"狗"自然地成为"忠实"的神话符号,"玫瑰"自然地成为"爱情"的神话符号,"田园"自然地成为"诗意的、自然的、绿色的、闲适的、美好的"神话符号,并且这种观念也成为人们日常生活的常识。至此,巴特把对神话的阐释与"意识形态"的概念结合在了一起:意识形

---

① [英]特伦斯·霍克斯。结构主义和符号学[M].瞿铁鹏,译.上海:上海译文出版社,1987:135.

态是一种认识现实和社会的方法,其假定某些思想不言而喻是真实的,而其他思想明显是有偏见或不真实的,神话就是在建构着人们面对周遭现实社会的意识形态。比如"狗"被当做"忠实"的,这种认识就是不言而喻的真实的,就是社会文化的意识形态,而事实上它并不是不言而喻的,而是被神话建构的,这就是所谓神话生产方式。

用二级序列的"神话"模式来表述(如表 9-2):

表 9-2　"狗"与"忠实"的"神话"模式建构

	1 能指:"狗"的发音	2 所指:一种四足有毛的哺乳动物	
语言	3 符号 Ⅰ 能指:"狗"		Ⅱ 所指:忠实
神话	Ⅲ 符号		

"狗"是"忠实"的神话建构是经由第一序列的"语言"表意系统,进入第二序列的"神话"表意系统,符号的含蓄意指为社会所接受,完成神话生产的逻辑,符号含蓄意指演变为社会的"神话","'狗'是'忠实'的"这一社会共同的意识形态得以建构。

(一)一个著名的例子

为了论述的方便,在此列举巴特的一个著名的例子展示一个具体的"神话"过程。

> 我在理发店里,一本《巴黎—竞赛》(Paris Match)抄本到我手里了。封面上,是一个穿着法国军服的年轻人在敬礼,双眼上扬,也许凝神注视着一面法国国旗。这些就是这张照片的意义。但不论天真与否,我清楚地看见它对我意指:法国是一个伟大的帝国,她的所有子民,没有肤色歧视,忠实地在她的旗帜下服务,对所谓殖民主义的诽谤者,没什么比这个黑人效忠所谓的压迫者时所展示的狂热有更好的答案。因此我再度面对了一个更大的符号学体系:有一个能指,它自身已凭着前一个系统形成(一个黑人士兵正进行法国式敬礼);还有所指(在此是法国与军队有意的混合);最后,通过能指而呈现所指。
>
> ......

除了黑人敬礼之外,我还可以提出许多法国帝国性的能指:法国将军为一名独臂的塞内加尔人别勋章,一名修女递一杯茶给一名卧床不起的阿拉伯人,一名白人校长教导一个殷勤的黑人小孩:报纸媒体每天努力表现这种永无匮乏的神话能指。①

这段文字生动地展示了"法国是一个伟大的帝国"这样一个"神话"观念,是如何被建构的。该神话符号化过程图示如表9-3:

表9-3 "黑人士兵敬礼的照片"与"法国是一个伟大的帝国"的"神话"模式建构

	1 能指:"一个黑人士兵在敬礼"的照片	2 所指:一个黑人士兵在敬礼	
语言 神话	3 符号 I 能指:"一个黑人士兵在敬礼"		II 所指:法国是一个伟大的帝国
	III 符号		

在语言的层面,能指(黑人敬礼的照片)仅仅是用来交流的一个形式,所以照片中的那个活生生的人就被剥夺了自身的历史而成为一个空洞无意义的能指,只是成为一个符号(黑人在敬礼)。在神话的层面,这个能指完全失去了它的个体特征,原来的意义被掏空,而朝向一个新的所指(法国的殖民主义和帝国的强大)。正如巴特所言,上述能指"黑人士兵敬礼的照片",也可以换做"法国将军为一名独臂的塞内加尔人别勋章","一名修女递一杯茶给一名卧床不起的阿拉伯人","一名白人校长教导一个殷勤的黑人小孩"等,这些能指同样指向所指"法国是一个伟大的帝国",媒体每天努力表现这种永无匮乏的神话能指。

巴特强调:

"在神话里,我们可以从两个观点看能指:视它为语言学系统中的最终名词,或者是神话系统中的第一个名词。因此,我们需要两个名称。在语言的层面,也就是说在第一个系统的最终名词上,我将称能指为:意义(黑人正在向法国敬礼);在神话的层面,我将称它为:形式,在所指方面,可能没有暧昧不清:我们将保留概念这个名称。第三个名词是前两者的关联;在语言学系统里,它是符号;但再使用此

① [法]罗兰·巴尔特.神话:大众文化诠释[M].许蔷蔷,许绮玲,译.上海:上海人民出版社,1999:175.

字可能引起混淆,因为在神话里(而且这是后者的主要特异性),能指已经借由语言的符号而形成。我将称神话的第三个名词为意指作用。"①

巴特还说:"它是唯一允许以完整的方式看待,以确然的事实所消耗的对象。我称之为:意指作用。我们可以看到,意指作用就是神话本身。"②当然这里的意指作用包括直接意指和含蓄意指。

(二)"神话"生产三步骤

巴特所谓"神话"模式具体可以描述为以下三个生产步骤。

第一步,第一序列系统中的符号向第二序列系统中的能指转化。即第一序列直接意指成为第二序列含蓄意指的能指,在这一符号化过程中,第一序列直接意指中的能指被去除了其具体的、偶然的、即刻性的历史内容而意义不完整。但这种符号意义的不完整性为第二序列含蓄意指的所指对其进行变形与意义附加提供了契机,并最终为神话的含蓄意指做好了准备。

第二步,含蓄意指将原属于第一序列能指的个别性、偶然性、即刻性的历史内容完全"遮蔽",并且将第一序列的能指直指第二序列的所指变为普遍性、必然性和恒久性的观念。符号表述由外延层面进入内涵层面。

第三步,整个社会文化中有多个直接意指重复参与了上述过程,亦即这是一个由整个社会文化形成的由多项内涵指符组合而成含蓄意指的符号化过程。至此,神话得以构建,并且成为全社会共同的意识形态观念。

三、品牌神话本质

依据神话生产模式的逻辑将品牌符号神话本质归纳为以下三点。

(一)品牌的符号属性

"神话"是一种双重系统,而二级符号学系统是"神话"构成的重要发现,正是符号的二级系统构成了其所谓的"神话"。现代品牌也正是通过这样一个二

---

① [法]罗兰·巴尔特.神话:大众文化诠释[M].许蔷蔷,许绮玲,译.上海:上海人民出版社,1999:175-176.

② [法]罗兰·巴尔特.神话:大众文化诠释[M].许蔷蔷,许绮玲,译.上海:上海人民出版社,1999:180.

级符号系统来完成其品牌意义传递的,而且同"神话"一样,现代品牌也是一种"改变",二级符号学系统的建立使得品牌将"历史"转化为"自然",和"神话"的作用一样,它引导人们通过能指将所指合理化,使得品牌所传递的价值观在各个方面都以自然的面目出现。

戴比尔斯的广告语"钻石恒久远,一颗永留传",作为某种石头的名词"钻石"在这里被赋予了"爱情"的意义,为什么? 这就是社会文化使然,而社会文化其实正是在一种"神话学"的意指作用中发挥着作用。用二级符号系统来分析就是,能指——钻石,所指——永恒的爱情,符号(能指与所指的结合体)——永葆爱情的钻石。这是在社会文化惯常的意义里所做的分析,即在人类社会的"文化"里所做的分析。但是,如果从另一个意义体系,或另一种文化来看,钻石代表的意义就可能完全不同,因为作为物体本身来说,钻石没有任何固定而内在的价值。这就是能指与符号的区别,钻石作为能指,是一个没有意义的空洞物,但如果钻石是一个符号,就充满了意义。

(二)受众建构品牌意义

符号能指与所指构成品牌符号的第一系统——外延层面,在品牌的外延层面之上,还存在一个内涵层面,而这个内涵层面实际上已成为广告聚焦的焦点——意义在此被放大了。而精明的广告商早已不是简单地叫卖自己的商品或品牌,他们总是想方设法地将商品、品牌与各种美好的事物相联系,总是告诉人们商品、品牌能帮助购买者实现自己的愿望、梦想和理想。而这种美好事物和美丽梦想,正是品牌外延所指向的品牌内涵,用二级符号系统来分析可以清晰地看到品牌符号神话的这一运作原理。如表 9-4。

表 9-4　品牌神话模型

	1 能指:名称标识包装	2 所指:某一商品或服务	
品牌外延 品牌内涵	3 符号 I 能指:品牌符号及该产品		II 所指:某种价值、意义
	III 符号		

对于消费者而言,品牌内涵最终是以一系列的价值链呈现出来的。因此,可以把品牌内涵称之为价值系统,而把第一系统称为产品能指系统,其由商品标识能指与所指构成。所以,在这里人们看到的品牌符号即成为这样一个符号:商品符号能指与所指,构成第一系列外延层面,而内涵层面,是消费者眼中

的价值所指。比如"水晶之恋·果冻"品牌,将果冻——一种简单的消闲小甜品——和浪漫爱情结合在一起,在粉色的广告基调中强烈地传达出:食用该果冻时的心情,就像感受着浪漫爱情,而原本这种感受是不会发生的。显然这种转化和发生一如"神话"制造,它使普通的商品因为披上了"意义"的面纱,而变得美丽奇幻,最终成为人们欲望追逐的对象。品牌符号神话的根本使命就在于不断将产品由能指系统推向价值所指系统,实现商品符号由外延到内涵的意义转换。"水晶之恋·果冻"品牌符号神话意义生产如表9-5所示:

表 9-5　"水晶之恋·果冻"品牌神话模型

品牌外延 品牌内涵	1 能指:"水晶之恋"	2 所指:果冻(产品)	
	3 符号 Ⅰ能指:"水晶之恋·果冻"		Ⅱ所指:甜蜜、浪漫的爱情
	Ⅲ符号		

(三)品牌是一种意识形态

品牌符号的意识形态就像巴特所提出来的能指、所指的内涵一样,它是由表层意识形态和深层意识形态构成的二元复合结构。表层意识形态是具体品牌广告所提出的抽象观点和价值等"由头",它是明言的观点,总会在具体的品牌广告个体中出现,直接影响着人们的现实判断。而深层意识形态却是一种不明言的、更高层次上的言说和表达,它实质上是一种整体的世界观和生活态度,以长期、稳定而深层的思维方式从意识深处影响受众。比如奇强洗衣粉的品牌广告语"做人要干干净净",表层意识形态是指用奇强可以使衣服洗得干干净净,而其深层意识形态是暗指为人做事要干净清廉;百事可乐提倡的"新"事物的价值,表层意识形态是指追求新事物——百事可乐,深层意识形态实质上是一种打破保守、追求创新的思想观念和意识。

表层意识形态纷繁芜杂,却深受深层意识形态的决定和限制,如果将其视为一种符号系统,表层意识形态正是这一庞大系统的能指,而深层意识形态则是这一系统的所指。正如巴特所言:从量上讲,能指大量而繁复,所指则总是被典型化,种类稀少。深层意识形态是一种"未明言"的观点和立场,它并不体现在具体的某个品牌广告中,而是通过品牌广告的长时间的整体言说、滴水穿石的持久渗透,来影响消费社会的大众文化,以及受众的思维方式。品牌广告的深层意识形态发生作用的基本手段就是把世界"问题"化,首先,将人们面临的境况定义为:这是一个"问题",这个问题不解决,将会带来很严重的后果。其次,这个"问题"将被我们解决。于是人们看到品牌广告在说:你缺钙,你脱发,你的孩子比别人的笨等等。仿佛人们生活在一个充满问题的世界里,但是没有关系,只要大家按照品牌广告里的要求去做,一切问题都可迎刃而解。品牌广告的这种手法培植着一种深层意识形态,在这种意识形态里,世界虽然充满了问题,但是却都像品牌广告中那样容易解决。

受众对品牌广告表现出完全认同,是因为他们把品牌广告当成了一种事实,而实际上,它不过是一种符号学系统。品牌符号的"神话学"形成机制的核心是:"神话"把某种社会生活中所发生的特殊的东西转化为某种自然的和必然的东西,即把历史转变为自然。在《现代神话》中,巴特指出他所在的社会仍旧是一个拥有特定所有权结构和意识形态制度的资产阶级社会,他认为"意识形态"是一套关于社会是什么和应该是什么的观念,而资产阶级是指与工人阶级相对的统治社会的所有者,文化倾向于表现统治阶级的利益,因此,神话展现的是资产阶级的思想诉求,然而神话是极其微妙的,它没有撒谎,它只是失真了。因此,神话呈现出一种虚假的清晰,在神话中事物似乎就意味着它们自身,然而事实上,它们是人造的历史,它能为历史意图寻找自然的正当化的借口,能使偶然事件看起来是必然的和永恒的。这种剔除历史的做法,本质上就是去除政治,所以他说"神话是去政治化的言谈"[①]。杂志封面上黑人士兵向法国国旗致敬体现了法国帝国主义,作为一种事实,这不需要解释,但是实际上,帝国主义是一个拥有宏大历史背景的强烈的政治命题。因此,这是一个去除了政治的文本,帝国主义是一种事实,这是不言而喻的,但事实上,它们不是不言而喻的,认识这个问题,是"神话学"的核心,也是品牌符号神话的核心。

品牌符号没有撒谎,品牌符号只是在一系列的能指与所指的链接中遮蔽了真象,使偶然变成了永恒,使历史变成了自然,在消费社会的语境中,品牌在完成符号的加工和消费时,明白无误地告诉人们它不是反映了意义,而是构建了意义。正如波德里亚认为的那样,人们所身处的物的世界,实际上已成为一个符号的世界,那么物品的消费也相应转化为符号的消费;物成为一种符号体系,那么对物的消费便可能成为社会结构和社会秩序的主要基础,人们在消费物品时,实质上是在消费符号所具有的意义;同时,也正是通过对特定符号意

---

① [法]罗兰·巴特.神话——大众文化诠释[M].许蔷蔷,许绮玲,译.上海:上海人民出版社,1999:203.

义的认同或不认同形成了"自我"，界定着"自我"。"告诉我你扔的是什么，我就会告诉你你是谁"。① 品牌就是物品符号化的典型，它呈现给大众的是经过精心处理的符号系统，品牌消费就是消费品牌符号的过程，在这一过程中，大众为符号所控制，并按照它所呈现出的符号系统形成个体与群体的认同。因此，波德里亚说："广告透过一个随意的选择且一再出现的符号，激动人心的感性、动员人的意识，而且使得人们在这样的程序之中再度组成集体。广告，便是大众社会和消费社会持续地对自己进行公民表决的途径。"② 在消费社会的语境中，消费社会的逻辑是经由符号性的操作而实现的，而品牌符号神话的本质就是"去政治化"。

第二节　品牌神话诡计

一、意义性

神话的二级序列由语言到神话，由外延到内涵，实际是直接意指直达含蓄意指的符号化过程。"神话"是一种二级序列符号系统，二级序列符号系统的建立使得符号不再是反映"意义"，而是建构"意义"，随着符号意义的建构，神话自然就被赋予了意义性价值。

品牌神话的意义性价值有两种情形。第一种情形是它通过与社会文化的合谋给原本直接意指的能指赋予了丰沛的文化意蕴，将一个空洞的能指变幻成一个意义丰赡的所指。由于原本在能指与所指关系中能指就处于弱势，所以在直接意指经由含蓄意指的符号化过程中，弱势的直接意指的能指正好给意义的灌输提供了契机，使含蓄意指的所指注入直接意指的能指之中。比如一张"西湖船娘"的广告招贴画，"一个摇着游船的女子，背景是波光粼粼的西湖"，当这个"摇着游船的女子"仅仅成为一种表达其他事物（比如"西湖船娘"）的能指时，这个女子的真实身份和历史就丧失了，能指被掏空，直到新的意义（"西湖水美人更美"）灌输进来，广告招贴画中作为真实个体的女子已经退隐

①　[法]让·波德里亚. 消费社会[M]. 刘成富，全志刚，译. 南京：南京大学出版社，2006：17.

②　莫少群. 20 世纪西方消费社会理论研究[M]. 北京：社会科学文献出版社，2006：155.

幕后,此时该广告招贴画已具备了神话层面的所指"西湖水美人更美"的意义。

品牌神话的意义性诡计非常隐蔽地把握住了这一点,这正是巴特符号学的基本概念:"任何事物都不能代表它们自身,而是要靠社会和文化的灌注才能获得意义。"①以"雀巢"咖啡为例可以清晰地看到一种产品是如何被品牌神话赋予意义性价值的。如表9-6。

表9-6 "雀巢"品牌神话模型

语言	1能指:商品名称标识包装("雀巢"、母鸟喂雏商标等)	2所指:产品(一种咖啡)	
	3符号 Ⅰ能指:"雀巢"咖啡		Ⅱ所指:价值、意义(家庭、关爱、温暖和品质)
神话	Ⅲ符号		

在第一序列语言的层面上,能指"雀巢"和所指(一种咖啡)之间的意指关系是随意的,当然"雀巢"的命名实际上是以其创始人亨利·纳司尔(Henri Nestlé)的名字来命名的,但是巧合的是"Nestlé"在普通词汇中的意思竟是"舒适的鸟巢",有"拥抱""爱"的意思,正好体现了早期"雀巢"产品——奶粉的主题,因此它的商标标志也是一只母鸟在喂养两只小鸟。所以在第二序列神话的层面上,"雀巢"品牌或符号的社会文化意义——"母性"精神产生并指向含蓄意指的所指:"家庭、关爱、温暖和品质"等意义,而最初的纳司尔的名字却被人遗忘。所以,在此看到商品符号和包装(能指)与产品(所指),构成第一序列系统亦即语言层面,而第二序列系统亦即神话层面,构成消费者眼中的价值和意义(含蓄意指的所指)。神话的意义化就是不断地将符号由语言层面推向神话层面,在这个过程中第一序列系统中直接意指的能指的意义渐渐被掏空,直到产生新的意义:含蓄意指的所指。

第二种情形是一对矛盾:一方面声称能指和所指彼此对应,另一方面又说一个所指可以寻到多种不同的能指来表征。比如在篮球明星姚明代言的广告中,有运动衣、球鞋、牛奶、饮料、移动通信甚至保险公司等,这些林林总总的产品之间的差异是显而易见的,那么为什么都可以用姚明来为其代言呢?或者说姚明的意义是怎样被随意地用在这些种类繁多的产品上的呢?这里如果把姚明当成一个所指(积极、健康、进取、奋斗)的话,看看会发生什么情况。如

---

① [英]理查德·豪厄尔斯.视觉文化[M].葛红兵,等译.桂林:广西师范大学出版社,2007:85.

表 9-7 所示：

表 9-7　"姚明代言"品牌神话模型

语言 神话	1 能指：姚明和耐克鞋、可口可乐饮料、中国网通、中国人寿	2 所指：姚明用各种产品	
	3 符号 Ⅰ能指：产品符号（和姚明发生了关联的产品）		Ⅱ所指：价值、意义（积极、健康、进取、奋斗）
	Ⅲ 符号		

直接意指的能指与所指构成品牌符号的第一序列——语言层面，其中的能指和所指之间的联系是任意的，比如这个代言人也可以是易建联、苏炳添等；但是在第二序列即神话层面，含蓄意指的所指与直接意指的能指之间的相似性遮蔽了他们之间的任意性关系，并将其固定下来，直接意指的能指直接指向含蓄意指的所指。此时神话层面已成为广告传播的焦点——意义在此被放大了：在语言层面能指总是坚持不懈地将产品与各种美好的事物相联系，而这种美好事物正是神话层面的所指。在这里就是说不管是什么产品能指最终都统统指向一个神话所指：积极、健康、进取、奋斗的姚明。姚明的意义就是这样在这些名目繁多的产品之间跳来跳去的。如表 9-8 所示：

表 9-8　多种能指"代言产品"与唯一所指"姚明"

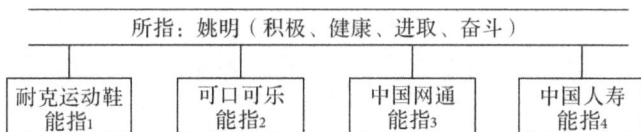

所指：姚明（积极、健康、进取、奋斗）

耐克运动鞋 能指1	可口可乐 能指2	中国网通 能指3	中国人寿 能指4

能指与所指虽不对等，但是能指与所指彼此对应，正是因为能指处在弱势，意义随时可以被清空，强大的所指意义才能最终顺利指向不同的产品能指。如此品牌神话的意义性诡计再次悄然地发挥了作用。

二、自然化

巴特"神话学"运作的主要方式是将历史自然化，也就是说神话原本是某个社会阶级的产物——而这个阶级已在特定的历史时期中取得主宰地位，因此神话所传递的意义必然和这样的历史情景有关。但是神话的运作就是想要否定这种关系，并将神话所呈现的意义当作是自然形成的而非历史或社会的产物，也因此隐匿了相关的社会和政治层面的意义。

品牌神话的自然化即将品牌所呈现的意义当作是自然形成的而非历史的或社会化的,品牌神话的生产就是在掏空品牌符号能指的原初意义并赋予其神话层面的所指意义的同时遮蔽其中的社会、历史、政治、文化因素,使它看起来是自然的,正当的,不言而喻的。

自然化的第一种含义是指直接意指中的能指与所指之间的约定俗成。这种约定俗成使能指与所指在人们的意识里变成了自然而然的事情,实际上这种约定俗成是充满着"任意性"和"荒谬性"的。比如今天的人们不会纳闷为什么把某种花卉叫做玫瑰或是牡丹,而不叫别的什么名字,以为这是自然的,殊不知这其实是一种人为的意指作用(因为一开始如果人们把这种花卉称作海棠花或者随便什么名字都可以),这是在语言的层面完成的自然化的第一步,这一步在索绪尔语言符号学中已经有充分讨论。

自然化的第二种含义是发生在第二序列即含蓄意指的符号化过程中。在此以中国最著名的一棵松——"黄山迎客松"为例加以说明,在中国各大宾馆酒店甚至人民大会堂宴会厅都能看到"黄山迎客松"的巨幅照片或绘画,中国文化背景中的客人看到它的时候,几乎所有人都会理解它的符号意义——"欢迎您,尊贵的客人",没有人把它当做一棵松树的照片或一个风光照片来欣赏,其背后正是神话自然化在含蓄意指层面发生的作用。

其间第一序列层面的能指("黄山迎客松"的照片或绘画)最终指向第二序列神话层面的所指("欢迎您,尊贵的客人"),含蓄意指遮蔽了它们之间的任意性,使得信息的接受者不再关注含蓄意指的能指是由直接意指的能指与所指共同构成而是直接奔向含蓄意指的所指,毫无选择地全盘接受神话所指。不再关注第一序列层面能指("黄山迎客松"的照片或绘画)应该首先指向第一序列层面所指"一颗黄山上的松树",而是使得"黄山迎客松"的照片或绘画直接奔向"欢迎您,尊贵的客人"这个最终神话所指。破坏"'黄山迎客松'的照片或绘画"作为能指与作为"一颗黄山上的松树"所指之间的"自然的"联系,反而强调它与"欢迎您,尊贵的客人"神话层面符号的相似性和联系。由此遮蔽了符号的含蓄意指中的能指与所指的形成过程关系,从而掩盖了含蓄意指形成过程中的社会性、历史性、文化性和意识形态性。

在所有以家庭为背景的影视广告中,作为一家之主的男性往往是悠闲地坐在沙发或转椅上,而女性无一例外地被定位为一个贤惠的家庭主妇形象,她们在画面中匆忙地洗衣、做饭、照顾丈夫和孩子,她们在摄像、化妆和灯光的合力作用下,快乐美丽又心满意足。广告中的主妇及其生活场景是那样流光溢彩充满诱惑力,广告商肯定不会耗费钱财去表现这样一个幸福家庭的幸福主妇,广告人一看就知道所有这一切都是烘托商品的策略或诡计。于是,广告在不知不觉中将"男主外,女主内"的逻辑表现的是那样的自然而合理,实际上这种逻辑是一种"男权社会"逻辑,而此时"男权"概念被隐匿了,它完全是一种合理的常识而被女性所接受。这样的手法使得广告商成为最大的受益者,因为有了这样的前提,才使得品牌广告中的诉求有了确定的对象,使得品牌广告中的诉求成了主妇们"真正的需要"。如何把衣服洗得更洁净? 如何让孩子长得更结实? 如何让丈夫既能饮酒而又不伤身体? 当然,所有这些都能在品牌广告中寻到解决之道——消费某品牌产品。

品牌神话的自然化诡计掩盖了品牌符号神话层面的所指与语言层面的能指之间的任意性关系,相反却将它们之间的人为的相似性当作是自然天成,从而使含蓄意指所携带的社会文化意义被遮蔽。于是,一切都自然化了。

三、元语言

品牌神话元语言作用是指品牌符号传播作为一种文本有其特殊的结构体系和阐释模式,品牌神话必定通过一个元语言集合和元语言功能而实现其阐释关系。

元语言的阐释关系是在元语言集合和元语言功能层面实现的。费斯克称:

> 元语言就是关于语言的语言,通俗地讲就是针对文本或言语行为而进行讨论/写作/思考的一种方式。正如语言确定我们对自己周围世界的知觉与解释,元语言也确定我们对文本的知觉与解释⋯⋯雅各布森采用"元语言功能(metalingual function)"一词,以指称所有由确认自己所用语言或符码的文本所表现的功能。"Beanz Meanz Heinz"这句话之所以有意义,无非是因为它确认自己使用的是广告——语言的符码。"Luck in the Sky with Diamonds"这句话,对那些以"我在说诗人语言"来解释其元语言功能者产生一种意义;而对那些以"我在说毒品诱惑式话语"来解释其元语言功能者则产生另外一种意义。对受话者(addressee)来说,元语言学功能是个必要的阅

读辅助。①

品牌符号作为一种类型化文本，无论其设计传播还是受众阅读观看都有其一整套的设计、分析、传播和接受的元语言体系。赵毅衡指出："元语言不仅是意义实现的先决条件，元语言也是意义存在的先决条件。面对一个文本，任何解释努力背后必须有元语言集合，这样文本才必定有意义可供解释。文本并不具有独立的本体存在，文本面对解释才存在。"②因此，品牌广告本身有其内在的结构和传播模式，也就是说品牌广告有其自身的元语言集合和元语言功能，它是在其元语言和元语言功能的预设中被形塑和传播的，也是在其元语言和元语言功能的语境中被阐释和接受的。

比如品牌符号中品牌口号符号传播有其特殊的语法结构、修辞手法等，经常表现为改变固有的语法规则、通过颠倒语序、混乱句法、谐音修辞、改写成语、残缺或重叠词汇，形成能指面的变异，造成理解上的歧义。但是并不影响广告传播的效果，也就是说受众完全能够理解这种变异的广告语的所指意义。

前述费斯克所举"亨氏"品牌口号"Beanz Meanz Heinz"，品牌口号中将"Beans"和"Means"变异写为"Beanz"和"Meanz"，以与"Heanz"在视觉和发音方面保持一致，其最终目的是突出"亨氏"的品牌名"Heinz"。其中，受众都能理解这是一种有意为之的"广告手法"，绝对不会认为这两个单词拼写错了，这就是其自身元语言和元语言功能在起作用。

电子邮递广告语："e-mail，e-parcel，e-express；just one click away，e-sy。"为了保持与"e-mail"（电子邮件），"e-parcel"（电子包裹），"e-express"（电子速递）的发音、拼写字形的一致，品牌口号符号刻意将"easy"一词变异为"e-sy"。广告传播所突出的是"e"，旨在宣传其业务特色：电子化邮递，一般受众均能顺利解读"e"在其中的元语言功能作用。

饼干广告语"P-P-P-Pick up a Penguin"，品牌口号符号将"Pick"的字首字母"P"有意地重复数次，是对品牌"Penguin"的强调。由于所突出的"P"发爆破音，因而也巧妙地突出了产品干脆的特色，作为一种广告传播修辞手法消费者对此心领神会。

巴特关于元语言的讨论是基于语言学家叶姆斯列夫所提出的"内涵符号

① [美]约翰·费斯克编撰.关键概念：传播与文化研究辞典[M].李彬，译注.上海：上海人民出版社，1999：164.

② 赵毅衡.符号学：原理与推演[M].南京：南京大学出版社，2016：223.

学"概念而展开的,巴特指出:

> 在内涵符号学中,第一系统中的符号构成了第二系统中的能指。而在元语言中情况正相反,第一系统中的符号构成的是第二系统中的所指。叶姆斯列夫如此定义元语言的概念:如果说操作程序是建立在经验原则上的描述,也就是说它没有矛盾(连贯)、详尽且简明,那么科学符号学或元语言就是一种操作系统,而内涵符号学则不是。显然,符号学是一种元语言,因为它把作为被研究系统的第一语言(或对象语言)处理成第二系统。这个对象系统通过符号学的元语言被意指。元语言概念不应局限于科学语言,当外延状态下的分节语言处理有所意指的实物系统时,就构成"操作系统"即元语言。①

巴特用意指关系概念解读元语言时指出:"元语言是这样一个系统,它的内容层面本身由一个意指系统组成,甚至还可以这么讲:它是研究符号学的符号学。"②简言之,当一个直接意指($e'r'c'$组合)成为另一个意指关系中的所指时,会产生一个新的意指关系,这个新产生的意指关系和前一个直接意指组合在一起就是元语言。具体表述为,当第一序列的意指组合 $e'r'c'$ 成为第二序列的意指组合 e1r1c1 的所指 c1 时,就产生了元语言 e1r1($e'r'c'$):

第二序列组合:　　　　e1　　　　r1　　　　c1

第一序列组合:　　　　　　　　　　e'　r'　c'

如表9-9所示:

表 9-9　"元语言"结构

e1	r1			c1
		e'	r'	c'

巴特在《符号学原理》中只是简单地描述了元语言的这种结构,关于元语言在符号学中的运用并没有展开深入论述。事实上,元语言是通过元语言集合与元语言功能所确立的一种符号传播和解读方式来建构符号传播意义的。比如,电视镜头里出现一只摇着尾巴的"狗",含蓄意指就是"忠实",但是观众都能理解镜头中的这只"狗",实际代表了所有的"狗"的特性,"忠实"并不只是

---

① ［法］罗兰·巴尔特.符号学原理[M].王东亮,等译.北京:三联书店,1999:86.

② ［法］罗兰·巴尔特.符号学原理[M].王东亮,等译.北京:三联书店,1999:84.

这一只或某一只个别的"狗"所特有的,是"狗"的共性。人们谈论电影演员"王宝强"的励志故事,含蓄意指是指小人物也能成大器,这里"王宝强"代指了所有的群众演员而并不仅仅是指"王宝强",那么,此时被谈论的"王宝强"已不再是一个普通演员,而是一个个人奋斗的榜样。

品牌神话诡计中元语言作为一种阐释关系而存在,主要表现为建立一种品牌符号传播的解释机制。品牌本身是一个自我建构的过程,品牌神话诡计中元语言的作用就是把品牌意义建构为常识,将品牌神话所指化为全社会所共同接受的观念,正如赵毅衡所说:"元语言的目的,是从文本中推压出一个意义解释。"①

比如姚明为什么能够成为一个经久不衰的个人品牌,其中有一个最重要的原因是"姚明"在进入"NBA"时,中美两国的媒体都不是仅仅把他作为一个个别的篮球运动员来宣传的,姚明不仅代表其个人形象,他还代表了中国篮球运动员的形象,中国运动员的形象,甚至是现代中国人的国际新形象。所以姚明于2002年进入"NBA"的最大贡献不是在球场上,而是在球场外,姚明以自己高大的形象,流利的英语,自信的笑容,幽默的言谈,一改美国社会对中国人的刻板印象,成为中美甚至国际媒体上广受欢迎的"媒体宠儿"。媒体把握住了这个秘密,姚明团队也把握住了这个秘密,因而直到今日,离开球场多年的姚明仍然有巨大的品牌号召力并为多种品牌代言,其中神话元语言诡计在悄然发生着作用。

"姚明"品牌神话中,元语言机制启动:作为"个体"的"姚明"成为改革开放后中国走向世界的"中国人新形象"。

元语言作为一种阐释关系在品牌符号传播中发挥着重要作用,品牌隐喻修辞和品牌转喻修辞都是以符号元语言集合和元语言功能为逻辑基础的。比如"老干妈"和"食品公司"的关系,"吴大娘"和"大娘水饺"的关系,"兔子"和"劲量电池"的关系,"甲骨文"和"计算机科技"的关系,"五粮醇"和"五粮液"的关系,"BM"和"Bayerische Motoren Werke AG"的关系,"毛峰茶"和"黄山"的关系等,这些符号关系的建立无一不是经由元语言阐释关系而实现的。正如人们并不期望在"夫妻肺片"中找到"夫妻"、在"老婆饼"中找到"老婆"一样,人们当然地知道这只是品牌名称符号的一种命名方式罢了。

当然,所谓品牌神话的意义化诡计、自然化诡计和元语言诡计并不是孤立

① 赵毅衡.符号学:原理与推演[M].南京:南京大学出版社,2016:224.

的,而是相互作用的整合体系:意义化使神话符号得以清空能指而走向意义丰赡的所指,自然化则是遮蔽了意义化过程的社会历史性而使神话层面的所指意义成为浑然天成,元语言是通过阐释关系把已经被自然化的含蓄意指的所指衍义为常识性从而最终完成品牌神话诡计。

第三节　神话符号

一、符号分级

为了更深入地讨论符号神话,本书提出一种符号分级的思考,即将符号分为普通符号、偶像符号和神话符号三个等级,符号三等级一方面区分了符号价值,另一方面揭示出符号价值的动态赋值特性。事实上,前述所谓的"雀巢"、"黄山迎客松"和"篮球明星姚明",在品牌神话的意义性诡计、自然化诡计和元语言诡计赋值之前,都是普通符号。只是在经过了社会文化层面的不断意义性、自然化和元语言的赋值之后才跃升为偶像符号并最终成为神话符号的。

普通符号是指符号的意义性、自然化和元语言诡计未曾赋值之前的符号,所有符号最初都是一种普通符号,即仅仅表达其基本所指,比如,"雀巢"就是一种饮品,咖啡或牛奶产品;"黄山迎客松"就是一棵黄山上的松树;姚明就是一位篮球运动员的名字。这些普通符号在经过了神话的意义性诡计、自然化诡计的赋值之后,清空初级意义,带入含蓄意指内涵,其符号价值大增,并进阶为偶像符号,此时意义性主要是清空原有意义,赋予新的含蓄意指意义;自然化主要是遮蔽意义化过程中的人为痕迹,使之看起来更自然。

普通符号进阶为偶像符号之后,一般以偶像符号的形态存在着,如果进一步地为整个社会文化所接受并成为社会的某种意识形态存在,就进入了神话符号赋值阶段。神话符号主要是由元语言诡计实现的,通过元语言阐释关系,将已经被意义性的含蓄意指的所指在自然化的遮蔽下延展开来,使得品牌符号所指意义为全社会所接受和认同。简言之神话符号是指全面完成了神话意义性、自然化和元语言过程的符号。普通符号、偶像符号和神话符号进阶关系如表 9-10 所示。

表 9-10 "普通符号""偶像符号""神话符号"关系模型

神话符号	E			R		C
偶像符号	E1		R1		C1	
普通符号	e1	r1	c1			

二、神话与神话符号示例

中国传统文化符号资源蔚为大观,经史子集,诗词曲赋,神话传说,成语典故,历史人物,小说传奇等,星河灿烂,诚难列举。本书尝试将中国传统文化中神话符号分为两大类,一类称之为人文积淀神话符号,主要是指由传统文人文学艺术创作中形成的符号神话资源;另一类称之为民间社会神话符号,主要是指由民间社会生活中形成的符号神话资源。结合神话与神话符号关系示例如下。

(一)人文积淀神话符号

中国文学艺术源远流长,是神话符号取之不尽用之不竭的文化资源,其中极具特色的中国传统文化审美符号常常成为神话符号生成的天然宝藏。诸如"月""菊花""梅花""松""莲""柳",这些原本属于普通符号能指的词语,在经过文人艺术创作融进古典诗词审美神话之中,流传吟诵,已超出原本符号所指内涵,成为中国人独有的人文积淀神话符号。

比如"月",原本是指"明月",经诗人反复吟咏随有"思乡、怀人"之意。"举头望明月,低头思故乡。""露从今夜白,月是故乡明。""但愿人长久,千里共婵娟。"

"菊花",因其常在秋日盛开,不与春花争艳,文人常用此花喻示清高人格,亦有人淡如菊之意。"朝饮木兰之坠露兮,夕餐秋菊之落英。""不是花中偏爱菊,此花开尽更无花。""采菊东篱下,悠然见南山。"

"梅花",凌寒傲霜,雪中蜡梅,冰清玉洁精神的写照。"零落成泥碾作尘,只有香如故。""不要人夸颜色好,只留清气满乾坤。"

"松",挺拔傲岸,四季常绿,青春不老。"岁寒,然后知松柏之后凋也。""岂不罹严寒,松柏有本性。""后来富贵已凋落,岁寒松柏犹依然。"

"莲",历来也是文人歌咏重要对象,清风徐来,莲叶荷花,美不胜收。"出淤泥而不染,濯清涟而不妖"。

"柳",折柳送别,离情依依。"昔我往矣,杨柳依依。今我来思,雨雪霏霏。""今宵酒醒何处?杨柳岸,晓风残月。""渭城朝雨浥轻尘,客舍青青柳色新。"

这些原本属于中国古典文学诗词中的经典审美意象,经由文人创作并为代代中国人吟诵传唱,实为中国传统文化中不朽的经典神话符号。下面拣选中国古典诗词中几种最具代表性的审美意象神话进一步阐释,从中可以更好地看到神话符号在中国传统文化中的积淀和形成过程。

1."离情与乡愁"神话:"捣衣"和"砧声"神话符号

"玉露凋伤枫树林,巫山巫峡气萧森。江间波浪兼天涌,塞上风云接地阴。丛菊两开他日泪,孤舟一系故园心。寒衣处处催刀尺,白帝城高急暮砧。"

这是杜甫晚年出川、滞留巫峡时所作组诗《秋兴八首》之一,表达了诗人漂泊无依、忧心国事、思念故园的心情。尾联中诗人将怀乡愁苦展示为一组符号意象:寒衣刀尺,高城暮色,以及穿透暮色、逾越城垣的急促砧声。

寒冬来临,朔风冷月,古典诗歌中经常用"寒衣"、"刀尺"和"砧声"三种符号,来表现"良人远征""妇守寒窗"的离苦之情。如此,"捣衣"的动作符号和与之相关的清冽的"砧声"声响符号,成为古典诗歌中"离别"主题下最为常见的神话符号之一。

"晓吹员管随落花,夜捣戎衣向明月。"

——李白《捣衣》

"不辞捣衣倦,一寄塞垣深。"

——杜甫《捣衣》

"飞鸿影里,捣衣砧外,总是玉关情。"

——晏几道《少年游》

"砧面莹,杵声齐,捣就征衣泪墨题。寄到玉关应万里,戍人犹在玉关西。"

——贺铸《捣练子》

其中,李白的《子夜吴歌·秋歌》在这类诗歌中最为经典。

"长安一片月,万户捣衣声。
秋风吹不尽,总是玉关情。
何日平胡虏,良人罢远征?"

古典诗歌发现了捣衣与砧声符号能指,文人墨客更是对其一往情深,常常将其作为自己诗歌的背景和声,使其成为一种令人难以释怀的诗化音响,它不仅感染、感动着置身情境之中的思妇与游子,渐渐地也培养了中国人对这种文学意象的独特审美观照。"捣衣与砧声"作为一种神话符号形塑了传统时代人们的"离情与乡愁"神话。其间既有离人的忧伤,也有希冀与渴望。

2. "流水无情亦有情"神话:"水"神话符号

中国古典诗歌中"水"符号无处不在:"春江水暖""秋水长天""波光粼粼""惊涛拍岸""一泻千里""九曲回肠""泠泠作响""浩浩汤汤","水"符号能指形态万千,"水"符号所指隽永深长。

水难以逾越,水是阻隔,水是时空,两千年前就有无名诗人发出这种深沉的慨叹。

> "蒹葭苍苍,白露为霜。所谓伊人,在水一方。
> 溯洄从之,道阻且长;溯游从之,宛在水中央。"

——《诗经·秦风·蒹葭》

然而,从另一角度讲,水却可以流动,因而水又具有沟通之意。"水"符号在阻隔与沟通这一相互矛盾的意义中迸发出新的所指。

"我住长江头,君住长江尾。日日思君不见君,共饮长江水。此水几时休,此恨何时已。只愿君心似我心,定不负相思意。"

一对有情人被江水阻隔,又共饮一江碧水,幸耶? 不幸耶? 江水于情人既是痛苦的根源,又是相思的慰藉。造成阻隔的水自然是无情之水,沟通情感的水却又是多情之水,同样的"水"符号能指,却有着截然不同的"忘情水"和"多情水"的所指意义,这种既是阻隔又是沟通的对立统一意义,使得"水"符号成了古典诗词中重要的神话符号,并形成"流水无情亦有情"的符号神话。

3. "漂泊与自由"神话:"船"神话符号

中国古典诗歌中用以表现"漂泊"之感的符号很多,如浮萍、飞蓬、孤雁等,"船"则是表现这种情感的最具人文内涵的文化符号。古人常说"舟马劳顿""水陆兼程",可见"船"在古代交通中的重要地位。一叶扁舟,天水茫茫,越发映衬出人的渺小。人在旅途,所见多异乡风物,更易触发无限思绪。写于船上的诗,或可分作诗歌的一个大类。

"山暝听猿愁,沧江急夜流。风鸣两岸叶,月照一孤舟。建德非吾土,维扬忆旧游。还将两行泪,遥寄海西头。"

——孟浩然《宿桐庐江寄广陵旧游》

"木叶纷纷下,东南日烟霜。林山相晚暮,天海空青苍。暝色况复久,秋声亦何长。孤舟兼微月,独夜仍越乡。寒笛对京口,故人在襄阳。咏思劳今夕,江汉遥相忘。"

——刘睿虚《暮秋扬子江寄孟浩然》

这两首诗的主题与意象极为相似:诗人漂泊异乡,栖身客舟,暮色四合,夜风吹动岸上的树叶,发出凄清的声响,引发诗人对故乡友人的思念。前者写"月照一孤舟",后者称"孤舟兼微月",都强调"月"与"舟"的组合,而特别突出一个"孤"字,烘托月照孤舟的符号意象。将漂泊之感、故人之思融入江景之中,摄人心魄,感人至深。

与"漂泊"之感相对,中国古典诗歌中"船"神话符号的另一典型内涵是"自由"。这种思想的渊源可以追溯到庄子,庄子曰:"巧者劳而知者忧,无能者无所求。饱食而遨游,泛若不系之舟,虚而遨游者也。"此种思想虽稍显消极,但是对中国文人来说,"泛若不系之舟",却成为颇具吸引力的人生理想。

"人生在世不称意,明朝散发弄扁舟。"

——李白《宣州谢脁楼饯别校书叔云》

"为报洛桥游宦侣,扁舟不系与心同。"

——韦应物《自巩洛舟行入黄河即事寄府县僚友》

"永忆江湖归白发,欲回天地入扁舟。"

——李商隐《安定城楼》

"他年却棹扁舟去,终傍芦花结一庵。"

——韦庄《西塞山下作》

诗歌史上以"船"符号意象表达自由感受的诗中影响最大的可能还是下面这两首诗。

"钓罢归来不系船,江村月落正堪眠。纵然一夜风吹去,只在芦花浅水边。"

——司空曙《江村即事》

"独怜幽草涧边生,上有黄鹂深树鸣。春潮带雨晚来急,野渡无人舟自横。"

——韦应物《滁州西涧》

同样是"船""舟"的符号,前者写夜钓归来,渔人懒系渔船,任其随波漂荡的情景,传达出坦然闲适的悠游心态;后一首诗描写春花、春草、春树、春鸟、春潮、春雨等明丽的背景,烘托出"野渡无人舟自横"的空灵、洒脱和恣意,两首诗都流露出对"自由"的无限神往。所以"船"成为表现"漂泊与自由"神话的神话符号。

(二)民间社会神话符号

日常生活中,民间智慧自发创造形成了更为丰富的神话符号资源,其深刻地影响着社会心理文化,为了说明和进一步理解神话符号的内涵及其在神话中的影响,这里仅拣选民间常见的"五福"神话及其神话符号、"龙"神话及其神话符号以及"地域偏见"神话及其神话符号形成举例阐释如下:

1."五福"神话:"福、禄、寿、喜、财"神话符号

(1)"福"神话符号

"福"是"五福"神话的核心,也是中国文化里最常见的神话符号,深刻影响着中国社会文化心理,时至今日,逢年过节人们都有在门窗张贴"福"字的习俗。"福"符号有多种表现形态,比如人们用来书写"福"字的纸张一定是大红色的,红色的"福",谐音便构成了一个新的符号"鸿福"。中国人还会用蝙蝠的图像来表示"福",当然也是因为"福"与"蝠"同音。民间服饰图案有多个蝙蝠的图像,则意味着"多福"。春节时则把"福"字贴在大门上,蕴含"福临门"的符号意指。

中国人讲"福气"的同时还讲"运气",所谓"福运双至"。因而"福"神话符号中就有了"云"符号,有人说是因为"云"和"运"同音,古代服饰中会将许多"云饰"点缀在一起,意指"好运连连",连绵不绝的五彩祥云图成为中国古代宫廷、官署衙门和豪门府邸常见的屏风背景图饰。其实"云纹"符号起源非常早,最晚至周代,就已经出现了很成熟的云纹图案,到秦汉时期,云纹已经成了一种非常普遍的装饰符号。事实上,古人以农耕为生,靠天吃饭,自然对天气变化就非常关注,"天上有云"就意味着"地上下雨","下雨了"当然就是"有福了",这应该是"云纹"符号成为"福"神话符号的更接近理据性的符号解读。

(2)"禄"神话符号

"禄"也是"福气"之意,中国传统文化中始终认为当官比做生意要高一等,因此"禄"有别于"财"。民间信仰有"禄神"之说,禄神即主司官禄之神。封建时代,做官和科举有着密不可分的联系,故掌管文运之神,往往就是禄神,所以禄神有两个重要的符号魁星和文昌星。

民间还经常用"鹿"代指"禄",其用法和前述用"蝙蝠"的形象来代指"福"是一样的,"鹿"的发音和"禄"一致,通过这两个符号能指在语音上的链接,"鹿"成为"禄"语音符号上的能指。传统装饰画中经常将"鹿"和"蝙蝠"及"寿星"放在一起,构成"福禄寿"也是一种神话符号形式。

"猴"是禄的另一个符号能指,古时爵位分为五等,公、侯、伯、子、男,其中"侯"与"猴"同音,作为"禄"的符号能指的"猴"经常与其他符号一起构成神话符号。比如传统绘画题材中"一只猴骑在马上",意指"马上封侯",这是符号能指的直观印象。如果画"一只猴骑着另一只猴",则意指"辈辈封侯",其中"辈"与"背"同音所指。也许现在有人觉得搞笑,但这确实是一种旧时常见的神话符号。

(3)"寿"神话符号

无论贫贱富贵,人们总是认为长寿是最大的"福气"。中国"寿文化"源远流长,"福禄寿"其实各有形象,所谓"福星""禄星"和"寿星",但是尤以"寿星"形象最为人熟悉,白须白发,慈眉善目,手持拐杖,最受瞩目的是他高高隆起的前额,可以说是"寿星"标志性符号。

在特别讲究"孝悌"的中国社会,"寿文化"符号繁多,比如"猫""蝶""竹""绶带鸟""龟""鹤""松""长寿面""蟠桃""寿字纹""百寿图""万寿图"等。"耄耋老人"是指年纪很大的人,一般理解"耄",年纪约80至90岁,"耋",年纪为80岁。因为其读音与"猫"和"蝶"相同,所以传统国画中常有"猫戏蝶"题材,寓意富贵长寿。此外"寿"字与绶带鸟的"绶"字同音,人们有时也会画一只绶带鸟驻足竹林中的图画,"竹"与"祝"同音,合在一起即是"祝您长寿"。另外国画中常见题材"松鹤延年"更是常见神话符号。还有通过语义联系而成的长寿比喻,比如"长寿面",人们在过生日的时候无论菜品多么丰盛,生日餐的最后一个节目一定是一碗面,以面条绵长寓意主人长寿之意。

"龟"这个符号很特别,一方面中国人会用"龟孙子""乌龟王八蛋"来骂人,另一方面中国人又把它作为长寿的神话符号,因为人们很早就认识到"龟"寿命很长,民间有"千年王八万年龟"的俗语。曹操有诗曰"龟虽寿","神龟虽寿,犹有竟时,老骥伏枥,志在千里"。唐、宋时期,龟作为长寿的象征已经非常普遍,很多人竟用其来起名,比如唐代诗人李龟年,名字一目了然,期待能活到和龟一样的年龄。桃子作为长寿宴上一道重要的水果,其营养价值自不必说,重点还是其符号价值。在中国民间传说中,王母娘娘育有蟠桃园,蟠桃树三千年才结一次果,吃了当然延年益寿比仙草灵芝不相上下。《西游记》中,孙悟空就是因为偷吃了王母娘娘的蟠桃才被贬谪人间压在五指山下,相信这个蟠桃符号故事每个中国人都耳熟能详。

(4)"喜"神话符号

"喜"常常以"囍"的符号能指出现,"喜事"包括所有让人高兴的事,结婚、生子、升学、晋职、发财、长寿、走运等,狭义上"喜"专指"婚姻美满",所以"囍"作为"新婚之喜"的神话符号是婚礼核心符号。"双人囍"字,集汉字造字六法的象形、会意、形声于一体,形象生动,寓意深刻,还有"喜上加喜""双喜临门"之意,是传统剪纸最常用的符号之一。经常被用来表示幸福婚姻的一个动物符号是"喜鹊",当然也是"喜"字同音所致,国画中常有喜鹊踩在树梢上的题材,寓意"喜上眉梢""出门见喜""喜出望外"的祝愿。"喜幸"表示吉庆,"喜雨"表示及时雨、"喜酒"表示婚宴,"有喜"表示怀孕,"乔迁之喜"表示搬新居,甚至民俗中有"喜丧"之说,专指德高望重、福寿双全的老人的丧葬。

"养儿防老"是传统时代人们根深蒂固的思想,生儿育女便成为"新婚之喜"的最终注解。因此在婚礼上人们会迫不及待地把这种祝福送给新人,民间习俗婚床上要摆放红枣、花生、桂圆和瓜子(或莲子)。此时红枣、花生、桂圆和瓜子(或莲子)不再是可食的瓜果,而是以一种神话符号的形式存在着,红枣的"枣"符号意指"早",花生的"生"符号意指"生",桂圆的"桂"符号意指"贵",瓜子(或莲子)的"子"符号意指"子",四个符号意指组合在一起变身为"洞房"中的神话符号"早生贵子",是对新人"洞房之夜"最圆满的祝福,恋爱是浪漫的,婚姻是现实的,子孙满堂才是幸福美满。

"人生四喜"是传统时代的另一个神话符号,所谓"久旱逢甘霖,他乡遇故知;洞房花烛夜,金榜题名时"。生活充满了期待和发现,前路漫漫又满是"惊喜"。

(5)"财"神话符号

"财"就是"财富",富有在中国人心目中始终是幸福生活的一个重要指标,而"富"和"贵"往往又是连在一起的。所以中国人家庭居室里会摆放许多寓指财富的物品或图画,期求财源滚滚,荣华富贵。

中国人过年时候有一项重要的符号活动,张贴年画。年画的重要题材之一是肥硕的鲤鱼,"鱼"和"余"同音,而且鱼一般都是在绘有满目莲叶的池塘中,"莲"与"连"同音,整幅画作和过年的背景放在一起来看其符号意义"连年有余"就跃然纸上了。过年的时候餐桌上也一定要有一条鱼,用意也是如此。

生意人开门营业,会在店中供奉财神、貔貅、摇钱树和聚宝盆等。"财神爷",又称"财帛星君",每年派遣"招财"和"进宝"两位财童财女给世人送来金银财宝,使家家财富满溢、户户吉祥如意。中国民间习俗中,除夕是春节中最热闹的一天,除夕之夜全家围坐屋中彻夜不眠,谓之"守岁""接财神",到了初二还要祭财神。祭祀中财神又分文财神和武财神,武财神有赵公明、关公等;

文财神为比干、范蠡等。除此以外,人们信仰的财神还有五圣、柴荣、财公财母、和合二仙、利市仙官、文昌帝君等,这些都是重要的意指"财"的神话符号。

2."龙"神话:"龙图腾"神话符号

汉代纬书称,伏羲氏为百王之先,是青龙,也称青帝;神农氏以火德为王,为赤龙;轩辕氏以土德为王,为黄龙。青帝是远古第一帝,青龙也是中华民族第一龙。华夏民族的文明始祖伏羲氏是第一龙,那么,中华民族的子孙便是"龙的传人"了。

如今一般公认"龙"图腾符号起源于黄帝时代,传说黄帝大战蚩尤统一中原后,兼取了被吞并的其他氏族的标志性图腾符号,如鸟、马、鹿、蛇、牛、鱼等符号图形,经拼合完成了"龙"的图形符号,所以众所周知所谓"龙"其实是不存在的,它是一种虚构的神灵。后来,"龙"的形象开始出现于各种图案之中,并逐渐成了帝王的符瑞。

皇帝亦称自己为"真龙天子",以显示自己"奉天承运"的正朔法统,当然"龙"并不专属于宫廷皇室,"龙"也是平民大众心中最神圣的符号象征。"十二生肖"中,龙被认为是最吉利、最高贵的属相,很多人会选择在龙年生子。同样,中国人在取人名、地名、山河名时也喜欢用"龙"字,比如早年最具国际影响力的力推"中国功夫"走向世界的功夫巨星"李小龙",正是借助了"龙"神话符号成功走上国际舞台的,后来的香港明星"成龙"成名路上也一直有"搭便车"之嫌。民间传说"鲤鱼跳龙门"称黄河鲤鱼每年都要洄游到上游栖息地繁殖,千难万险,百折不回,只有那些坚持到底并跃过龙门的才能哺育后代。这个过程与传统时代读书人十年寒窗一朝得中的情形十分相似,今天社会上仍常用此语祝福考生。此外"赛龙舟""舞龙蛇""青龙偃月刀""龙泉宝剑""黄河老龙口""龙宫""龙王""龙子"等,以"龙"命名或以"龙"为修饰字的命名非常多见。而"龙凤呈祥""龙飞凤舞""龙马精神""龙争虎斗""匣里龙吟""马足龙沙""批逆龙鳞"等带"龙"字的成语更是比比皆是。

《易经》六十四卦中第一卦"乾卦"用"龙"的多种姿态形象如"潜""见""飞""亢"来阐释"卦象":"潜龙勿用""见龙在田,利见大人""飞龙在天,利见大人"和"亢龙有悔"等,而《周易》本身就是一系列的神话符号变化,这些"卦象"符号在民间文化中影响巨大。"潜龙勿用"符号意指龙潜于渊,阳之深藏,应忍时待机,不宜轻易施展才好利于下一步行动。"见龙在田,利见大人"符号意指龙已出现在田野之上,利于有才有德的"大人"出头露面,出人头地。"飞龙在天,利见大人"符号意指龙已飞腾在天上,有自由自在的意思,居高临下,可以大展宏图。"亢龙有悔"符号意指龙到了极高之处,其趋势必然下降,知进忘退会后悔的。天地大道,尽在其间。

"龙"神话符号图腾崇拜影响深远,"龙"神话意指主要有"尊荣""高贵""权势""幸运""成功"等。

3."地域偏见"神话:"某某人"神话符号

地域偏见是指整个社会普遍存在的对某地区人的一种文化认知偏见。中国幅员辽阔,人口众多,各地区历史传统、经济文化发展相对差异较大,不同地区人们在交往时彼此间会产生或形成类似"刻板印象"的认知误差。比如南方人北方人的彼此刻板印象,形成了所谓"南方人"或"北方人"的神话,还有"城里人"和"乡下人"的神话,"阿拉上海人"和"刚波宁"("江北人")的神话。甚至在同一个省内也存在相当大的认知差异,比如浙江省内的浙南和浙北,江苏省内的苏南和苏北,安徽省内的皖南和皖北,甘肃省内的河西和陇东,陕西省内的陕北、关中和陕南,广东省内的广府、客家和潮汕。事实上对其他地域的人文风情不熟悉,文化、经济的差异等,都会造成类似偏见的心理文化认知,这种偏见发展到一定程度就产生所谓"地域歧视"甚至会产生对某些特定地区的妖魔化现象。

这种"地域偏见"更像是在互相贴符号标签。比如"南方人"符号标签,"瘦小""精明""拘谨""小气""轻交际""惧内"等,"北方人"符号标签,"壮实""粗犷""豪爽""大方""重情义""男子汉"等,这些符号标签就形成了"南方人"或"北方人"这样的"某某人"神话符号。但是,这些完全相反的性格特征貌似有些道理,实则经不起推敲,因为差不多同样的一些形容词也可以换个说法。比如"南方人"的"认真""敬业""讲究规则""细腻""爱家"等,"北方人"的"粗枝大叶""爱吹牛""随意""鲁莽""大男人"等。以上可见,所谓"南方人"或"北方人"这样的"地域偏见"神话其实就是这些神话符号标签互贴的结果。生活中"南方"的"北方人"或者"北方"的"南方人"比比皆是,比如"南方人"姚明"瘦小"吗?姚明差不多是最高大的中国人了。"温州人""拘谨"吗?"温州人"应该是最具外向发展精神的中国人了。海外华人中占比最高的不是"北方人"而是"南方人",比如"广东人""福建人""浙江人"等,而相比"外向的""北方人"则表现出较浓重的安土重迁思想。所以,无论南方北方,哪里都有"小气"的人,哪里都有"大方"的人,哪里都有"爱吹牛"的人,哪里都有"不讲规则"的人。"地域偏见"神话本质上就是"刻板印象"造成的严重认知偏差。

形成"地域偏见"神话的"某某人"神话符号各具特色,名目繁多。比如"上海人"的神话符号"魔都""大都会""东方明珠""上海男人""阿拉上海人""昆曲""海派"等。"北京人"的神话符号"帝都""天安门""天子脚下""局气""侃爷""京戏""京派"等。"浙江人"的神话符号"西湖""杭铁头""才子佳人"'无绍不成衙'（专指绍兴人）"中国'犹太人'（专指温州人）""阿里巴巴""电商之都"等。"安徽人"的神话符号"徽商""徽州""徽文化""黄山""人力输出""南北杂糅"等。"河南人"神话符号"古都""中原""甲骨文""少林寺""厚重""质朴""传统"等。

　　神话符号是形成符号神话的载体，"五福"神话中的"福、禄、寿、喜、财"和"龙"神话的各种"龙图腾"等，这类民间社会神话符号，在漫长的历史文化浸淫中，早已成为中国文化重要符号神话资源。民间社会符号神话成分繁杂多样，也要正确分析，取其精华，去其糟粕。比如关于"地域偏见"神话，一定要认识到其"神话"本质，克服"刻板印象"认知偏差，才能正确运用复杂多义的神话符号资源。

第四节　神话品牌

一、神话品牌生产关系

（一）神话品牌

借助巴特符号学"二级序列"关系来构建"神话品牌"生产关系。如表9-11。

表9-11　"神话品牌"生产关系模型

品牌符号	1 能指：品牌（包括品牌符号构成各种要素）	2 所指：产品或服务	
神话品牌	3 符号　Ⅰ能指：某产品或服务		Ⅱ所指：价值、意义
	Ⅲ某产品或服务意指某种价值或意义		

比如"苹果"神话品牌。如表 9-12。

表 9-12　"'苹果'神话品牌"生产关系模型

"苹果"品牌符号	1 能指："苹果"品牌（包括品牌符号构成各种要素）	2 所指：一款智能手机	
	3 符号 Ⅰ 能指："苹果"手机		Ⅱ 所指：创新
"苹果"神话品牌	Ⅲ "苹果"智能手机：科技、领先、创新精神		

　　神话品牌的实现,是将含蓄意指的内涵意义变成"不言而喻"的、自然的和普遍的,神话品牌的实现是经由意识形态观念而达成的。神话品牌构建着人们对品牌的价值判断,神话品牌生产关系实现了品牌符号直接意指和含蓄意指的内涵意义为社会文化所接受共享,品牌符号的内涵意义发展为全社会的"神话",品牌符号演化为一种为社会文化所接受的意识形态观念。比如"苹果"神话品牌,仿佛"科技、创新"是"苹果"品牌符号天然拥有的价值,而事实上它不是天然拥有的而是人们赋予它的,是社会文化的意识形态观念。

（二）神话品牌能指和所指任意性关系

　　神话品牌中能指和所指关系的任意性是指第二序列中所指与第一序列中能指之间关系的任意性,亦即在第一序列中可以由多种不同的能指来表征第二序列中同一个所指,第一序列中同一个能指也可以表征第二序列中的不同所指。

　　比如"google"神话品牌、"华为"神话品牌和"特斯拉"神话品牌,其第一序列能指为"google"品牌符号、"华为"品牌符号和"特斯拉"品牌符号,但是第二序列所指均指向"科技、领先、创新精神"。如表 9-13、9-14、9-15。

表 9-13　"'google'神话品牌"生产关系模型

"google"品牌符号	1 能指："google"品牌（包括品牌符号构成各种要素）	2 所指：一家互联网公司	
	3 符号 Ⅰ 能指："google"公司		Ⅱ 所指：创新
"google"神话品牌	Ⅲ "google"公司：科技、领先、创新精神		

表 9-14　"'华为'神话品牌"生产关系模型

<table>
<tr><td rowspan="2">"华为"
品牌符号</td><td colspan="2">1 能指:"华为"品牌(包括
品牌符号构成各种要素)</td><td>2 所指:一家通信器材公司</td></tr>
<tr><td rowspan="2" colspan="2">3 符号
I 能指:"华为"公司</td><td>II 所指:创新</td></tr>
<tr><td rowspan="2">"华为"
神话品牌</td></tr>
<tr><td colspan="3">III "华为"公司:科技、领先、创新精神</td></tr>
</table>

表 9-15　"'特斯拉'神话品牌"生产关系模型

<table>
<tr><td rowspan="2">"特斯拉"
品牌符号</td><td colspan="2">1 能指:"特斯拉"品牌(包
括品牌符号构成各种要素)</td><td>2 所指:一家汽车公司</td></tr>
<tr><td rowspan="2" colspan="2">3 符号
I 能指:"特斯拉"公司</td><td>II 所指:创新</td></tr>
<tr><td rowspan="2">"特斯拉"
神话品牌</td></tr>
<tr><td colspan="3">III "特斯拉"公司:科技、领先、创新精神</td></tr>
</table>

　　显然,"科技、领先、创新"的品牌所指,并不为"苹果"所独有,"google"、"华为"和"特斯拉",均可以被赋予相同的所指。

　　同样,"苹果"品牌符号,也不只限于表达"科技、领先、创新"的所指,也可以作为一款牛仔裤的品牌符号表征"时髦、年轻"的品牌所指,还可以作为一款T恤衫的品牌符号表征"随意、休闲"的品牌所指。如表 9-16、9-17、9-18。

　　第一序列中品牌符号能指与第二序列中品牌符号所指并不自然地具有相关关系,但是在品牌符号含蓄意指作用下能指与所指彼此对应,而且因为能指处在弱势,意义随时可以被清空,强大的所指意义在品牌符号含蓄意指的作用下强势进入能指,表面的任意性其实有着内在的逻辑必然。

表 9-16　"'苹果'手机神话品牌"生产关系模型

<table>
<tr><td rowspan="2">"苹果"
品牌符号</td><td colspan="2">1 能指:"苹果"品牌(包括
品牌符号构成各种要素)</td><td>2 所指:一款智能手机</td></tr>
<tr><td rowspan="2" colspan="2">3 符号
I 能指:"苹果"手机</td><td>II 所指:创新</td></tr>
<tr><td rowspan="2">"苹果"
神话品牌</td></tr>
<tr><td colspan="3">III "苹果"智能手机:科技、领先、创新精神</td></tr>
</table>

表 9-17　"'苹果'牛仔裤神话品牌"生产关系模型

"苹果"品牌符号	1 能指:"苹果"品牌(包括品牌符号构成各种要素)	2 所指:一款牛仔裤	
	3 符号 Ⅰ能指:"苹果"牛仔裤		Ⅱ所指:时髦、年轻
"苹果"神话品牌	Ⅲ"苹果"牛仔裤:时髦、年轻概念		

表 9-18　"'苹果'T 恤衫神话品牌"生产关系模型

"苹果"品牌符号	1 能指:"苹果"品牌(包括品牌符号构成各种要素)	2 所指:一款 T 袖衫	
	3 符号 Ⅰ能指:"苹果"T 袖衫		Ⅱ所指:随意、休闲
"苹果"神话品牌	Ⅲ"苹果"T 恤衫:随意、休闲概念		

二、神话品牌顶层设计

每一种品牌符号都有其直接意指,而品牌符号直接意指一般也都能衍生出含蓄意指即品牌符号意义或价值判断,但是能不能形成偶像品牌甚至是神话品牌,即变为社会文化所共享的意识形态观念,就不是那么轻易完成的了。比如,"苹果"作为一个神话品牌,其品牌符号神话是"科技、领先、创新"精神,那么,"OPPO"和"vivo"的品牌符号神话是什么呢? 似乎还远未产生,不过,"OPPO"和"vivo"因其也有相对固定的消费群体,大概可以称为偶像品牌。"人间天堂"显然是专属"苏杭"的城市神话品牌,那么,"合肥""石家庄"当下无论如何还未进入城市神话品牌赋值阶段。所以,神话品牌战略定位须由神话品牌顶层设计开始,神话品牌顶层设计与符号分级是一致的,符号分级一般表现为符号发展的路径,由普通符号、偶像符号最终形成神话符号;神话品牌顶层设计的内在逻辑是由普通品牌到偶像品牌最终发展为神话品牌。

神话品牌顶层设计是一个由下而上的发展过程,其中经历了普通品牌、偶像品牌和神话品牌三个阶段。其中普通品牌符号功能单一,仅具品牌识别价值,是最初级的符号功能,但是它也是整个设计的基础和出发点。偶像品牌则是具有了丰富品牌含蓄意指的高级符号,消费者品牌崇拜生成,是神话品牌的发展阶段。神话品牌是品牌意识形态神话得以实现的最终形态,品牌价值为

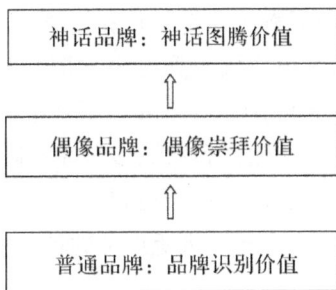

图 9-1　"神话品牌"顶层设计模型

整个社会文化心理共同接受,品牌成为全社会共同的消费图腾。如图 9-1。

(一)由普通品牌到偶像品牌

神话品牌顶层设计是为品牌符号建立完整的神话品牌系统,将品牌符号提炼形成的意识形态神话转变为神话品牌精神理念。那么,由品牌到神话品牌的必经之路须经过偶像品牌阶段。所谓偶像品牌是指随着品牌符号二级序列系统的确立,含蓄意指建构品牌文化,品牌符号的社会心理神话得以积淀为品牌神话幻想,最终品牌升级为内涵品牌文化精神的偶像品牌。

品牌文化是指品牌的文化意义,是其蕴涵的深刻价值内涵和情感内涵,是品牌所凝练的价值观念、生活态度、审美观照、个性表达、情感诉求等精神内核,是一个品牌具有独特品质的内生动力 。品牌文化将产品的物质功用与品牌精神高度统一,超越时空桎梏带给消费者情感满足、心灵慰藉和精神寄托,最终在消费者心灵深处形成潜在的价值观认同和情感依恋。

消费时代大潮中,消费者作为一个社会人,抽象的文化正深刻地影响着具体的购买行为。一方面,价值观和生活方式影响着消费者在商品消费时选择某种品牌;另一方面,通过选择某种品牌消费者又能向人们表明自己的价值观和生活方式。通过消费,消费者可以获得精神上的满足、愉悦、归属感,以及名誉、尊重、地位等,直至与自我价值实现联系起来。只有赋予品牌深刻而丰富的文化内涵,才能建立品牌鲜明个性,只有具有鲜明个性的品牌才能形成消费者对品牌在精神上的崇拜,创造品牌信仰,造就偶像品牌,最终形成消费者强烈的品牌忠诚。

社会文化心理合谋是指偶像品牌符号的社会文化心理神话过程,在品牌二级序列系统确立过程中,原本第一序列直接意指的能指被赋予社会文化心理意义,在含蓄意指的作用下将品牌符号能指变成具有丰富社会文化意义的品牌文化精神所指。神话品牌形成于第二序列即含蓄意指的符号化过程中,当第一序列中直接意指的能指直接指向第二序列中的所指,其中含蓄意指形成过程中的社会性、历史性、文化性和意识形态性被遮蔽。含蓄意指中的所指与直接意指的能指之间的任意性关系被掩盖,相反却将它们之间的人为的相似性当作是自然天成,从而使含蓄意指所携带的社会文化意义被遮蔽,偶像品牌于此形成。

神话品牌意识形态是指品牌符号经由含蓄意指作用而实现的关于品牌的意识形态观念。比如:"创新"即"苹果"品牌的意识形态观念,"欢乐、家庭"即"迪士尼"品牌的意识形态观念,"梦工厂"即"好莱坞"品牌的意识形态观念,"中国功夫"即"李小龙"品牌的意识形态观念,"人间天堂"即"苏杭"品牌的意识形态观念,"公务的、等级的"即"红旗"轿车品牌的意识形态观念等。

(二)由偶像品牌到神话品牌

神话品牌顶层设计的第二步是由偶像品牌到神话品牌,这一步的核心是围绕着卓越品牌文化的凝练及品牌图腾崇拜而形成的。

卓越品牌文化是人类文化精神的高度提炼和人类美好价值观念的共同升华,凝结着时代文明发展的精髓,渗透着人类共同价值理念追求。卓越品牌文化可以引领时代消费潮流,并且生生不息,经久不衰,甚至影响数代人的日常消费观念。卓越品牌文化可以以其独特的个性价值,超越民族,超越国界,超越意识形态,使民族品牌国际化、全球化,成为全世界人民的共同消费品牌。卓越品牌文化可以赋予品牌非凡的品牌延伸力,充分利用品牌的美誉度和知名度实现品牌延伸。卓越品牌文化可以使消费者对其产品的消费成为一种文化的自觉,成为生活中不可或缺的内容,成为一种生活方式。

神话品牌是指具备卓越品牌文化价值的品牌,神话品牌自带魔力,有着强大的品牌精神感召力,制造消费者对品牌的消费崇拜,最终形成品牌图腾崇拜。神话品牌凭借着丰富的品牌联想和情感,引导消费者对品牌产生潜意识的正面感受,使消费者产生购买选择。因为人们总是喜欢选择符合自己文化价值观念的品牌,神话品牌正是强烈地表达出了某种卓越的品牌文化观念。人们对自己有一定的看法,对别人怎么看自己也有一定的要求,而神话品牌最能表现一个人的品位、追求、身份甚至人生观、世界观。人们往往喜欢将平凡的自我与那些为万人敬仰顶礼膜拜的神灵图腾相联系,神话品牌展现出的气质与人们向往的气质越相近,或者与人们所崇尚或膜拜的精神图腾越相近,人们就越乐意购买神话品牌,神话品牌图腾崇拜幻想带来的品牌忠诚度就越高,甚至会产生一种类似宗教崇拜的品牌崇拜情结。而神话品牌的品牌主也往往会成为图腾符号,比如福特、松下幸之助、乔布斯、任正非和马云等。神话品牌的产品也会被图腾化,比如"可口可乐"饮料、"耐克"运动鞋和"戴比尔斯"钻石等。

神话品牌顶层设计以"苏杭"城市神话品牌为例。如图9-2。

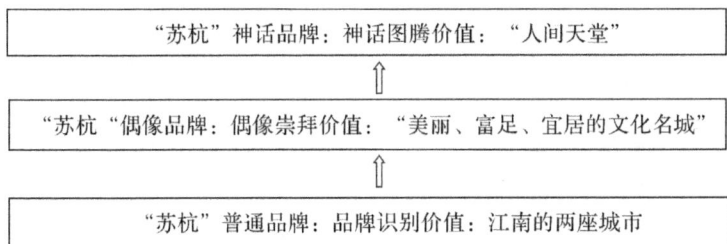

```
┌─────────────────────────────────────────────────────┐
│  "苏杭"神话品牌:神话图腾价值: "人间天堂"              │
└─────────────────────────────────────────────────────┘
                          ⬆
┌─────────────────────────────────────────────────────┐
│  "苏杭"偶像品牌:偶像崇拜价值: "美丽、富足、宜居的文化名城"│
└─────────────────────────────────────────────────────┘
                          ⬆
┌─────────────────────────────────────────────────────┐
│  "苏杭"普通品牌:品牌识别价值:江南的两座城市            │
└─────────────────────────────────────────────────────┘
```

图9-2 "'苏杭'神话品牌"顶层设计模型

在第一序列直接意指的层面上,能指"苏杭"和所指(江南的两座城市)之间的意指关系是任意的,亦即人为命名的。仅指代地处江南的两座城市,并无其他意义。而由于"苏杭"地处美丽富庶的鱼米之乡,"京杭大运河"南端起点,城市商业文明发达,民风尤重文化教育,历史上"苏州府"、"杭州府"皆为"状元辈出"之地,且又多"才子佳人"传奇,歌咏"苏杭"自然人文之美的诗词歌赋、戏曲说唱,更是中国传统文学艺术重要题材之一。这些悠久的历史文化积淀,不断赋值"苏杭",终使"苏杭"这个原来仅具名称识别价值的能指,拥有了内涵"美丽""富足""宜居"意义的"历史文化名城"所指,于是品牌符号神话第二序列层面所指意义产生,偶像品牌据此形成。偶像品牌的社会文化心理神话继续不断地将品牌符号由第一序列推向第二序列,在这个过程中第一序列系统中品牌符号直接意指的能指意义渐渐被掏空,直到与社会文化合谋中形成新的价值和意义——"上有天堂,下有苏杭",并最终成为社会共享的神话意识形态。至此,关于"苏杭"的"人间天堂"神话品牌得以建构。

"苹果"(Apple)、"三星"(Samsung)、"甲骨文"(Oracle)、"宝马"(BMW)、"英菲尼迪"(Infiniti)、"奔驰"(Benz)、"绿色和平组织"(Greenpeace)、"联想"、"平安"、"阿里巴巴"、"百度"、"知乎"、"头条"、"华为"、"小红书"、"咸亨酒店"、"康师傅"、"农夫山泉"、"同仁堂"、"恒源祥"、"老干妈"、"乐府江南"、"枫丹白露"、"巴黎春天"、"在水一方"、"左岸"和"观沚"等,都是神话符号或神话符号变体而生成的普通品牌、偶像品牌和神话品牌。但是无论其是普通品牌、偶像品牌还是神话品牌,作为卓越品牌价值观其深层核心是人性共通的精神文化追求,诸如对于生命、和平、忠诚、勇敢、担当、公义、牺牲、真理、善良、青春、激情、竞争、运动、健康、新奇、美丽和爱的追求,卓越价值观是人性共通的价值观。而神话符号往往是这类价值观的符号化呈现,因此,神话品牌顶层设计的核心正是人性共通的卓越价值观。

附文 9：品牌与符号的故事

"真牌"和"A 货"

"A 货"就是仿货，不管说得多么天花乱坠，说到底就是模仿正品真牌做出的假货。但是由于精仿和高仿，无论是从材质、样式还是做工，均可以达到几近乱真的程度，因其价格低廉，所以在市场上有特殊的地位。

符号学家赵毅衡做过一个虚拟的课堂实验，把一个真牌子的 LV 包，与一个做工材质式样完全一致的 A 货 LV 包放在讲台上，当着大家的面，把 A 货的 LV 牌子拆下，放到真包上，再把真货的 LV 牌子放到 A 货包上，然后问学生们："开价一样，你们愿意买真牌子的假包，还是假牌子的真包？"结果屡试不爽，绝大多数在场的女士，同样的价钱都愿意买真牌子的假包。

看来，牌子比包包更值钱。

那么，牌子怎么就值钱了呢？商品的品牌和人名、物名、地名等名称一样，原本是为了在生活生产中更好地区分不同的产品、人物或货品等而给出的一个区分叫法或称呼。但是，随着人们的频繁使用，这些名字日积月累而逐渐生长出一些象征性的意义。像许多符号一样，经过反复使用，经年累月，最终变成了象征。商品品牌名称，特别是标志符号，更易成为具有某种消费文化特征的东西，"LV"的 A 货，如果换成了真牌子，人们不买才怪呢，因为人们买的就是这个"LV"的牌子啊！人们并不关心它是不是真的"LV"工厂生产的包，人们关心的是它是不是真的"LV"的牌子。或者也可以说，人们更愿意买的是这个符号。如图 9-3。

如今，人们趋之若鹜的路易·威登，其商品符号是这个醒目简洁的姓名的首字母缩写大写交叠而成。自 1854 年以来，代代相传至今的路易·威登，以

图 9-3 "LV"品牌符号

卓越品质、杰出创意和精湛工艺成为时尚和品位的象征。其产品包括手提包，旅行用品，小型皮具，配饰，鞋履，成衣，腕表，高级珠宝及个性化订制服务等。无疑如今的"LV"代表着品质和奢华，但是，谁又知道 100 多年前的那个名叫路易·威登的家伙只是一个木箱作坊的学徒，那个时候的"LV"与品质奢华丝毫搭不上边，简单讲就是彼时那个"品质奢华"的意义积累尚未形成。

1980 年代的日本，经济高速发展，社会风气日趋浮夸，名牌盛行。但是，此时日本街头出现了一个专卖无牌子货品的商店，取名叫"无印良品"，意思是"无牌子的好商品"。这个就是后来形成世界影响的"反品牌"，你们都用品牌，我专门不用品牌。"无印良品"的货品，不加任何品牌标签，简化设计，除去一切不必要的加工、色彩和包装，设计简洁到只剩下素材和质料，素面向人，还货品以本来面目，几近天然。如图 9-4。

图 9-4 "无印良品"品牌符号

无印良品最初集中售卖的是日用杂货品，这些货品统统去除商标，所有无印良品售卖的货品中，都找不到品牌标志。即便是衣服的衣领后面也没有商标，一般会在衣服上贴一张透明胶带纸标明衣服大小尺寸，方便消费者选择大小，胶带纸在消费者选择购买之后，随手撕去。

有人指出，与其说"无印良品"是一次"反品牌"的成功实践，不如说它是一种生活的哲学。它不强调所谓的流行，而是以平实的价格还原了商品价值的真实意义，并在似有若无的设计中，将产品升华至文化层面。如今，无印良品的产品种类已达到 6000 种左右，从一个日本街头的杂货商店，变成遍布全球的连锁商店。

不过，说到底"无印良品"也是一个品牌，不是吗？它的名字就叫"无印良品"。所以任何品牌只要能够称呼，那么它就必然有一个名字，而任何名字都是有意义的，也就是说，品牌意义不仅是使用中生成的，也是先天就被赋予的。

传统商号命名喜欢用"荣、盛、昌、祥"等吉祥如意、和气生财的字词，比如旧时有"商号用字歌"如下。

顺裕兴隆瑞永昌，元亨万利复丰祥。

春和茂盛同乾德，谦吉公仁协鼎光。

聚益中通全信义，久恒大美庆安康。

新泰正合生成广，润发洪源福厚长。

有名的"老字号"名称几乎都取自上述商号用字歌，如"全聚德""正广和""正兴德""广茂居""祥泰义""同仁堂""恒源祥""瑞蚨祥""允丰正""谦祥益""亨达利"等等。

取吉祥如意名字的做法古已有之，取自轻自贱名字的做法在全国各地似乎也是一种风俗。比如很多农村地区，就有习俗认为名贱命硬，给新生儿取一个卑贱的小名，阎王爷不待见，就会好养活，比如取名叫"狗剩"，意味着狗都嫌弃，会把这孩子剩下，于是"哈儿""二小""赖孩儿"一类的名字在农村地区实属常见。而今天开业命名，也有好多类似的做法，似乎更在意的是"语不惊人死不休"，取名变得"百无禁忌"，看谁更敢起，没有最怪，只有更怪。比如，"人民公社大食堂""狗剩拉面馆""真难吃面馆""妈的酸梅汤"，还有烧烤店取名"主烤馆"、理发店取名"大发师"、冷饮店取名"兵工厂"。一款治疗拉肚子的药竟然命名"泄停封"，更有甚者，还有商家为了借势竟然把自己生产的治疗便秘的药，取名为"流得滑"，如此，让谢霆锋、刘德华们情何以堪。

如今，不管是"A货"真牌子，还是有牌子无牌子，抑或好名字赖名字，消费社会中人们消费的都不再是单一的商品使用价值，还有更重要的商品的符号价值。所以，今天人们常常问："嗨，你这个是什么牌子？"

主要参考文献

[1]赵毅衡.符号学原理与推演[M].南京:南京大学出版社,2016.

[2]陈宗明.汉字符号学[M].上海:东方出版中心,2016.

[3]邵培仁.传播学(第3版)[M].北京:高等教育出版社.2015.

[4]丁尔苏.符号与意义[M].南京:南京大学出版社,2012.

[5]段淳林.整合品牌传播:从IMC到IBC理论构建[M].北京:世界图书出版公司,2016.

[6]吴飞.传播学的想象力[M].北京:首都经济贸易大学出版社,2014.

[7]冯月季.传播符号学教程[M].重庆:重庆大学出版社,2017.

[8]贺川生.国际品牌命名案例及品牌战略[M].长沙:湖南人民出版社,2000.

[9]胡易容,赵毅衡.符号学:传媒学词典[M].南京:南京大学出版社,2012.

[10]黄华新,陈宗明.符号学导论[M].上海:东方出版中心,2016.

[11]孔淑红.奢侈品品牌历史[M].北京:对外经济贸易大学出版社,2014.

[12]李彬.传播符号论[M].北京:清华大学出版社,2012.

[13]李思屈.东方智慧与符号消费[M].杭州:浙江大学出版社,2003.

[14]李思屈.广告符号学[M].成都:四川大学出版社,2004.

[15]李玮.新闻符号学[M].成都:四川大学出版社,2014.

[16]李幼蒸.理论符号学导论[M].北京:中国人民大学出版社,2007.

[17]联合晚报编辑部.谁在玩品牌?[M].北京:联经出版事业股份有限公司,2008.

[18]刘晓彬.品牌是什么?互联网时代的品牌系统创新[M].北京:中国工信出版集团•电子工业出版社,2015.

[19]彭学龙.商标法的符号学分析[M].北京:法律出版社,2007.

[20]邱顺应.品牌命名新论:从象征修辞到语法结构[M].台北:智胜文化事业有限公司,2012.

[21]隋岩.符号中国[M].北京:中国人民大学出版社,2014.

[22]孙秀蕙,陈仪芬.结构符号学与传播文本:理论与研究实例[M].台北:正中书局,2011.

[23]王桂沄.企业·品牌·识别·形象——符号思维与设计方法[M].新北:全华科技图书股份有限公司,2005.

[24]王坤茜.产品符号语意[M].长沙:湖南大学出版社,2017.

[25]王铭玉.语言符号学[M].北京:高等教育出版社,2005.

[26]叶明桂.品牌的技术和艺术[M].台北:时报文化出版企业有限公司,2017.

[27]叶舒宪.文化与符号经济[M].广州:广东省出版集团·广东人民出版社,2012.

[28]余明阳,戴世富.品牌战略[M].北京:清华大学出版社,2013.

[29]俞建章,叶舒宪.符号:语言与艺术[M].上海:上海人民出版社,1988.

[30]张宪荣,季华妹,张萱.符号学:文化符号学[M].北京:北京理工大学出版社,2013.

[31]曹顺庆,赵毅衡.符号与传媒(2017春季号)[M].成都:四川大学出版社,2017.

[32](美)亚伦·凯勒,蕾妮·马里诺,丹·华莱士.朱沁霊,译.品牌物理学[M].台北:大写出版社,2018.

[33](英)奥格登,理查兹.意义的意义[M].白人立,国庆祝,译.北京:北京师范大学出版社,2000.

[34](美)爱德华多·内瓦.传播博弈论:文化符号学基础[M].王泽霞,宁海林,译.杭州:浙江工商大学出版社,2016.

[35](瑞士)费尔迪南·德·索绪尔.普通语言学教程[M].高明凯,译.北京:商务印书馆,1980.

[36](瑞士)费尔迪南·德·索绪尔.索绪尔第三次普通语言学教程[M].屠友祥,译.上海:上海人民出版社,2007.

[37](英)约翰·伯格.观看之道[M].戴行钺,译.桂林:广西师范大学出版社,2005.

[38](美)约翰·费斯克.关键概念传播与文化研究辞典[M].2版.李彬,译.

北京:新华出版社,2004.

[39](美)约翰·菲斯克.传播研究导论:过程与符号[M].2版.许静,译.北京:北京大学出版社,2008.

[40](美)乔纳森·比格内尔.传媒符号学[M].白冰,黄立,译.成都:四川出版集团·四川教育出版社,2012.

[41](美)凯文·莱恩·凯勒.战略品牌管理(第四版)[M].吴水龙,何云,译.北京:中国人民大学出版社,2014.

[42](英)马修·赫利著,胡蓝云译.什么是品牌设计?[M].北京:中国青年出版社,2009.

[43](法)保罗·利科.哲学主要趋向[M].李幼蒸等,译.北京:商务印书馆,1988.

[44](美)保罗·梅萨里.视觉说服:形象在广告中的作用[M].王波,译.北京:新华出版社,2004.

[45](美)皮尔斯.皮尔斯:论符号[M].赵星植,译.成都:四川大学出版社,2014.

[46](英)尚恩·霍尔.这就是符号学[M].吕奕欣,译.台北:积木文化,2016.

[47](法)罗兰·巴尔特.流行体系——符号学与服饰符码[M].敖军,译.上海:上海人民出版社出版,2000.

[48](法)罗兰·巴尔特.神话——大众文化诠释[M].许蔷蔷,许绮玲,译.上海:上海人民出版社,1999.

[49](法)罗兰·巴尔特.符号学原理[M].王东亮,等译.北京:三联书店,1999.

[50](英)理查德·豪厄尔斯.视觉文化[M].葛红兵,等译.桂林:广西师范大学出版社,2007.

[51](美)罗伯特·霍奇,冈瑟·克雷斯.社会符号学[M].周劲松,张碧,译.成都:四川出版集团·四川教育出版社,2012.

[52](德)鲁道夫·科勒.符号之书[M].王翎,译.台北:城邦文化事业股份有限公司,2017.

[53](美)苏特·杰哈特.广告符码:消费社会中的政治经济学和拜物现象[M].马姗姗,译.北京:中国人民大学出版社,2004.

[54](英)特伦斯·霍克斯.结构主义和符号学[M].瞿铁鹏,译.上海:上海译文出版社,1987.

[55](美)W. J. T. 米歇尔. 图像理论[M]. 陈永国,胡文征,译. 北京:北京大学出版社,2006.

[56]Bronwen Martin，FelizitasRingham. Key Terms in Semiotics[M]. Beijing：Foregin Language Teaching and Research Press，2016.

[57]Charles W. Morris. Foundations of the Theory of Signs[M]. Chicago：University of Chicago Press，1938.